Unterhaltsrecht der Volksrepublik China

Europäische Hochschulschriften
Publications Universitaires Européennes
European University Studies

Reihe II
Rechtswissenschaft

Série II Series II
Droit
Law

Bd./Vol. 4480

PETER LANG
Frankfurt am Main · Berlin · Bern · Bruxelles · New York · Oxford · Wien

Dunja Stadtmann

Unterhaltsrecht der Volksrepublik China

Rechtshistorische Bezüge, Kindesunterhalt und Unterhaltsverhältnis zwischen Stiefkind und Stiefelternteil

PETER LANG
Europäischer Verlag der Wissenschaften

Bibliografische Information der Deutschen Nationalbibliothek
Die Deutsche Nationalbibliothek verzeichnet diese Publikation in der Deutschen Nationalbibliografie; detaillierte bibliografische Daten sind im Internet über <http://www.d-nb.de> abrufbar.

Zugl.: Passau, Univ., Diss., 2006

Gedruckt auf alterungsbeständigem,
säurefreiem Papier.

D 739
ISSN 0531-7312
ISBN 3-631-55812-0

Printed in Germany 1 2 3 4 5 7

www.peterlang.de

Vorwort

論語 泰伯第八 [8.13]
子曰：篤信好學，守死善道。[。。。][i]

Lunyu 8.13 (Kapitel Tai Bo)
Konfuzius sprach: "Sei fest in Deinem Vertrauen und liebe das Lernen - diesen guten Weg befolge bis zum Schluss. [...]"[ii]

Ich danke zunächst meinem Doktorvater, Herrn Prof. Dr. Ulrich Manthe sehr herzlich für die Betreuung dieser Arbeit, die der juristischen Fakultät der Universität Passau im Mai 2006 als Dissertation vorgelegen hat.

Mein Dank gilt auch den Herren Dr. Jürgen Burkhardt und Dr. Peter Waltl, die das Vorhaben in vielfältiger Weise gefördert haben.

Meine Freunde Isabel und Thomas haben mich durch kritische Durchsicht der Texte und bei der Literaturbeschaffung unterstützt. Auch hierfür möchte ich mich bedanken.

Ein besonderer Dank gilt auch meiner Familie, insbesondere meinem Mann Martin.

München, im August 2006 — Dunja Stadtmann

---

[i] Vgl. für den chin. Text: http://www.konfuzius.net/konfuzius/kf_lunyu.html;
[ii] Dt. Übersetzung zitiert nach Weinreich, vgl. http://www.konfuzius.net/konfuzius/kf_archiv_2002.html

Inhaltsverzeichnis

Kapitel 1: Eherechtliche Bestimmungen der chinesischen Sowjetrepublik und des Shan-Gan-Ning-Grenzgebietes (1931-1939)

I. Einleitung

Die chinesische Republik verfügte nach ihrer Gründung am 1.1.1912 in Nanjing[1] zunächst nicht über eine zentrale Regierung. Erst 1927 wurde in Nanjing eine nationalistische Zentralregierung für ganz China etabliert. Es begann das „*Dezennium von Nanjing*".[2] Der politische Gegner, die Kommunisten, zog sich nach sich verschärfenden Rivalitäten mit der nationalistischen Regierung (Guomindang-Regierung) in ländliche Gebiete, insbesondere das Jiangxi-Gebirge, zurück und etablierte dort sogenannte Stützpunktgebiete (根据地). In der Region Ruijin der Provinz Jiangxi wurde am 7.11.1931 von Mao Zedong[3] die chinesische Sowjetrepublik (中华苏维埃共和国) ausgerufen.[4] Bis 1934 entstanden fünf größere Sowjetgebiete.[5] Nach mehreren Feldzügen der nationalistischen Armee unter der Leitung von Chiang Kai-shek[6] sind die Kommunisten allerdings aus dieser Region vertrieben worden. Die chinesische Sowjetrepublik zerbrach, als 1934 der „*Lange Marsch*" nach Yan'an, einem Randgebiet der Provinzen Shaanxi und Gansu sowie der – heute autonomen – Region Ningxia (Shan-Gan-Ning-Grenzgebiet) begann.[7] 1937 wurde die Sowjetregierung von Yan'an gebildet.[8] Ebenfalls 1937 entstand auch ein weiteres, aus den Provinzen Shanxi, Hebei und Chahar[9] gebildetes Sowjetgebiet (Jin-Cha-Ji-Grenzgebiet).[10]

---

[1] Vgl. Gernet, Die chinesische Welt, S. 646;

[2] S.o., S. 531 ff.;

[3] Vgl. die Kurzbiografie in Bartke, Die großen Chinesen der Gegenwart, S. 174 ff.;

[4] Vgl. zur chinesischen Sowjetrepublik auch Bartke, a.a.O., S. 323 sowie 法学大辞典 (Großes Wörterbuch der Rechtswissenschaft), S. 172;

[5] Vgl. Gernet, a.a.O., S. 534; Weigelin-Schwiedrzik, Vorlesung *Einführung in die chinesische Geschichte* im Sommersemester 2000, vgl. <http://www.sino.uni-heidelberg.de/staff/sws/ws0102/histovor5.doc>; 杨一凡 / 陈寒枫, 中华人民共和国法制史 (Yang Yifan / Chen Hanfeng, Geschichte des Rechtssystems der VR China), S. 285;

[6] Vgl. die Kurzbiografie in Bartke, a.a.O., S. 46 ff.;

[7] Vgl. hierzu auch Bartke, a.a.O., S. 323, 332; Gernet, a.a.O., S. 537 f. An dem langen Marsch sollen 100.000 Soldaten teil genommen haben, von denen lediglich 10.000 ihr Ziel erreichten. 30 – 50 Frauen sollen am Langen Marsch teilgenommen haben, vgl. Englert, Materialien zur Stellung der Frau und zur Sexualität im vormodernen und modernen China, S. 123, Fn. 372, allerdings ohne weitere Nachweise;

[8] Gernet, a.a.O., S. 648 f.;

[9] Ehemals chin. Provinz im Westen von Jehol und im Norden von Shanxi, vgl. Gernet, a.a.O., S. 393;

In der chinesischen Sowjetrepublik und in den sowjetischen Grenzgebieten sind in den Dreißiger und Vierziger Jahren des 20. Jahrhunderts eine Reihe von Ehebestimmungen[11] erlassen worden. Diese können sowohl formal als auch inhaltlich in verschiedener Hinsicht als Grundlage des späteren ersten Ehegesetzes der VR China v. 1950 angesehen werden und wirken noch in dem derzeit geltenden Ehegesetz von 1980 in der revidierten Fassung aus dem Jahr 2001 fort.[12]

Augenfällig sind dabei Ähnlichkeiten im Hinblick auf den Aufbau, die zusammengefassten Regelungsmaterien und nicht zuletzt teilweise auch die Bezeichnung. So wird insbesondere unter dem Begriff „Ehegesetz"[13] auch noch in der Volksrepublik ein Konglomerat ehe- und familienrechtlicher Regelungsmaterien einschließlich des Unterhaltsrechts sowie auch die Scheidung zusammen gefasst.

In der chinesischen Sowjetrepublik waren 1931 „Ehebestimmungen"[14] und bereits 1934 ein „Ehegesetz"[15] erlassen worden. Weder die Ehebestimmungen noch das Ehegesetz enthielten allerdings eine ausdrückliche Regelung ihres räumlichen Anwendungsbereiches. Auch die Frage des Verhältnisses zu dem in der Republik China in den Jahren 1929 bis 1931 sukzessive in Kraft getretenen und aus fünf Büchern bestehenden Zivilgesetzbuch[16] der Republik China wurde nicht ausdrücklich geregelt. Hinzuweisen ist dabei insbesondere auf das das

---

[10] Gernet, a.a.O., S. 649;

[11] Vgl. hierzu auch M.J. Meijer, Marriage Law and Policy in the Chinese People`s Republic m.w.N. sowie 张希坡, 中国婚姻立法史 (Zhang Xipo, Geschichte der Ehegesetzgebung Chinas), S. 127 ff., 133 ff., 150 ff., 153 ff.;

[12] Vgl. hierzu auch 宋凯楚，违法婚姻论 (Song Kaichu, Abhandlung über gesetzwidrige Ehen), S. 176; 杨一凡 / 陈寒枫 (Yang Yifan / Chen Hanfeng), a.a.O., S. 284. Dies gilt nach M.J. Meijer, a.a.O., S. 42, insbesondere für die Ehebestimmungen d. chin. Sowjetrepublik v. 1931.

[13] Vgl. hierzu das Ehegesetz d. chin. Sowjetrepublik v. 1934 in der engl. Übersetzung von M.J. Meijer, a.a.O., S. 283 f.;

[14] „中华苏维埃共和国婚姻条例" (Ehebestimmungen d. chin. Sowjetrepublik) v. 1.12.1931, Sammlung von historischem Material der zentralen revolutionären Stützpunktgebiete, Bd. 2, S. 194 ff.; engl. Übersetzung von M.J. Meijer, a.a.O., S. 281 f.;

[15] Ehegesetz d. chin. Sowjetrepublik v. 8.4.1934, engl. Übersetzung von M.J. Meijer, a.a.O., S. 283 f.;

[16] Im Folgenden ZGB. Das ZGB geht auf das japanische Zivilgesetzbuch zurück, dem wiederum der 1. Entwurf des deutschen BGB zugrunde liegt, vgl. hierzu Manthe, Die Rechtsentwicklung Chinas im 20. Jahrhundert, S. 3. Die Gründe für die Erarbeitung einer Kodifikation nach westlichem Vorbild lagen zum einen darin, dass die von China empfundene Übermacht des Westens auf ein modernes Rechtssystems zurückgeführt wurde. Zum anderen hatten die damaligen Exterritorialmächte teilweise einen Verzicht auf vertragliche Vorrechte in Aussicht gestellt, wenn in China eine Kodifikation nach europäischem Vorbild verabschiedet wird, vgl. Manthe, a.a.O.

Familienrecht regelnde Vierte Buch des chinesischen ZGB, das am 26.12.1930 verkündet wurde und am 5.5.1931 in Kraft getreten ist.[17]

In späteren Ehebestimmungen der Grenzgebiete ist das Verhältnis zwischen diesen Bestimmungen und dem Familiengesetzbuch des ZGB dagegen teilweise ausdrücklich geregelt worden. So wird beispielsweise in § 22 Ehebestimmungen des Jin-Cha-Ji-Grenzgebietes v. 4.2.1943 bestimmt, dass die Bestimmungen des Familiengesetzbuches des ZGB betreffend die Ehe angewendet werden sollen, soweit die Ehebestimmungen des Jin-Cha-Ji-Grenzgebietes nicht entgegenstehen.[18]

Der wirksame Erlass von eherechtlichen Bestimmungen in der Sowjetrepublik und den Grenzgebieten sowie ihr Verhältnis zum nationalistischen ZGB ist jedenfalls in der gegenwärtigen chinesischen Literatur – soweit ersichtlich – bisher nicht weiter problematisiert worden. Verschiedentlich wird lediglich konstatiert, dass in den jeweiligen Gebieten insbesondere auch Ehebestimmungen erlassen[19] bzw. durchgeführt worden seien.[20] Die Existenz des ZGB und das Verhältnis zu diesem wird in diesem Zusammenhang nicht erwähnt.

Eine zeitgenössische Darstellung aus dem westlichen Ausland[21] beschränkte sich dagegen auf die Darstellung der Rechtslage nach dem ZGB, ohne die bereits 1931 erlassenen Ehebestimmungen der chinesischen Sowjetrepublik zu erwähnen.

Im Vergleich der verschiedenen eherechtlichen Bestimmungen der chinesischen Sowjetrepublik und der Grenzgebiete zeigen sich sowohl Kontinuität als auch tiefgreifende Veränderungen.[22] Insbesondere die Institute Ehe und Familie waren auch noch nach der Abkehr vom traditionellen Verständnis weiterhin einem starken Wandel in der politischen Anschauung unterworfen. Der kommunistische Gesetzgeber hatte die Ehe und die Voraussetzungen der Eheschließung zunächst in radikaler Abkehr von dem traditionellen Verständnis reformiert. Die Ehegatten konnten nach traditionellem chinesischen Recht nicht selbst bestimmen, ob und wen sie heiraten.[23] Diese Entscheidung wurde für beide Ehegatten

---

[17] Vgl. Codex Iuris Civilis Reipublicae Sinicae, S. 146 ff. Der Text enthält eine synoptische Darstellung des Gesetzestextes in lat. u. chin. Sprache.

[18] Vgl. die engl. Übersetzung von M.J. Meijer, a.a.O., S. 291 ff. (293);

[19] 张晋藩，中国法制史 (Zhang Jinfan, Geschichte des Rechtssystems Chinas), S. 658;

[20] 杨一凡 / 陈寒枫 (Yang Yifan / Chen Hanfeng), a.a.O., S. 285;

[21] Vgl. Escarra, Das chinesische Familienrecht in der alten Gesetzgebung und in der neuen Kodifikation, Sinica Bd. 8 (1933), S. 97 ff.;

[22] Vgl. auch M.J. Meijer, a.a.O., insbesondere S. 35 ff., S. 54 ff.;

[23] Vgl. zum traditionellen Familienrecht auch Weggel, Chinesische Rechtsgeschichte, S. 183 ff.;

grundsätzlich von den jeweiligen Großeltern väterlicherseits und den Eltern sowie, wenn diese sämtlich vorverstorben waren, von den übrigen älteren Verwandten getroffen. Das Recht, über die Eheschließung zu bestimmen, wird als „主婚权“[24] und die dieses Recht innehabenden Personen als „Heiratsvollzieher“ (主婚人)[25] bezeichnet. Diese sogenannten Heiratsvollzieher schlossen den Ehevertrag verbindlich für die Eheleute ab. Der kommunistische Gesetzgeber schaffte diese und weitere Interventionsmöglichkeiten Dritter ab und statuierte ausdrücklich die Eheschließungsfreiheit. Zur Durchsetzung dieses zentralen Anliegens wurde die Eheregistrierung bei persönlicher Anwesenheit der Eheleute eingeführt. Darüber hinaus wurde die Bedeutung der bestehenden Ehe und Familie jedoch vom kommunistischen Gesetzgeber zunächst eher gering veranschlagt. Dies zeigt sich im Hinblick auf die Ehebestimmungen der Sowjetrepublik und der Grenzgebiete insbesondere daran, dass sich die Bestimmungen über die Ehe zunächst im Wesentlichen in Vorschriften über die Eheschließung, insbesondere der vorgenannten grundsätzlichen Registrierungspflicht, erschöpften.[26] Pflichten der Eheleute während bestehender Ehe, darunter insbesondere auch die Unterhaltspflicht der Ehegatten, wurden zunächst nicht ausdrücklich normiert.

De facto und de iure ist also während der Dreißiger und Vierziger Jahre des 20. Jahrhunderts insbesondere im Hinblick auf das Ehe- und Familienrecht zwischen den Gebieten unter kommunistischer Herrschaft und der (übrigen) Republik China unter nationalistischer Herrschaft zu unterscheiden. Den Bestimmungen der örtlichen Sowjets und damit solchen kommunistischer Provenienz stand das vorgenannte ZGB der nationalistischen Regierung der Republik China gegenüber, darunter insbesondere das Vierte Buch, verkündet am 26.12.1930 und in Kraft getreten am 5.5.1931.[27] Die politische Konkurrenz zwischen den

---

[24] Vgl. 法学大辞典 (Großes Wörterbuch der Rechtswissenschaft), S. 349;

[25] Vgl. Engelmann, Das chinesische Eherecht, ZfvglRw Bd. 43 (1928), S. 188 ff. Vgl. ferner zu dem Institut der „主婚人“ 张晋藩，清代民法综论 (Zhang Jinfan, Zusammenfassende Abhandlung über das Zivilrecht der Qing-Dynastie), S. 186 sowie M.J. Meijer, a.a.O., S. 13.

[26] Vgl. Das Zweite Kapitel der Ehebestimmungen d. chin. Sowjetrepublik v. 1931 (§§ 3-8): Geregelt werden das Heiratsalter, die Notwendigkeit der persönlichen Zustimmung der Parteien, das Verbot der Einflussnahme Dritter, die Eheverbote wegen Verwandtschaft oder Krankheit und die Registrierungspflicht. Unmittelbar anschließend befasst sich das Dritte Kapitel mit der Scheidung. Entsprechende Regelungen finden sich auch im Zweiten Kapitel des Ehegesetzes v. 1934, engl. Übersetzung von M.J. Meijer, a.a.O., 283 f., und im Zweiten Kapitel der Ehebestimmungen d. Shan-Gan-Ning-Grenzgebietes v. 4.4.1939, Sammlung von Regierungsdokumenten des Grenzgebietes Shan-Gan-Ning, Heft 1, Dangan-Verlag, 1986, S. 221 ff.; engl. Übersetzung von M.J. Meijer, a.a.O., S. 285 ff.;

[27] Vgl. Codex Juris Civilis Reipublicae Sinicae, S. 146 ff. Es ist jedoch darauf hinzuweisen, dass der tatsächliche Wirkungsbereich des ZGB wie auch anderer Gesetze der Guomindang-Regierung stark eingeschränkt war. Er soll sich auf “einige Großstädte und auf die Küstenprovinzen” beschränkt haben, vgl. hierzu auch Bergmann / Ferid / Henrich, Internationales

Kommunisten und der nationalistischen Regierung setzte sich auch auf der Ebene der Gesetzgebung fort. Die jeweiligen Normen waren nicht zuletzt ein Vehikel der verschiedenen gesellschaftlichen Konzepte der politischen Gegner. Dies galt nicht zuletzt auch auf dem Gebiet des Familienrechts. So war die Normgebung kommunistischer Herkunft beispielsweise im Hinblick auf die Scheidung zunächst sehr liberal[28], die Regelungen des ZGB von Anfang an eher restriktiv.[29] Es verwundert daher auch nicht, dass die Anzahl der Scheidungsfälle in den kommunistischen Gebieten im Vergleich mit den Gebieten unter nationalistischem Einfluss „*geradezu riesig*" gewesen sein soll.[30] Allerdings hat auch das Zweckbündnis von Kommunisten und nationalistischer Regierung im Kampf gegen den japanischen Angreifer bzw. im Zweiten Weltkrieg[31] einen Niederschlag in den Ehebestimmungen der Grenzgebiete, die während dessen erlassen worden sind, gefunden. So findet sich insbesondere in § 1 Entwurf der Ehebestimmungen des Jin-Cha-Ji-Grenzgebietes v. 7.7.1941 der Hinweis, dass diese Bestimmungen „im Geiste der Gesetzgebung des Familiengesetzbuches sowie gemäß den praktischen Bedürfnissen des Grenzgebietes" erlassen worden sind.[32]

Die folgende Darstellung beschränkt sich auf die eherechtlichen Bestimmungen der Sowjetrepublik, d.h. die Ehebestimmungen v. 1.12.1931 und das Ehegesetz v. 8.4.1934, sowie die Ehebestimmungen des Shan-Gan-Ning-Grenzgebietes v. 4.4.1939. Im Mittelpunkt des Interesses stehen dabei die unterhaltsrechtlichen Regelungen. Der jeweilige Bezug zu der unterhaltsrechtlichen Ehegesetzgebung der VR China wird durch geeignete Verweise hergestellt. Dadurch werden einerseits vorhandene kontinuierliche Entwicklungen, andererseits aber auch Veränderungen aufgezeigt.

Ehe- und Kindschaftsrecht, Länderteil China, S. 1 sowie Manthe, Die Rechtsentwicklung Chinas im 20. Jahrhundert, S. 4;

[28] Vgl. z.B. § 9 Ehebestimmungen d. chin. Sowjetrepublik v. 1931, in dem die Ehescheidungsfreiheit ausdrücklich statuiert und ferner bestimmt wurde, dass die Scheidung sofort wirksam werden sollte, wenn die Ehegatten sich auf die Scheidung geeinigt hatten oder ein Ehegatte die Scheidung verlangte. Entsprechendes galt grundsätzlich auch noch gemäß § 10 Ehegesetz d. chin. Sowjetrepublik v. 1934. Hinzuweisen ist aber darauf, dass die streitige Scheidung bereits in § 11 Ehebestimmungen des Shan-Gan-Ning-Grenzgebietes v. 1939 durch die Einführung von – allerdings nicht abschließenden – Scheidungsgründen restriktiver gehandhabt worden ist.

[29] Vgl. insbesondere den in § 1052 ZGB enthaltenen abschließenden Katalog mit Scheidungsgründen im Falle der streitigen Scheidung. Daneben war die einverständliche Scheidung gemäß §§ 1049, 1050 ZGB jederzeit möglich.

[30] Vgl. Englert, a.a.O., S. 122;

[31] Vgl. Gernet, a.a.O., S. 537 f.;

[32] Vgl. den chin. Text in Sammlung von historischem Material des antijapanischen Stützpunktgebietes Jin-Cha-Ji, Bd. 2, S. 118;

II. Allgemeines zur Regelungsmaterie der eherechtlichen Bestimmungen der chinesischen Sowjetrepublik und des Shan-Gan-Ning-Grenzgebietes

Die Ehebestimmungen und das Ehegesetz der chinesischen Sowjetrepublik wie auch die im Anschluss daran erlassenen Ehebestimmungen des Shan-Gan-Ning-Grenzgebietes v. 1939[33] regelten neben teilweise revolutionären allgemeinen Grundsätzen der Ehe – wie etwa dem Verbot der arrangierten Ehe – die materiellen und formellen Ehevoraussetzungen und die Scheidung, aber insbesondere auch den Unterhalt ehelicher Kinder nach der Scheidung der Eltern. Rudimentäre Regelungen finden sich ferner zum ehelichen Güterrecht sowie dem Unterhalt der nichtehelichen Kinder und Stiefkinder. Geregelt ist auch, unter welchen Voraussetzungen der geschiedene Ehemann für den Lebensunterhalt der geschiedenen Ehefrau aufzukommen oder dieser in sonstiger Weise Unterstützung zu gewähren hatte. In den Bestimmungen der Grenzgebiete der Vierziger Jahre des 20. Jahrhunderts wird auch teilweise bereits der gegenseitige Unterhalt der Ehegatten während bestehender Ehe ausdrücklich geregelt.[34] Keine Regelungen finden sich indes zur Adoption.

III. Die chinesische Sowjetrepublik von Jiangxi/Ruijin

Auf dem Gebiet des Ehe- und Familienrechts sind während der Phase der chinesischen Sowjetrepublik (1931-1934) die Ehebestimmungen vom 1.12.1931 sowie das Ehegesetz vom 8.4.1934 erlassen worden.[35]

---

[33] Im Shan-Gan-Ning-Grenzgebiet wurden ferner am 20.3.1944 überarbeitete vorläufige Ehebestimmungen erlassen, vgl. hierzu die engl. Übersetzung von M.J. Meijer, a.a.O., S. 288 ff. Auf diese wird vorliegend jedoch nicht eingegangen.

[34] Z.B. in § 14 des Entwurfs der Ehebestimmungen des Jin-Cha-Ji-Grenzgebietes v. 7.7.1941, a.a.O., S. 120, in dem es heißt, dass die Ehegatten gemeinsam verpflichtet waren, für ihren Lebensunterhalt aufzukommen; vgl. ferner § 12 der Ehebestimmungen des Jin-Cha-Ji-Grenzgebietes v. 4.2.1943, engl. Übersetzung von M.J. Meijer, a.a.O., S. 292;

[35] Vgl. hierzu allgemein 张晋藩，中国法制史 (Zhang Jinfan, Geschichte des Rechtssystems Chinas), S. 699 f.;

1. Die Ehebestimmungen der chinesischen Sowjetrepublik von Jiangxi/Ruijin vom 1.12.1931

Die Ehebestimmungen der chinesischen Sowjetrepublik v. 1.12.1931[36] (im Folgenden als Ehebestimmungen bezeichnet) sind auf der Grundlage der Erfahrungen in den Stützpunktgebieten erlassen worden.[37] Die Ehebestimmungen bestehen aus sieben Kapiteln und umfassen insgesamt 23 Paragraphen. Im Ersten Kapitel (§§ 1-2) wurden allgemeine – und im Vergleich zum traditionellen Verständnis[38] revolutionäre – Prinzipien wie die Ehefreiheit geregelt. Das Zweite Kapitel (§§ 3–8) befasste sich mit der Eheschließung, insbesondere mit dem Heiratsalter, den Eheverboten und der Eheregistrierung. Gegenstand des Dritten Kapitels (§§ 9–10) war die Scheidung, insbesondere wurde die Scheidungsfreiheit ausdrücklich verankert. Die Zusatzbestimmungen des Siebten Kapitels (§§ 22–23) regelten das Inkrafttreten der Bestimmungen und die Anwendbarkeit des „Strafgesetzes“[39] bei Zuwiderhandlungen. Die hier vor allem interessierenden unterhaltsrechtlichen Regelungen fanden sich im Vierten Kapitel (§§ 11–16, Unterhalt der Kinder nach der Scheidung), Fünften Kapitel (§§ 17–20, Behandlung des Vermögens von Mann und Frau nach der Scheidung) und Sechsten Kapitel (§ 21, Unterhalt der Kinder, die ohne Registrierung der Ehe geboren worden sind). Das Vierte Kapitel enthielt dabei neben unterhaltsrechtlichen auch güterrechtliche Bestimmungen. Die nachfolgende Darstellung der unterhaltsrechtlichen Regelungen folgt ihrer Reihenfolge in den Ehebestimmungen.

---

[36] Vgl. den chin. Text in Sammlung von historischem Material der zentralen revolutionären Stützpunktgebiete, Bd. 2, S. 194 ff. sowie die engl. Übersetzung von M.J. Meijer, a.a.O., S. 281 f.;

[37] 杨一凡 / 陈寒枫 (Yang Yifan / Chen Hanfeng), a.a.O., S. 285;

[38] Wie bereits dargelegt hatten die Ehegatten selbst nach traditionellem chinesischen Recht kein Recht zu bestimmen, ob und wen sie heiraten. Diese Entscheidung wurde für beide Ehegatten grundsätzlich von den Heiratsvollziehern (主婚人) getroffen, die auch die Ehe verbindlich für die Ehegatten abgeschlossen haben, vgl. hierzu auch van der Valk, An outline of modern Chinese family law, S. 19. Es ist jedoch darauf hinzuweisen, dass dieses traditionelle Verständnis bereits nach Gründung der Republik China im Jahre 1912 von der Rechtsprechung auch der Republik China aufgegeben worden war. In einer Sammlung von Entscheidungen des Obersten Gerichts der Republik China aus den Jahren 1912–1918 heißt es ausdrücklich: „Les parties contractantes, dans le marriage, sont les futurs époux. [...]“ (Die Vertragsparteien einer Ehe sind die zukünftigen Ehegatten.), vgl. Escarra, Recueil des Sommaires de la Jurisprudence de la Cour Suprême de la République de Chine en matière civile et commerciale (1912 – 1918), S. 305, Nr. 1186.

[39] Ein öffentlich verkündetes Strafgesetzbuch existierte jedoch zu diesem Zeitpunkt nicht.

1.1. §§ 11–16: Unterhalt ehelicher Kinder nach der Scheidung

Gegenstand des Vierten Kapitels der Ehebestimmungen (§§ 11-16) war der Unterhalt des ehelichen Kindes vor Vollendung des 16. Lebensjahres nach Scheidung der Eltern. Die fragmentarischen Regelungen betreffen den Kindesunterhalt sowohl durch die leiblichen Eltern als auch – im Falle einer erneuten Eheschließung der Mutter – durch den Stiefvater. Der Kindesunterhalt nach Vollendung des 16. Lebensjahres wurde nicht geregelt. Die Ehebestimmungen enthielten ferner keine ausdrücklichen Regelungen über weitere Unterhaltsvoraussetzungen, etwa die Bedürftigkeit des Unterhaltsberechtigten oder die Leistungsfähigkeit des Unterhaltspflichtigen. Der kommunistische Gesetzgeber hat zudem keine Notwendigkeit gesehen, die Art des den Kindern zu gewährenden Unterhalts während bestehender Ehe der Eltern zu regeln.[40]

1.1.1. Der Unterhalt der Kinder durch ihre leiblichen Eltern

Die Unterhaltspflicht der Eltern gegenüber ihren leiblichen Kindern wurde als solche zwar nicht ausdrücklich normiert, aber im Vierten Kapitel der Ehebestimmungen, welches den Kindesunterhalt nach Scheidung der Eltern gestaltet, stillschweigend vorausgesetzt. Die Unterhaltspflicht der Eltern gegenüber ihren leiblichen Kindern beruhte auch nach den Ehebestimmungen der chinesischen Sowjetrepublik auf der natürlichen Blutsverwandtschaft. Dies lässt sich allgemein aus der Regelung des § 21 Ehebestimmungen schließen. Gemäß § 21 hing im Falle eines nichtehelichen Kindes nämlich die Pflicht des Vaters zur Übernahme der teilweisen Lebenshaltungskosten des Kindes von der erwiesenen Vaterschaft ab.

Keine ausdrücklichen Bestimmungen finden sich ferner zu der Bedürftigkeit des Kindes, der Leistungsfähigkeit der Eltern sowie dem Maß und der Höhe des Kindesunterhalts.

---

[40] Nach deutschem Recht bestimmen die gemeinsam sorgeberechtigten Eltern gegenüber minderjährigen unverheirateten Kindern die Form der Unterhaltsgewährung im Rahmen ihres Sorgerechtes gem. §§ 1626 ff. BGB, vgl. Diederichsen in Palandt, § 1612, Rdnr. 8.

1.1.1.1. Gesetzlicher Regelfall des Kindesunterhalts nach der Scheidung der Eltern

Der Unterhalt ehelicher Kinder während bestehender Ehe der Eltern war in den Ehebestimmungen nicht geregelt. Dagegen existierten diverse Regelungen betreffend den Kindesunterhalt nach der Scheidung der Eltern.

1.1.1.1.1. Unterhaltspflicht des Vaters

Gemäß § 11 Ehebestimmungen war nach der Scheidung der Eltern grundsätzlich der Vater verpflichtet, die vor der Scheidung geborenen Kinder der Ehegatten zu unterhalten.[41]

Die Ehebestimmungen verwandten für den Kindesunterhalt den Begriff „抚养". Der Unterhaltsbegriff wurde dabei in den Ehebestimmungen nicht näher konkretisiert. Der vorliegend mit „Unterhalt" übersetzte Begriff „抚养" lässt sich ferner sowohl mit „ernähren", „großziehen"[42] als auch mit „Alimentation"[43] ins Deutsche übertragen. Diese Bedeutungsvielfalt sowie das Fehlen abweichender Bestimmungen spricht für die grundsätzlich umfassende Bedeutung des Begriffes „抚养" im Sinne von Kindesunterhalt.

1.1.1.1.2. Grundsätzliche Freistellung der Mutter vom nachehelichen Kindesunterhalt

Ein nachehelicher Kindesunterhalt durch die Mutter war dagegen in den Ehebestimmungen grundsätzlich nicht vorgesehen. Vielmehr beschränkte der Regelfall des § 11 die nacheheliche Pflicht zum Kindesunterhalt grundsätzlich auf den Vater der ehelichen Kinder und statuierte insoweit eine Ungleichbehandlung der Elternteile zugunsten der Mutter.

Die vorgenannte Privilegierung der Mutter ist im Zuge der voranschreitenden Gleichberechtigung der Geschlechter und auch der regelmäßigen Erwerbstätigkeit der Frauen entfallen. Nach aktueller Rechtslage in der VR China ergibt sich

---

[41] „负责抚养"

[42] Vgl. 新汉德词典 (Das neue chinesisch-deutsche Wörterbuch), S. 249;

[43] Vgl. 汉德经济和经济法词典 (Chinesisch-Deutsches Wörterbuch für Wirtschaft und Wirtschaftsrecht), S. 207;

aus § 36 Abs. 2 EheG ausdrücklich, dass auch nach der Scheidung der Ehe beide Elternteile weiterhin zum Kindesunterhalt berechtigt und verpflichtet sind.

1.1.1.2. Nachehelicher Kindesunterhalt durch die Mutter

1.1.1.2.1. Unterhaltsvorrecht der Mutter

Waren beide Elternteile nach der Scheidung zum Kindesunterhalt bereit, dann wurden die Kinder gemäß § 11 von der Mutter unterhalten. Begriff und Umfang des Unterhalts werden dabei im Folgenden konkretisiert. Die vorgenannte Privilegierung der Mutter im Sinne einer grundsätzlichen Freistellung vom Kindesunterhalt wurde damit durch ein Vorrecht zum Kindesunterhalt ergänzt. Die Mutter hatte also nach der Scheidung grundsätzlich zwar das Recht, aber nicht die Pflicht, ihre Kinder zu unterhalten.

1.1.1.2.2. Die in der Stillzeit befindlichen Kinder

Die vorgenannten Privilegierungen der Mutter unterlagen jedoch gewissen Einschränkungen. Insoweit bestimmte § 12, dass Kinder, die sich in der Stillzeit befinden, von der Mutter unterhalten werden. Dadurch wurde den besonderen Bedürfnissen dieser Kinder Rechnung getragen.

Die weitreichende Privilegierung der Mutter betreffend den nachehelichen Kindesunterhalt wies verschiedene gesellschaftspolitische Implikationen auf. Die Ehebestimmungen der chinesischen Sowjetrepublik haben eine ausdrückliche Abkehr von dem traditionellen, feudalistischen Ehe- und Familienverständnis – welches insbesondere auf der Unterordnung der Frau unter den Mann basiert hatte[44] – vollzogen und sich allgemein um die Gleichstellung von Mann und Frau, insbesondere aber auch um die Verbesserung der Rechte von Frauen[45] und Kindern bemüht.[46] Der Gesetzgeber der Ehebestimmungen ist dabei davon ausgegangen, dass die Frauen wirtschaftlich noch nicht vollständig unabhängig waren und der Mann daher einen vergleichsweise größeren Teil der scheidungs-

---

[44] Vgl. hierzu etwa 张晋藩，清代民法综论 (Zhang Jinfan, Zusammenfassende Abhandlung über das Zivilrecht der Qing-Dynastie), S. 216 ff.;

[45] Vgl. zu den frauenspezifischen Zielen der kommunistischen Partei auch 杨一凡 / 陈寒枫 (Yang Yifan / Chen Hanfeng), a.a.O., S. 285;

[46] Vgl. hierzu das Vorwort zu den Ehebestimmungen d. chin. Sowjetrepublik v. 1931, Sammlung von historischem Material der zentralen revolutionären Stützpunktgebiete, Bd. 2, S. 194;

bedingten Pflichten und Verantwortlichkeiten übernehmen sollte.[47] Nicht zuletzt sollten die Frauen politisch mobilisiert werden.[48] Anhand der Bestimmungen der §§ 11,12 wurden somit die aus politischen Erwägungen zugrunde gelegten Interessen der Mutter nach der Scheidung einerseits und die der Kinder andererseits austariert. § 12 trug dabei den besonderen Bedürfnissen von Kindern in der Stillzeit Rechnung, während die in § 11 enthaltene grundsätzliche Privilegierung der Mutter einerseits ihre zugrunde gelegte schwächere wirtschaftliche Position berücksichtigte und den Frauen andererseits die Teilnahme am politischen und beruflichen Leben ermöglichte.

Die weitreichende Privilegierung der Mutter betreffend den nachehelichen Kindesunterhalt entspricht damit der gesetzgeberischen Intention. Die mit der Ausgestaltung des nachehelichen Kindesunterhalts notwendig verbundene Schlechterstellung der Männer, i.e. Väter, wurde dabei vorübergehend[49] in Kauf genommen.

Nach aktueller Rechtslage in der VR China steht es den Eltern weitgehend frei, den Kindesunterhalt einverständlich zu regeln. Jedoch sieht auch § 36 Abs. 3 S. 1 EheG der VR China gegenwärtig grundsätzlich vor, dass die in der Stillzeit befindlichen Kinder nach der Scheidung von der Mutter im Sinne der Pflege und Erziehung unterhalten werden.[50] Zu beachten sind insoweit nach gegenwärtigem Recht der VR China auch weitere Konkretisierungen durch das Oberste Volksgericht[51], wonach etwa die Altersgrenze von Kindern in der Stillzeit auf die Vollendung des zweiten Lebensjahres festgelegt worden ist.[52] Dar-

---

[47] S.o.;

[48] Vgl. z.B. M.J. Meijer, a.a.O., S. 37 ff.;

[49] Hinzuweisen ist jedoch darauf, dass der Regelfall des Kindesunterhalts nach der Scheidung bereits in § 16 Ehegesetz d. chin. Sowjetrepublik v. 1934 wieder umgekehrt worden ist. Demnach war nach der Scheidung grundsätzlich die Mutter zum Kindesunterhalt verpflichtet.

[50] Vgl. hierzu auch Kapitel 2, V.2.4.1.;

[51] Das Oberste Volksgericht der Volksrepublik China befindet sich in Beijing. Es ist das höchste Rechtsprechungsorgan der VR China und überwacht die Rechtsprechung der ihm nachgeordneten lokalen Volksgerichte aller Ebenen, vgl. hierzu ferner von Senger in Bergmann / Ferid / Henrich, a.a.O., S. 8;

[52] Vgl. 最高人民法院关于人民法院审理离婚案件处理子女抚养问题的若干具体意见 (Einige konkrete Ansichten des Obersten Volksgerichts über die Behandlung von Fragen des Kindesunterhalts bei der gerichtlichen Verhandlung von Scheidungsfällen durch die Volksgerichte) v. 3.11.1993, 常用婚姻家庭法律法规 (Gebräuchliche Gesetze und Bestimmungen des Ehe- und Familienrechts), S. 227 ff., s. dort insbesondere Ziff. 1, S. 227 f. Bei den amtlichen Interpretationen des Obersten Volksgerichts handelt es sich um Gesetze im weiten Sinne, vgl. hierzu auch von Senger in Bergmann / Ferid / Henrich, a.a.O., S. 8, vgl. hierzu auch Wang Chenguang / Zhang Xianchu, Introduction to Chinese Law, S. 21. Gesetze im engen Sinn sind demgegenüber solche, die vom Nationalen Volkskongress oder dessen Stän-

über hinaus gibt es in dem Fall, dass die Eltern bezüglich des Kindesunterhalts keine einverständliche Regelung treffen können, gegenwärtig keine geschlechtsspezifische Vorzugsbehandlung mehr.

1.1.1.2.3. § 14: Übernahme von zwei Dritteln der notwendigen Lebenshaltungskosten der Kinder durch den Vater

Die Ehebestimmungen sahen abweichend vom Regelfall vor, dass die Mutter die Kinder entweder gemäß § 12 während der Stillzeit oder gemäß § 11 freiwillig unterhielt. Ergänzend zu den §§ 11 und 12 bestimmte § 14 Ehebestimmungen der chinesischen Sowjetrepublik, dass der Vater in diesen Fällen zwei Drittel der notwendigen Lebenshaltungskosten (必需的生活费) der Kinder übernahm.

Dieser Pflicht konnte der Vater gemäß § 14 entweder durch die Entrichtung einer Geldrente oder durch die Bewirtschaftung des dem Kind während der Landreform zugeteilten Grund und Bodens für das Kind nachkommen. In der chinesischen Sowjetrepublik wurde zeitgleich mit den Ehebestimmungen am 1.12.1931 das Bodengesetz der chinesischen Sowjetrepublik verkündet, welches insbesondere die Zuteilung des Bodens an die Bauern und eine Enteignung der feudalen Grundherren vorsah.[53] Insoweit stellte § 13 der Ehebestimmungen klar, dass dem Kind der diesem zugeteilte Boden auch nach der Scheidung der Eltern weiterhin zustand.

§ 14 enthielt somit eine gesetzlich bestimmte Haftungsverteilung der Eltern betreffend den nachehelichen Kindesunterhalt. Aus dem Fehlen einer entsprechenden Verpflichtung zur Übernahme von Lebenshaltungskosten durch die Mutter für den Regelfall des nachehelichen Kindesunterhalts durch den Vater gemäß § 11 ergibt sich zudem eine weitere Privilegierung der Mutter im Hinblick auf den nachehelichen Kindesunterhalt.

Zu einem nachehelichen Kindesunterhalt durch die Mutter kam es – wie bereits dargelegt – entweder auf der Basis der Freiwilligkeit, vgl. § 11, oder gemäß § 12 hinsichtlich der in der Stillzeit befindlichen Kinder. Die Regelung des § 14, der gemäß der Vater zur Übernahme von zwei Dritteln der notwendigen Lebenshaltungskosten der Kinder verpflichtet war, bedeutete aber auch, dass die Mutter neben der Pflege und Erziehung des Kindes auch zur Übernahme der verblei-

---

digen Ausschuss erlassen werden, wie zum Beispiel das vom Ständigen Ausschuss des Nationalen Volkskongresses am 28.4.2001 erlassene revidierte Ehegesetz der VR China.

[53] Vgl. hierzu auch Bartke, a.a.O., S. 323, 327; 法学大辞典 (Großes Wörterbuch der Rechtswissenschaft), S. 172;

benden Lebenshaltungskosten des Kindes verpflichtet war.[54] Unter dem Aspekt des gesetzgeberisch intendierten Schutzes auch der Rechte und Interessen der Kinder[55] ist insbesondere nicht davon auszugehen, dass die notwendigen Unterhaltskosten des Kindes in Höhe von einem Drittel ungedeckt bleiben sollten.

Es fragt sich, ob die Verpflichtung der Mutter zur Übernahme eines Drittels der notwendigen Lebenshaltungskosten der von ihr nach der Scheidung betreuten Kinder mit der vom Gesetzgeber der Ehebestimmungen selbst zugrunde gelegten wirtschaftlich schwächeren Stellung der Frauen in Einklang steht. Einerseits heißt es im Vorwort der Ehebestimmungen, die Frau sei „noch nicht vollständig" wirtschaftlich unabhängig und der Mann solle einen Großteil der scheidungsbedingten Pflichten übernehmen.[56] Damit lässt sich die teilweise Pflicht zur Übernahme von Lebenshaltungskosten des Kindes durchaus vereinbaren. Andererseits war jedoch gemäß § 20 Ehebestimmungen der chinesischen Sowjetrepublik – auf den noch einzugehen sein wird [57]– der geschiedene Ehemann verpflichtet, nach der Scheidung für den Lebensunterhalt der geschiedenen Ehefrau aufzukommen, bis diese eine neue Ehe eingegangen war. Demnach ist der Gesetzgeber bei der Normierung des § 20 davon ausgegangen, dass die geschiedene Ehefrau nicht nur wirtschaftlich „noch nicht vollständig" unabhängig, sondern bereits nicht in der Lage war, nach der Scheidung auch nur für den eigenen Lebensunterhalt aufzukommen. Dies würde dann aber bedeuten, dass diese erst recht nicht neben der Pflege und Erziehung der Kinder für die verbleibenden Lebenshaltungskosten hätte aufkommen können. Dabei ist aber auch zu berücksichtigen, dass der Unterhalt der Kinder durch die Mutter nach der Vorstellung des Gesetzgebers einen Ausnahmefall darstellte, der entweder auf ihrem freien Willen gemäß § 11 oder auf einem zeitlich beschränkten Umstand im Sinne von § 12, nämlich darauf beruhte, dass sich die Kinder noch in der Stillzeit befanden. Unter Berücksichtigung dieser Umstände erscheint die Pflicht der Mutter zur Übernahme der verbleibenden Lebenshaltungskosten nicht als unvereinbar mit dem gesetzgeberischen Gesamtkonzept. Gerade im Gegenteil kann diese Pflicht auch als ein Anreiz für die Mutter aufgefasst werden, die Kinderbetreuung jedenfalls nicht freiwillig zu übernehmen, sondern dem geschiedenen Ehemann zu überlassen.[58]

---

[54] Hiervon geht auch M.J. Meijer, a.a.O., S. 47, – allerdings ohne weitere Begründung – aus;
[55] Vgl. hierzu das Vorwort zu den Ehebestimmungen der Sowjetrepublik v. 1931, a.a.O.;
[56] S.o.;
[57] S. hierzu 1.2.;
[58] So auch M.J. Meijer, a.a.O., S. 47;

1.1.1.3. Zusammenfassende Auslegung des Unterhaltsbegriffs

Der Begriff des Kindesunterhalts im Sinne von „抚养" wurde einerseits in der Überschrift des Vierten Kapitels der Ehebestimmungen (离婚后小孩的抚养, Kindesunterhalt nach der Scheidung) als Oberbegriff und andererseits in § 14 neben dem Begriff der Lebenshaltungskosten (生活费) verwandt. Daraus ist bereits ersichtlich, dass dem Begriff in den Ehebestimmungen je nach dem Kontext der Verwendung eine verschiedene Bedeutung zukam. Ausgehend von der Verwendung in der Kapitelüberschrift kam dem Begriff zunächst die oben bereits dargelegte umfassende Bedeutung von Kindesunterhalt zu. Abweichend hiervon bezeichnete der in § 14 neben den Lebenshaltungskosten verwandte Begriff den Kindesunterhalt, soweit er nicht in Gestalt der notwendigen Lebenshaltungskosten besonders geregelt war.

Das vorstehend dargestellte Konzept der Ehebestimmungen in den §§ 11,12 und 14 betreffend den nachehelichen Kindesunterhalt verdeutlicht, dass sich die Auslegung des Begriffs des Kindesunterhalts insbesondere nach der Person des Unterhaltsleistenden richtete.

Der vom Vater gemäß § 11 erbrachte Unterhalt ist insbesondere mangels abweichender Bestimmungen als vollumfänglicher Kindesunterhalt auszulegen. Als solcher umfasst der Begriff sowohl die Pflege und Erziehung des Kindes als auch die für den Unterhalt des Kindes erforderlichen Barmittel.

Die Mutter war im Regelfall vom nachehelichen Kindesunterhalt freigestellt. Leistete die Mutter – entweder aufgrund freiwilliger Entscheidung gemäß § 11 oder weil sich das Kind in der Stillzeit befand gemäß § 12 – dem Kind Unterhalt, ergibt sich aus der Gesamtschau der §§ 11,12 und 14 eine inhaltliche Beschränkung des Unterhaltsbegriffes. Ausgenommen von dem durch die Mutter geleisteten Kindesunterhalt waren demnach jedenfalls die dem Vater auferlegten zwei Drittel der notwendigen Lebenshaltungskosten des Kindes, vgl. § 14.

In der späteren VR China bezeichnet der Begriff „抚养" allgemein den Unterhalt, den ein Mitglied der älteren Generation bestimmter Verwandter einem Mitglied der jüngeren Generation erbringt.[59] Insbesondere wird also auch nach dem gegenwärtigen Recht der VR China der Kindesunterhalt als „抚养" bezeichnet. Die Auslegung des so bezeichneten Kindesunterhalts richtet sich – wie auch schon in den Ehebestimmungen der chinesischen Sowjetrepublik – weiter hin nach dem Kontext der konkreten Verwendung. Dabei ist jedoch unbeachtlich, ob der Kindesunterhalt vom Vater oder von der Mutter geleistet wird. Der

[59] Vgl. 法学大辞典 (Großes Wörterbuch der Rechtswissenschaft), S. 708; s. hierzu auch Kapitel 2, I.;

Begriff „抚养“ kann auch nach gegenwärtigem Recht sowohl den vollumfänglichen Kindesunterhalt als auch den Kindesunterhalt, soweit dieser nicht durch die vollständige oder teilweise Übernahme der Lebenshaltungs- und Erziehungskosten des Kindes abweichend geregelt worden ist, bezeichnen. Während der Unterhaltsbegriff im Sinne von „抚养“ nach den Ehebestimmungen der chinesischen Sowjetrepublik aber immer auch zumindest die teilweise Übernahme von Lebenshaltungskosten des Kindes umfasste, kann der Unterhaltsbegriff nach gegenwärtigem Recht der VR China auch ausschließlich im Sinne der Betreuung, d.h. Pflege und Erziehung des Kindes, ausgelegt werden. Insoweit wird teilweise, aber nicht notwendig auch der Begriff des *unmittelbaren* Unterhalts verwandt.[60]

Das deutsche Recht unterscheidet im Hinblick auf den Kindesunterhalt begrifflich zwischen dem Betreuungsbedarf und dem Barbedarf, d.h. zwischen der Erziehung und Pflege des Kindes einerseits und den dafür erforderlichen Barmitteln andererseits.[61] Die vom Kontext abhängige Bedeutung des Begriffes „抚养“ nach dem Recht der VR China schließt eine Übertragbarkeit dieser Differenzierung nach deutschem Recht aus. Zwar ist es vertretbar, den Begriff der Lebenshaltungs- und Erziehungskosten des chinesischen Rechts sinngemäß dem Barunterhalt des deutschen Rechts zuzuordnen, allerdings erschöpft sich der Begriff „抚养“ – wie bereits dargelegt – nicht notwendig in dem Betreuungsunterhalt. Festzuhalten ist daher, dass bereits in den Ehebestimmungen der chinesischen Sowjetrepublik und auch nach dem gegenwärtigen Ehegesetz der VR China begrifflich nicht streng zwischen dem Betreuungsunterhalt und dem Barunterhalt unterschieden wird.

1.1.1.4. Die zeitliche Beschränkung des Kindesunterhalts

Die Unterhaltsbedürftigkeit des Kindes war in den Ehebestimmungen der chinesischen Sowjetrepublik nicht ausdrücklich geregelt. Gemäß den Ehebestimmungen betreffend den nachehelichen Kindesunterhalt ist jedoch davon auszugehen, dass ein Kind bis zur Vollendung des 16. Lebensjahres generell als unterhaltsbedürftig angesehen worden ist. Die zeitliche Befristung des Kindesunterhalts auf das vollendete 16. Lebensjahr war zwar in den Ehebestimmungen nicht allgemein geregelt. Allerdings endete die Pflicht des Vaters zur Übernahme von zwei Dritteln der notwendigen Lebenshaltungskosten des Kindes gemäß § 14 ausdrücklich mit der Vollendung des 16. Lebensjahres des Kindes. Dieser Regelung liegt die Vermutung zugrunde, dass das Kind nach Vollendung des

---

[60] S. hierzu auch Kapitel 2, V.2.1.;

[61] Vgl. Palandt, Bürgerliches Recht, Einf v § 1601, Rdnr. 2;

16. Lebensjahres imstande war, sich selbst zu unterhalten. Die Beschränkung auf das vollendete 16. Lebensjahr bezieht sich zwar nach dem Wortlaut des § 14 ausdrücklich nur auf die Übernahme der teilweisen Lebenshaltungskosten. Es ist jedoch davon auszugehen, dass sich konsequenterweise auch die Unterhaltspflicht eines Elternteiles gemäß der §§ 11,12 auf die Zeit bis zur Vollendung des 16. Lebensjahres des Kindes beschränkte.

Die Ehebestimmungen haben nur den Unterhalt des minderjährigen Kindes geregelt. Auch eine systematische Auslegung spricht dafür, dass mit der Vollendung des 16. Lebensjahres die Volljährigkeit des Kindes eingetreten ist.

Der Eintritt der Volljährigkeit wird in den Ehebestimmungen nicht ausdrücklich geregelt. Dennoch beschränkte sich die Pflicht des leiblichen Vaters zur Übernahme der Lebenshaltungskosten gemäß § 14 auf das vollendete 16. Lebensjahr des Kindes, während die vom Stiefvater begründete Unterhaltspflicht gegenüber dem Stiefkind gemäß § 16 der Ehebestimmungen bis zu dessen Volljährigkeit andauerte. Da nicht davon auszugehen ist, dass die Unterhaltspflicht in Bezug auf Stiefkinder hinsichtlich der Dauer anders geregelt werden sollte als in Bezug auf leibliche Kinder, ist hieraus zu schließen, dass die Volljährigkeit des Kindes mit Vollendung des 16. Lebensjahres eingetreten ist. Ferner erlangte gemäß dem „Grundriss der Verfassung der chinesischen Sowjetrepublik“[62] jeder Bürger der Sowjetrepublik mit Vollendung des 16. Lebensjahres das aktive und passive Wahlrecht.[63] Somit ist davon auszugehen, dass mit Vollendung des 16. Lebensjahres die Volljährigkeit eingetreten ist.

Demgegenüber bestimmt gegenwärtig § 21 Abs. 2 EheG der VR China[64], dass die minderjährigen oder zum selbständigen Leben unfähigen volljährigen[65] Kinder das Recht haben, von den Eltern die Zahlung eines Unterhaltsbetrages zu verlangen. Unterhaltsbedürftig und -berechtigt sind danach neben den minderjährigen auch bestimmte volljährige Kinder.

1.1.1.5. Zusammenfassung und Fazit

Der Unterhalt der leiblichen Kinder durch die Eltern ist für den Zeitraum nach der Scheidung der Eltern sporadisch geregelt worden. Eine ausdrücklich nor-

---

[62] „中华苏维埃共和国宪法大纲“; vgl. hierzu auch 法学大辞典 (Großes Wörterbuch der Rechtsgeschichte), S. 173;

[63] 杨一凡 / 陈寒枫 (Yang Yifan / Chen Hanfeng), a.a.O., S. 53;

[64] Vgl. die identische Bestimmung in § 15 Abs. 2 EheG v. 1980 a.F.;

[65] Die Volljährigkeit wird in § 21 Abs. 2 nicht ausdrücklich erwähnt, ergibt sich aber aus dem Kontext.

mierte Unterhaltspflicht der Eltern gegenüber ihren Kindern existierte nicht, wohl aber einige Regelungen zur Ausgestaltung des Kindesunterhalts. Der Unterhalt der Kinder wurde nach der Scheidung der Eltern gemäß § 11 Ehebestimmungen in der Regel vollumfänglich vom Vater geleistet. Die Mutter war mit Ausnahme der in der Stillzeit befindlichen Kinder vom nachehelichen Kindesunterhalt freigestellt, hatte jedoch ein Vorrecht zum Kindesunterhalt. Im Falle des Kindesunterhalts durch die Mutter war der Vater gemäß § 14 Ehebestimmungen gleichwohl verpflichtet, zwei Drittel der notwendigen Lebenshaltungskosten (必需的生活费) des Kindes zu tragen. Konsequenz der vorliegenden Regelung war nach der Scheidung eine ungleichmäßige Verteilung der Unterhaltspflicht der Eltern gegenüber ihren Kindern. Die Benachteiligung der Väter wurde jedoch vorübergehend zur Förderung der Rechte und Interessen der Frauen in Kauf genommen.

Der Begriff Unterhalt im Sinne von „抚养“ umfasste nach den Ehebestimmungen je nach dem Kontext entweder im weiteren Sinne den umfassenden Kindesunterhalt, d.h. sowohl die Pflege und Erziehung des Kindes als auch sämtliche Lebenshaltungskosten, oder aber im engeren Sinne den Unterhalt des Kindes mit Ausnahme der teilweise besonders geregelten notwendigen Lebenshaltungskosten.

1.1.2. Der Unterhalt des Stiefkindes durch den Stiefvater

§§ 15 und 16 der Ehebestimmungen regelten den Unterhalt der Stiefkinder durch den Stiefvater, ohne allerdings entsprechende Begrifflichkeiten zu verwenden. Der Stiefvater wird hier noch als „*neuer Ehemann*“ (新夫), die Stiefkinder werden schlicht als „*Kinder*“ (小孩) bezeichnet.[66] Das Stiefverhältnis wird dadurch begründet, dass die Mutter mit einem „neuen Ehemann“, d.h. mit einem anderen als dem leiblichen Vater der Kinder, die Ehe schließt, vgl. § 15. Der Wortlaut der Ehebestimmungen betonte damit vor allem das Verhältnis des Stiefvaters, d.h. des neuen Ehemannes, zur leiblichen Mutter, während in späteren Gesetzen der VR China durch die Verwendung der Begriffe „Stiefkind“ (继子女) und „Stiefelternteil“ (继父母) das Verhältnis der Unterhaltsbeteiligten in den Vordergrund gerückt ist.[67] Aus diesem Grund werden auch im Folgenden

---

[66] Die Begriffe Stiefkind und Stiefelternteil (继子女，继父母) werden als termini technici erst in der Volksrepublik in § 21 EheG v. 1980 a.F. eingeführt. Noch in § 22 EheG der VR China v. 1950 a.F. wurden der Stiefvater als „neuer Ehemann“ und die Stiefkinder als „von der Frau früher geborene Kinder“ umschrieben, vgl. die dt. Übersetzung von Bünger in RabelsZ 16 (1951), S. 125;

[67] Vgl. § 21 EheG v. 1980 a.F., § 27 EheG v. 2001;

– in Abweichung von der zeitgenössischen Terminologie – die Begriffe „Stiefkind“ und „Stiefvater“ verwandt.

1.1.2.1. Die Bereitschaft des Stiefvaters zum Kindesunterhalt gemäß § 15

Die Ehebestimmungen sahen ausdrücklich die Möglichkeit einer freiwilligen Unterhaltsleistung des Stiefvaters gegenüber dem Stiefkind vor. Für den Unterhalt des Stiefvaters wurde sowohl der Begriff „养“, vgl. § 15, als auch der Begriff „抚养“, vgl. § 16, verwandt. „养“ lässt sich – wie auch „抚养“ – mit „ernähren“ bzw. „großziehen“ übersetzen.[68]

1.1.2.1.1. Erneute Eheschließung der Mutter

Vorausgesetzt war gemäß § 15 zunächst eine „erneute“ Eheschließung der Mutter.[69] Dem Wortlaut nach betraf § 15 somit zunächst unmittelbar die Fälle, in denen die Frau zuvor bereits einmal eine Ehe eingegangen war. Gemäß dem Verweis in § 21 der Ehebestimmungen war § 15 jedoch auch in den Fällen anwendbar, in denen die Mutter ein nichteheliches Kind unterhielt, d.h. vor der Heirat mit dem Stiefvater keine anderweitige Ehe eingegangen war, und somit keine erneute, sondern eine erstmalige Eheschließung vorlag. Der Anwendungsbereich des § 15 erfasste somit auch die Bereitschaft des Stiefvaters zum Unterhalt von nichtehelichen Kindern.

1.1.2.1.2. Bereitschaft des Stiefvaters zum Unterhalt der Stiefkinder

§ 15 sah als Tatbestandsvoraussetzung ausdrücklich die „Bereitschaft“ des Stiefvaters zur Erbringung von Unterhaltsleistungen gegenüber den Stiefkindern vor. Im Hinblick auf die Rechtsfolge des § 15, i.e. der Befreiung des leiblichen Vaters von der Pflicht zur Übernahme von Lebenshaltungskosten des Kindes, ist § 15 allerdings dahin gehend auszulegen, dass über die bloße Bereitschaft hinaus auch faktische Unterhaltsleistungen des Stiefvaters vorliegen müssen. Eine andere Auslegung ließe sich insbesondere nicht mit dem im Vorwort der Ehebestimmungen hervorgehobenen Anliegen der Pflege der Kinder vereinbaren.[70]

---

[68] Vgl. 新汉德词典 (Das neue chinesisch-deutsche Wörterbuch), S. 939;

[69] „女子再行结婚“;

[70] Vgl. den chin. Text in Sammlung von historischem Material der zentralen revolutionären Stützpunktgebiete, Bd. 2, S. 194;

Im Gegensatz zu diversen späteren Ehebestimmungen der Grenzgebiete[71] statuierten die Ehebestimmungen der Sowjetrepublik keine Pflicht des Stiefvaters zum Unterhalt der in die Ehe eingebrachten Stiefkinder ipso iure.

Die VR China hat insoweit an die Rechtslage in der chinesischen Sowjetrepublik angeknüpft, als die Begründung eines Unterhaltsverhältnisses zwischen Stiefelternteil und Stiefkind im Sinne von § 27 Abs. 2 EheG auch gegenwärtig zuvorderst die Freiwilligkeit voraussetzt.[72] Allerdings spricht § 27 Abs. 2 EheG von dem „vom Stiefelternteil unterhaltenen und erzogenen Stiefkind" und stellt damit klar, dass über die entsprechende Bereitschaft hinaus Unterhaltsleistungen auch faktisch erbracht werden müssen.

1.1.2.1.3. Häusliche Gemeinschaft von Stiefvater und Stiefkindern

Bei den vom Stiefvater freiwillig unterhaltenen Stiefkindern handelte es sich um die von der Mutter in die neue Ehe eingebrachten Kinder.[73] Zwischen dem Stiefvater und den Stiefkindern bestand demzufolge eine häusliche Gemeinschaft. Dies ergibt sich zwar nicht ausdrücklich aus § 15, ist aber aus der dortigen Rechtsfolge, i.e. dem Freiwerden des leiblichen Vaters von der Pflicht zur Übernahme von Lebenshaltungskosten, zu schließen, da die Ehebestimmungen eine solche Pflicht des Vaters nur in den Fällen vorsahen, in denen die Kinder im Übrigen von der Mutter unterhalten, d.h. insbesondere auch betreut worden sind.[74]

Die Hausgemeinschaft zwischen dem Stiefelternteil und dem Stiefkind, bzw. deren Zusammenleben, ist auch nach dem gegenwärtigen Recht der VR China Anknüpfungspunkt eines Unterhaltsverhältnisses und damit des Entstehens gegenseitiger Rechte und Pflichten zwischen den vorgenannten Personen. Dies kommt in § 27 Abs. 2 EheG insbesondere auch durch die Formulierung, dass auf die Rechte und Pflichten zwischen dem Stiefvater oder der Stiefmutter und dem

---

[71] Vgl. etwa § 15 Ehebestimmungen des Shan-Gan-Ning-Grenzgebietes v. 1939, a.a.O., § 22 der revidierten vorläufigen Ehebestimmungen des Chin-Chi-Lü-Yü-Grenzgebietes v. 29.9.1943 (hier allerdings eine gemeinsame Unterhaltspflicht von Stiefvater und Mutter), engl. Übersetzung von M.J. Meijer, a.a.O., S. 295 ff., und § 12 S. 2 der revidierten vorläufigen Ehebestimmungen des Shan-Gan-Ning-Grenzgebietes v. 20.3.1944, engl. Übersetzung von M.J. Meijer, a.a.O., S. 288 ff.;

[72] Vgl. § 22 EheG v. 1950 a.F., § 21 Abs. 2 EheG v. 1980 a.F., § 27 Abs. 2 EheG v. 2001. Dabei ergibt sich Freiwilligkeit in § 22 EheG. v. 1950 a.F. noch ausdrücklich aus dem Wortlaut, in den nachfolgenden Gesetzesfassungen dagegen aus dem Regelungskontext.

[73] Vgl. hierzu § 15 Ehebestimmungen des Shan-Gan-Ning-Grenzgebietes v. 4.4.1939, a.a.O., in dem die Voraussetzung des Einbringens der Kinder in die neue Ehe ausdrücklich geregelt wird.

[74] Vgl. insoweit die Pflicht des leiblichen Vaters gemäß §§ 14, 21 Ehebestimmungen;

von ihm oder ihr unterhaltenen und erzogenen Stiefkind[75] die Bestimmungen über das Verhältnis von Eltern und Kindern angewendet werden, zum Ausdruck.[76]

1.1.2.1.4. Freiwerden des leiblichen Vaters von der Pflicht zur Übernahme der Lebenshaltungskosten der leiblichen Kinder

Gemäß § 15 der Ehebestimmungen führte die freiwillige Unterhaltsleistung durch den Stiefvater dazu, dass der leibliche Vater von dessen Pflicht zur Übernahme von Lebenshaltungskosten des Kindes frei geworden ist.[77]

Das Freiwerden des leiblichen Vaters bezog sich auf dessen Pflichten gemäß §§ 14 und 21. § 14 statuierte für den Zeitraum nach der Scheidung die Pflicht des Vaters zur Übernahme von zwei Dritteln der notwendigen Lebenshaltungskosten solcher Kinder, die vor der Scheidung geboren worden waren und nach der Scheidung im Übrigen von der Mutter unterhalten wurden. Ferner war im Falle eines nichtehelichen Kindes der leibliche Vater, dessen Vaterschaft erwiesen war, gemäß § 21 der Ehebestimmungen ebenfalls verpflichtet, zwei Drittel der Lebenshaltungskosten dieses Kindes zu übernehmen.[78]

Das in § 15 bestimmte Freiwerden des leiblichen Vaters ist jedoch nicht als ein endgültiges Erlöschen der Unterhaltspflicht aufzufassen. Insbesondere ergibt sich aus der Freiwilligkeit der Unterhaltsleistung durch den Stiefvater als Bedingung für das Freiwerden des leiblichen Vaters im Umkehrschluss, dass die vorgenannte Verpflichtung des leiblichen Vaters wieder auflebte, wenn der Stiefvater die freiwilligen Unterhaltsleistungen an das Stiefkind – aus welchem Grund auch immer, z.B. aufgrund von mangelnder Leistungsfähigkeit – wieder einstellte. Diese Auslegung gebietet auch der vom Normgeber ausdrücklich intendierte Schutz der Rechte und Interessen der Kinder.[79] Zweck der Regelun-

---

[75] „继父或继母和受其扶养教育的继子女";

[76] S. zur Begründung eines Unterhaltsverhältnisses zwischen Stiefelternteil und Stiefkind nach gegenwärtigem Recht insbesondere Kapitel 3, III.1.;

[77] Entgegen der engl. Übersetzung von M.J. Meijer, a.a.O., S. 282: „[…], the father may be discharged of his duty to provide for their living expenses.", heißt es im chin. Original: „[…]，小孩的父亲才不负小孩的生活费之责。" Demnach war das Freiwerden des Vaters von der Pflicht der Tragung der Lebenshaltungskosten nicht eine bloße Möglichkeit, sondern die unmittelbare Rechtsfolge.

[78] S. hierzu auch III.1.3.;

[79] Vgl. hierzu das Vorwort zu den Ehebestimmungen d. chin. Sowjetrepublik v. 1931, Sammlung von historischem Material der zentralen revolutionären Stützpunktgebiete, Bd. 2, S. 194;

gen der Ehebestimmungen war primär die faktische Gewährleistung des Kindesunterhalts.

Während § 15 der Ehebestimmungen das Freiwerden des leiblichen Vaters von der Pflicht zur Übernahme der Lebenshaltungskosten der Kinder explizit bestimmte, regelten die nachfolgenden Ehebestimmungen der Grenzgebiete dies nicht mehr ausdrücklich.[80] Auch nach Gründung der VR China sah lediglich § 22 EheG v. 1950 noch ein mögliches teilweises oder vollständiges Freiwerden des leiblichen Vaters von der Pflicht zur Übernahme von Lebenshaltungskosten ausdrücklich vor.[81] Gegenwärtig ist diese Frage im Ehegesetz der VR China nicht ausdrücklich geregelt.[82] Es besteht jedoch weiterhin die Möglichkeit, dass ein leiblicher Elternteil von der Übernahme der Lebenshaltungs- und Erziehungskosten durch entsprechende Unterhaltsleistungen des Stiefelternteiles teilweise oder ganz entlastet wird.[83]

1.1.2.2. Die Unterhaltspflicht des Stiefvaters gemäß § 16

Die Bereitschaft zum Kindesunterhalt, d.h. die *freiwillige* Unterhaltsleistung des Stiefvaters, war von der *Pflicht* des Stiefvaters zum Kindesunterhalt gemäß § 16 Ehebestimmungen zu unterscheiden.

1.1.2.2.1. Registrierungspflicht und konstitutive Wirkung der Registrierung gemäß § 16

Der Stiefvater war gemäß § 16 verpflichtet, seine Bereitschaft zum Unterhalt der Stiefkinder bei dem Sowjet auf der Ebene der Gemeinde oder der Stadt registrieren zu lassen.[84] Die vorgenannte Registrierung war konstitutiv für die Begründung der Unterhaltspflicht des Stiefvaters gegenüber dem Stiefkind bis zur Volljährigkeit des Stiefkindes.[85] Durch die Registrierung trat an die Stelle der

---

80 Vgl. z.B. § 15 Ehebestimmungen des Shan-Gan-Ning-Grenzgebietes v. 1939, a.a.O., engl. Übersetzung von M.J. Meijer, a.a.O., S. 285 ff.;

81 Vgl. die dt. Übersetzung von Bünger in RabelsZ 16 (1951), S. 125;

82 Vgl. § 27 EheG v. 2001;

83 梁书文 / 黄赤东，婚姻收养继承法及配套规定新释新解 (Liang Shuwen / Huang Chidong, Neue Erläuterungen und Interpretationen des Ehe-, Adoptions- sowie Erbrechts und der Zusatzbestimmungen), S. 489;

84 Vgl. allgemein zu den Staatsorganen der Sowjetrepublik die Übersicht in Sammlung von historischem Material der zentralen revolutionären Stützpunktgebiete, Bd. 2, S. 197;

85 Vgl. § 16: (...)一经登记后，须负抚养成人之责，(...).

Unterhaltsbereitschaft die Unterhaltspflicht des Stiefvaters. Die vorgenannte Registrierung ermöglichte eine exakte Bestimmung im Hinblick auf das Bestehen der Unterhaltspflicht des Stiefvaters und führte insoweit zu Rechtssicherheit. Dies diente dem Schutz der Rechte und Interessen der Kinder. Dennoch wurde die Registrierungspflicht der Unterhaltsbereitschaft des Stiefvaters nicht in die Ehegesetze der Volksrepublik übernommen.[86] Nach gegenwärtigem Recht in der VR China setzt eine Unterhaltspflicht das Vorliegen eines Unterhaltsverhältnisses zwischen Stiefelternteil und Stiefkind voraus, wobei sich das Vorliegen eines solchen Unterhaltsverhältnisses nach den jeweiligen Umständen des Einzelfalls richtet.[87]

Den Ehebestimmungen der Sowjetrepublik lassen sich keine Anhaltspunkte für eine Gegenseitigkeit der Unterhaltspflicht entnehmen. Insbesondere war die Unterhaltspflicht des Stiefkindes gegenüber dem Stiefvater nicht normiert. Auch waren weitere Rechte und Pflichten im Verhältnis von Stiefvater und Stiefkind nicht geregelt. Im Unterschied dazu begründet das Unterhaltsverhältnis zwischen Stiefelternteil und Stiefkind nach gegenwärtiger Rechtslage in der VR China gemäß § 27 Abs. 2 EheG allgemein dieselben Rechte und Pflichten wie sie auch im Verhältnis von Eltern und ihren leiblichen Kindern bestehen.
Die Rechtsfolgen der Unterhaltspflicht des Stiefvaters für das Verhältnis des Kindes zu dessen leiblichem Vater waren in den Ehebestimmungen der chinesischen Sowjetrepublik nicht geregelt. Anhand der Regelung des § 15 ist bereits aufgezeigt worden, dass der leibliche Vater jedenfalls solange und soweit von seiner Unterhaltspflicht befreit war, wie der Stiefvater tatsächlich Unterhalt geleistet hat. Dies bedeutete jedoch kein endgültiges Erlöschen der Unterhaltspflicht des leiblichen Vaters. Auch nach Begründung der Unterhaltspflicht des Stiefvaters ist – insbesondere mangels einer entsprechenden gesetzlichen Regelung – nicht von einem solchen endgültigen Erlöschen der Unterhaltspflicht des leiblichen Vaters auszugehen. Die Unterhaltspflicht des Vaters gegenüber dem Kind beruht auf natürlicher Blutsverwandtschaft. Dieses Verhältnis wird jedoch durch das Stiefverhältnis nicht berührt. Es ist daher vom Fortbestand der Unterhaltspflicht des Vaters auszugehen.

Dies entspricht auch der – wenngleich vielfach kritisierten – gegenwärtigen Rechtslage in der VR China.[88] Die Begründung eines Unterhaltsverhältnisses zwischen Stiefelternteil und Stiefkind führt gemäß § 27 Abs. 2 EheG zum Entstehen gegenseitiger Rechte und Pflichten, insbesondere auch im Rahmen des

---

[86] Vgl. § 22 EheG v. 1950 a.F., § 21 EheG v. 1980 a.F., § 27 EheG v. 2001;
[87] Vgl. etwa 梁书文 / 黄赤东 (Liang Shuwen / Huang Chidong), a.a.O., S. 260; s. hierzu auch Kapitel 3, III.1.2. – 1.4.;
[88] S. hierzu auch Kapitel 3, V.;

Unterhalts, während die Rechte und Pflichten im Verhältnis des Kindes zu beiden leiblichen Elternteilen hiervon unberührt bleiben.[89]

1.1.2.2.2. Die zeitliche Beschränkung des Unterhalts des Stiefvaters

Nach Begründung der Unterhaltspflicht durch die Registrierung war der Stiefvater dem Stiefkind gemäß § 16 der Ehebestimmungen bis zu dessen Volljährigkeit zum Unterhalt verpflichtet. Der Eintritt der Volljährigkeit wurde in den Ehebestimmungen nicht ausdrücklich geregelt. Verschiedene Indizien sprechen aber für den Eintritt der Volljährigkeit mit Vollendung des 16. Lebensjahres des Kindes. Insoweit wird auf die Ausführungen zur zeitlichen Beschränkung des Kindesunterhalts verwiesen.[90]

1.1.2.3. Keine Regelung des Unterhalts der Stiefkinder durch die Stiefmutter

Die Regelungen der §§ 15, 16 beziehen sich ausdrücklich auf den Unterhalt der Stiefkinder durch den Stiefvater und das Freiwerden des leiblichen Vaters von der Pflicht zur Übernahme von Lebenshaltungskosten der Kinder. Der Unterhalt von Stiefkindern durch die Stiefmutter sowie ein Freiwerden der leiblichen Mutter von einer Unterhaltspflicht waren in den Ehebestimmungen der chinesischen Sowjetrepublik dagegen nicht geregelt. Für eine solche Regelung bestand vorliegend jedoch auch kein Bedürfnis. In dem Regelfall des § 11, dem gemäß die Kinder nach der Scheidung vollumfänglich vom leiblichen Vater unterhalten worden sind, existierte insbesondere bereits keine Pflicht der leiblichen Mutter, von der diese hätte frei werden können.

Obwohl das Ehegesetz der VR China v. 1950 bereits den Grundsatz gleicher Rechte für Mann und Frau enthielt,[91] normierte erst das 1980 verkündete Ehegesetz geschlechtsneutral die Möglichkeit eines Stiefelternteils, das mit diesem zusammen lebende Stiefkind zu unterhalten.[92]

---

[89] S. hierzu auch Kapitel 3, III.2.1. u. 2.2.;
[90] S. hierzu 1.1.1.4.;
[91] Vgl. § 1, dt. Übersetzung von Bünger, RabelsZ 16 (1951), S. 121;
[92] Vgl. § 21 Abs. 2;

1.1.2.4. Zusammenfassung und Fazit

Die Ehebestimmungen der chinesischen Sowjetrepublik sahen ausdrücklich den freiwilligen Unterhalt des Stiefkindes durch den Stiefvater und eine entsprechende Befreiung des leiblichen Vaters von der Pflicht zur Übernahme von Lebenshaltungskosten vor, vgl. § 15. Die Unterhaltsbereitschaft des Stiefvaters war registrierungspflichtig, wobei der Registrierung konstitutive Wirkung für die Begründung der Unterhaltspflicht des Stiefvaters gegenüber dem Stiefkind zukam, vgl. § 16. Es spricht einiges dafür, dass die Begründung der Unterhaltspflicht des Stiefvaters nicht zum endgültigen Erlöschen der Unterhaltspflicht des leiblichen Vaters geführt hat.

Gemäß der Rechtslage in der VR China setzt die Begründung des Unterhaltsverhältnisses zwischen Stiefelternteil und Stiefkind weiterhin die Freiwilligkeit der Unterhaltsleistung voraus. Eine Registrierungspflicht besteht nach gegenwärtigem Recht nicht. Statt dessen kommt es für die Begründung des Unterhaltsverhältnisses zwischen Stiefelternteil und Stiefkind auf die konkreten Umstände an. Die in den Ehebestimmungen der chinesischen Sowjetrepublik nur singulär ausgestaltete Unterhaltspflicht des Stiefvaters wurde im Rahmen der Ehegesetze der VR China zu einem Unterhaltsverhältnis zwischen Stiefelternteil und Stiefkind ausgeweitet, welches umfassende gegenseitige Rechte und Pflichten begründet. Auf die damit verbundene Problematik einer Zunahme von Unterhaltsverpflichtungen im Verhältnis von Kindern und ihren leiblichen Eltern sowie dem Stiefelternteil nach gegenwärtigem Recht soll an dieser Stelle nur hingewiesen werden.[93]

1.2. § 20: Pflicht des geschiedenen Ehemannes, den Lebensunterhalt seiner geschiedenen Ehefrau zu verdienen oder den Grund und Boden für diese zu bewirtschaften

Das Fünfte Kapitel der Ehebestimmungen war mit „Die Behandlung des Vermögens von Mann und Frau nach der Scheidung“[94] überschrieben. Die Anzahl der Scheidungen soll nach Inkrafttreten der Ehebestimmungen sprunghaft angestiegen sein.[95] Dies dürfte vor allem auf die gerade im Vergleich zum

---

[93] S. hierzu auch Kapitel 3, III.2., V.5.;

[94] „离婚后男女财产的处理“;

[95] In der Sowjetrepublik gab es allein zwischen März und Juni 1932 4.274 Scheidungen, vgl. Englert, a.a.O., S. 123, Fn. 370 m.w.N.;

Scheidungsrecht des ZGB[96] zunächst ausgesprochen liberale Handhabung der Scheidung in den Ehebestimmungen zurück zu führen sein.[97]

1.2.1. Die nacheheliche Unterhaltspflicht des geschiedenen Ehemannes gegenüber der geschiedenen Ehefrau

Im Fünften Kapitel der Ehebestimmungen findet sich unter den ehegüterrechtlichen Regelungen in § 20 die unterhaltsrechtliche Bestimmung, dass nach der Scheidung der Mann, solange die Frau keine neue Ehe eingegangen ist, ihren Lebensunterhalt verdienen oder den Grund und Boden für diese bewirtschaften muss.[98]

§ 20 konstituierte somit die nacheheliche Unterhaltspflicht des geschiedenen Ehemannes gegenüber der geschiedenen Ehefrau. Diese diente insbesondere der Gewährleistung der in § 9 der Ehebestimmungen explizit verankerten Scheidungsfreiheit. Die Ausgestaltung dieser Norm nicht als geschlechtsneutrale Pflicht eines Ehegatten, den bedürftigen anderen Ehegatten zu unterhalten, sondern ausdrücklich als Unterhaltspflicht des geschiedenen Ehemannes ist wiederum mit der vom Gesetzgeber der Ehebestimmungen allgemein vorausgesetzten wirtschaftlich schwächeren Position der Frauen zu erklären.[99] Die Frauen sollten demnach nicht gezwungen sein, aus wirtschaftlichen Gründen an der Ehe festzuhalten. Es fragt sich jedoch, ob sich die Motive des Gesetzgebers für die vorliegende Regelung in der wirtschaftlich notwendigen Absicherung der geschiedenen Ehefrau erschöpften. Hieran ergeben sich im Hinblick auf das Vorwort der Ehebestimmungen Zweifel. Dort heißt es insbesondere, dass die Frauen wirtschaftlich noch nicht *vollständig* unabhängig waren.[100] Dies bedeutet jedoch im Umkehrschluss, dass die Frauen teilweise bereits sehr wohl in der Lage waren, entsprechend für einen Teil des eigenen Lebensunterhalts aufzukommen. Im Rahmen der Unterhaltspflicht des geschiedenen Ehemannes gemäß § 20 blieb jedoch – zumindest de lege lata – die Bedürftigkeit bzw. eine verminderte oder fehlende Bedürftigkeit der geschiedenen Ehefrau gänzlich außer Betracht. Zu-

---

[96] Vgl. insbesondere den in § 1052 ZGB enthaltenen abschließenden Katalog mit Scheidungsgründen im Falle der streitigen Scheidung. Daneben war die einverständliche Scheidung gemäß § 1049 ZGB jederzeit möglich.

[97] Vgl. hierzu §§ 9,10 Ehebestimmungen v. 1931, wonach die Scheidung mit sofortiger Wirkung eintrat, wenn die Ehegatten sich hierauf geeinigt hatten, oder ein Ehegatte die Scheidung verlangt hatte. Die Scheidung war registrieren zu lassen.

[98] „离婚后，女子未再行结婚，男子须维持其生活，或代种田地，直至再行结婚为止。"

[99] Vgl. hierzu das Vorwort der Ehebestimmungen d. chin. Sowjetrepublik v. 1931, a.a.O.;

[100] „[...]她们的经济尚未能完全独立，[...]", vgl. das Vorwort der Ehebestimmungen d. chin. Sowjetrepublik v. 1931, a.a.O.;

dem war die geschiedene Ehefrau gemäß den Ehebestimmungen verpflichtet, für einen Teil der notwendigen Lebenshaltungskosten der von ihr auch im Übrigen unterhaltenen, d.h. betreuten, Kinder aufzukommen,[101] was wiederum eine entsprechende wirtschaftliche Leistungsfähigkeit voraussetzte. Auch wenn es sich bei der vorgenannten Unterhaltskonstellation zumindest in Bezug auf eheliche Kinder nicht um den gesetzlichen Regelfall handelte, dem zufolge die Kinder nach der Scheidung vollumfänglich vom Vater unterhalten worden sind,[102] scheint also der Gesetzgeber selbst nicht von dem völligen Fehlen der wirtschaftlichen Leistungsfähigkeit der geschiedenen Ehefrau ausgegangen zu sein.

Die Regelung des § 20 mit ihrer – zumindest de lege lata – vollständigen Freistellung der geschiedenen Ehefrau von der Verantwortung für ihren Lebensunterhalt knüpfte somit nicht oder zumindest nicht notwendig und nicht ausschließlich an die wirtschaftliche Notwendigkeit, i.e. die Bedürftigkeit der geschiedenen Ehefrau, an. Ein weiteres Motiv für die Regelung des § 20 mag – wie auch im Falle der grundsätzlichen Privilegierung der Frauen bezüglich des Kindesunterhalts[103] – gewesen sein, die Frauen durch die Freistellung von der wirtschaftlichen Verantwortung für die politische Arbeit zu mobilisieren.[104]

Die nacheheliche Unterhaltspflicht des geschiedenen Ehemannes gemäß § 20 der Ehebestimmungen ist rechtshistorisch insoweit von Interesse, als die nahezu uferlose Weite des Unterhaltstatbestandes eine in der Geschichte der Ehegesetzgebung der Sowjetrepublik wie auch des Shan-Gan-Ning-Grenzgebietes[105] einzigartige Regelung darstellt. Bereits in § 15 des Ehegesetzes der chinesischen Sowjetrepublik v. 8.4.1934[106] wurde die nacheheliche Pflicht des geschiedenen Ehemannes durch die Einführung der Voraussetzungen der Bedürftigkeit der geschiedenen Ehefrau und der Leistungsfähigkeit des geschiedenen Ehemannes erheblich eingeschränkt.

Das gegenwärtige Recht der VR China verpflichtet ebenfalls mit der Intention, die Scheidungsfreiheit zu gewährleisten,[107] einen geschiedenen Ehegatten in

---

[101] Diese Unterhaltspflicht ergibt sich in Bezug auf den nachehelichen Unterhalt ehelicher Kinder aus den §§ 11,12,14 sowie in Bezug auf nichteheliche Kinder aus § 21 Ehebestimmungen.
[102] Vgl. § 11 Ehebestimmungen;
[103] S. hierzu auch 1.1.1.1.2.;
[104] Vgl. z.B. M.J. Meijer, a.a.O., S. 37 ff.;
[105] Vgl. z.B. § 19 Ehebestimmungen des Shan-Gan-Ning-Grenzgebietes v. 4.4.1939, a.a.O., engl. Übersetzung von M.J. Meijer, a.a.O., S. 285 ff.;
[106] Vgl. hierzu die engl. Übersetzung von M.J. Meijer, a.a.O., S. 283 f.;
[107] Vgl. 梁书文 / 黄赤东 (Liang Shuwen / Huang Chidong), a.a.O., S. 518; 巫昌祯，婚姻与继承法学 (Wu Changzhen, Studium des Ehe- und Erbrechts), S. 182;

gewissem Umfang zur Unterstützung des bedürftigen anderen Ehegatten.[108] Dabei ist jedoch umstritten, ob es sich nach gegenwärtigem Recht hierbei um eine nacheheliche *Unterhalts*pflicht oder um eine Pflicht sonstiger Art handelt.[109]

Insoweit ergibt sich aus dem Wortlaut des § 20 der Ehebestimmungen, dem gemäß der geschiedene Ehemann den Lebensunterhalt seiner geschiedenen Ehefrau verdienen musste,[110] dagegen eindeutig, dass es sich hierbei um eine nacheheliche Unterhaltspflicht handelte.

Die unterhaltsrechtliche Regelung des § 20 findet sich unter diversen ehegüterrechtlichen Bestimmungen im Fünften Kapitel der Ehebestimmungen. Daraus ist ersichtlich, dass eine strenge Differenzierung, wie sie etwa im deutschen Recht zwischen Unterhalts- und ehelichem Güterrecht vorgenommen wird,[111] hier nicht galt. Dies gilt auch noch für die späteren Ehegesetze der VR China.[112]

---

[108] Vgl. § 42 EheG v. 2001;

[109] Nach Ansicht von 杨大文 (Yang Dawen) unterscheidet sich die Norm über die wirtschaftliche Unterstützung nicht nur dem Inhalt, sondern auch dem Wesen nach von der Unterhaltspflicht zwischen Ehegatten, ders. in 婚姻法学 (Studium des Eherechts), S. 192 f. 巫昌祯 (Wu Changzhen), a.a.O., S. 182, bezeichnet die Norm als eine Pflicht, die sich zwar von den ursprünglich bestehenden ehelichen Beziehungen ableitet, aber nicht als eine „Verlängerung der Unterhaltspflicht" anzusehen ist. Auch an anderer Stelle ist von „einer Art Pflicht" die Rede, vgl. 陈智慧 / 李学兰，婚姻，收养，监护与继承 (Chen Zhihui / Li Xuelan, Ehe, Adoption, Vormundschaft und Erbschaft), S. 161. Demgegenüber wird die Pflicht zur nachehelichen Unterstützung an wiederum anderer Stelle sowohl als Forderung der sozialistischen Tugend als auch als Verlängerung der Unterhaltspflicht im Zeitpunkt der Scheidung aufgefasst, vgl. 梁书文 / 黄赤东 (Liang Shuwen / Huang Chidong), a.a.O., S. 518. Die vorgenannten Fundstellen beziehen sich auf § 33 EheG v. 1980 a.F. Diese Norm ist jedoch durch § 42 EheG v. 2001 lediglich im Hinblick auf die Art und das Ausmaß der Unterstützung präzisiert worden.

[110] „维持其生活", vgl. zur dt. Übersetzung 新汉德词典 (Das neue chinesisch-deutsche Wörterbuch), S. 840;

[111] §§ 1569–1586 b BGB regeln den Unterhalt des geschiedenen Ehegatten; §§ 1363–1518 BGB das eheliche Güterrecht.

[112] So beinhaltete das Siebte Kapitel des EheG v. 1950 a.F. in §§ 23–25 Bestimmungen über Vermögen und Lebensunterhalt nach der Scheidung. Das EheG v. 1980 a.F. regelte den nachehelichen Anspruch eines bedürftigen Ehegatten zusammen mit der Scheidung, den Scheidungsfolgen und eben auch den ehegüterrechtlichen Regelungen im Vierten Kapitel unter der Überschrift „Scheidung" in den §§ 24–33. Entsprechendes gilt für das Vierte Kapitel des EheG v. 2001 in den §§ 31–42.

1.2.2. Die Voraussetzungen der nachehelichen Unterhaltspflicht

Dem Wortlaut des § 20 ist als einzige Voraussetzung zu entnehmen, dass die geschiedene Ehefrau keine neue Ehe eingegangen war. Weitere Voraussetzungen, insbesondere die Bedürftigkeit der geschiedenen Ehefrau, waren – wie bereits dargelegt – nicht geregelt.

1.2.3. Art, Maß und Dauer der Unterhaltsgewährung

Der geschiedene Ehemann war verpflichtet, *„den Lebensunterhalt seiner geschiedenen Ehefrau zu verdienen"* (维持其生活)[113] *oder „für diese den Grund und Boden zu bewirtschaften"* (代种田地)[114].

Demnach konnte der Unterhalt je nach Art des Verdienstes des geschiedenen Ehemannes sowohl in Gestalt einer Geldrente oder in sonstiger Weise, z.B. in Form von Naturalien, als auch dadurch gewährt werden, dass der Mann für die geschiedene Ehefrau den dieser zugeteilten Grund und Boden bewirtschaftete. Die zuletzt genannte Art der Unterhaltsgewährung bezieht sich dabei auf das zeitgleich mit den Ehebestimmungen am 1.12.1931 in der chinesischen Sowjetrepublik verkündete Bodengesetz[115], welches die Enteignung der feudalen Grundherren und die Zuteilung des Bodens an die Bauern vorsah.[116]

Dem Wortlaut des § 20 ist zu entnehmen, dass der geschiedene Ehemann verpflichtet war, umfassend für den Lebensunterhalt der geschiedenen Ehefrau aufzukommen. Das Maß des nachehelichen Unterhalts war jedoch nicht geregelt.[117]

Die Dauer, d.h. eine zeitliche Befristung der nachehelichen Unterhaltspflicht, war abgesehen von der auflösenden Bedingung einer erneuten Eheschließung der geschiedenen Ehefrau ebenfalls nicht normiert.

---

[113] Vgl. hierzu 新汉德词典 (Das neue chinesisch-deutsche Wörterbuch), S. 840;
[114] S.o., S. 158 (für die Übersetzung von 代) sowie S. 1066;
[115] „中华苏维埃共和国土地法";
[116] Vgl. 法学大辞典 (Großes Wörterbuch der Rechtswissenschaft), S. 172;
[117] Vgl. hierzu dagegen nach deutschem Recht § 1578 BGB, dem zufolge sich das Maß des Unterhalts nach den ehelichen Lebensverhältnissen bestimmt.

1.2.4. Ehegattenunterhalt während bestehender Ehe

Rechte und Pflichten der Ehegatten während bestehender Ehe waren in den Ehebestimmungen nicht geregelt. Es ist jedoch zumindest von einer Unterhaltspflicht des Ehemannes gegenüber seiner Ehefrau auch während bestehender Ehe auszugehen. Dies ergibt sich daraus, dass der Ehemann gemäß § 20 Ehebestimmungen sogar noch nach der Scheidung der Ehe für den Unterhalt der geschiedenen Ehefrau bis zu deren erneuter Eheschließung aufkommen musste. Dies kann nur bedeuten, dass nach der Eheschließung der neue Ehemann zum Unterhalt der Ehefrau verpflichtet war und damit allgemein eine Unterhaltspflicht des Ehemannes gegenüber der Ehefrau bestand. Eine Gegenseitigkeit der Unterhaltspflicht von Ehegatten – wie sie nach gegenwärtigem Recht der VR China besteht[118] – lässt sich aus dem Kontext der Ehebestimmungen der chinesischen Sowjetrepublik jedoch gerade nicht herleiten.

1.3. § 21: Unterhalt nichtehelicher Kinder

§ 21 Ehebestimmungen ordnete an, dass nach erwiesener Vaterschaft der Vater zwei Drittel der Lebenshaltungskosten des nichtehelichen Kindes übernehmen musste und die §§ 11–15, d.h. die Bestimmungen über den nachehelichen Unterhalt ehelicher Kinder, angewandt wurden.

Aus der vorgenannten Bestimmung und insbesondere den darin enthaltenen Verweisen ergibt sich die Gleichbehandlung ehelicher und nichtehelicher Kinder im Hinblick auf den Unterhalt. Ausdrücklich verankert wurde die Gleichberechtigung ehelicher und nichtehelicher Kinder erstmals in § 19 des Ehegesetzes der chinesischen Sowjetrepublik.[119] Sie ist auch wesentlicher Bestandteil der Ehegesetze der VR China.[120] Der Begriff „nichtehelich“ (非婚生) wurde in den eherechtlichen Bestimmungen der Sowjetrepublik allerdings nicht verwendet.[121] Die Kinder, deren Unterhalt durch § 21 der Ehebestimmungen geregelt worden ist, wurden vielmehr als Kinder definiert, die geboren worden sind, *ohne* dass

[118] Vgl. § 20 Abs. 1 EheG v. 2001; vgl. zur alten Rechtslage § 14 Abs. 1 EheG v. 1980 a.F.; § 8 EheG v. 1950 a.F.;

[119] Vgl. die engl. Übersetzung von M.J. Meijer, a.a.O., S. 282 f. (284);

[120] Vgl. § 15 EheG v. 1950 a.F.; § 19 EheG v. 1980 a.F.; § 25 EheG v. 2001;

[121] Vgl. aber z.B. § 1064 ZGB, Codex Juris Civilis Reipublicae Sinicae, S. 160. Die Bezeichnung „nichtehelich“ findet sich nach Gründung der Volksrepublik erstmals in § 15 EheG v. 1950 a.F.;

eine Registrierung (der Ehe der Eltern) erfolgt war (未经登记所生的小孩).[122] Umgangssprachlich wurden diese Kinder als „私生子女" bezeichnet.[123]

1.3.1. Erwiesene Vaterschaft als Voraussetzung der Gleichbehandlung mit ehelichen Kindern

Voraussetzung der Verpflichtung des Vaters zur Übernahme der teilweisen Lebenshaltungskosten der nichtehelichen Kinder sowie der Anwendung der §§ 11–15 war gemäß den Ehebestimmungen der Sowjetrepublik die erwiesene Vaterschaft.[124] Dies bestätigt zum einen, dass die Ehebestimmungen auf der durch Blutsverwandtschaft begründeten Unterhaltspflicht von Eltern gegenüber ihren Kindern basierten. Ferner ergibt sich aus der in § 21 geregelten Voraussetzung einer erwiesenen Vaterschaft in Bezug auf nichteheliche Kinder im Umkehrschluss, dass der Ehemann im Hinblick auf die während bestehender Ehe geborenen Kinder als Vater angesehen worden ist, auch wenn diese Vaterschaftsvermutung – anders als etwa nach deutschem Recht[125] – nicht ausdrücklich geregelt worden ist.[126] Einzelheiten zum Nachweis der Vaterschaft oder gar ein bestimmtes Verfahren betreffend das Anerkenntnis oder die gerichtliche Feststellung der Vaterschaft waren allerdings in den Ehebestimmungen nicht geregelt. Auch beschränkte sich § 19 des bereits wenige Jahre später erlassenen Ehegesetzes der Sowjetrepublik[127] auf die Bestimmung der Gleichberechtigung von ehelichen und nichtehelichen Kindern, ohne die erwiesene Vaterschaft als Voraussetzung ausdrücklich zu erwähnen.

Nach dem gegenwärtigen Recht der VR China, d.h. § 25 Abs. 1 EheG, genießen nichteheliche Kinder dieselben Rechte wie eheliche Kinder. Die Vaterschaft ist nicht ausdrücklich geregelt. Insbesondere gibt es – auf gesetzlicher Ebene – gegenwärtig keine ausdrücklichen Regelungen betreffend eine Vaterschaftsvermutung, das Anerkenntnis der Vaterschaft oder ein Verfahren zur gerichtlichen Feststellung der Vaterschaft. Dennoch liegt es in der Natur der durch Blutsverwandtschaft begründeten Unterhaltspflicht, dass die Vaterschaft auch nach dem gegenwärtigen Recht Voraussetzung der Unterhaltspflicht gegenüber dem Kind

---

[122] Ungenau erscheint insoweit die Übersetzung von M.J. Meijer, a.a.O., S. 282, wo es heißt: „(...) children born *before* registration of his marriage, (...)";
[123] 杨一凡 / 陈寒枫 (Yang Yifan / Chen Hanfeng), a.a.O., S. 287;
[124] Dies geht m.E. aus der Übersetzung von M.J. Meijer, a.a.O., S. 282, nicht hervor;
[125] Vgl. § 1592 Ziff. 1 BGB;
[126] Eine solche Vaterschaftsvermutung ergibt sich auch ausdrücklich aus § 1063 Abs. 1 ZGB, Codex Juris Civilis Reipublicae Sinicae, S. 160.
[127] Vgl. hierzu die engl. Übersetzung von M.J. Meijer, a.a.O., S. 284;

ist.[128] Die Vaterschaft kann gegenwärtig in der Praxis auf verschiedene Weise festgestellt werden.[129]

1.3.2. Unterhaltsrechtliche Situation nichtehelicher Kinder

§ 21 bestimmte als Rechtsfolge der erwiesenen Vaterschaft in Bezug auf ein nichteheliches Kind die Übernahme der teilweisen Lebenshaltungskosten durch den Vater und ordnete zugleich die Anwendbarkeit der Bestimmungen der §§ 11–15 über den nachehelichen Unterhalt ehelicher Kinder an.

1.3.2.1. Die Übernahme der teilweisen Lebenshaltungskosten, Verhältnis von § 21 und § 14

Insoweit fällt zunächst auf, dass § 21 den Vater in Bezug auf nichteheliche Kinder ausdrücklich zur Übernahme von zwei Dritteln der *Lebenshaltungskosten* (生活费三分之二) verpflichtet, während § 14, auf den im Folgenden verwiesen wird, eine weitgehend entsprechende Regelung betreffend eheliche Kinder enthält. Es stellt sich daher die Frage, warum der Gesetzgeber diese Pflicht des Vaters trotz der Verweisung nochmals ausdrücklich bestimmt hat. Dem Wortlaut nach unterscheidet sich § 14 zunächst einmal nur durch die Formulierung, dass zwei Drittel der „notwendigen" Lebenshaltungskosten zu übernehmen sind, von § 21. Aus dem bloßen Wortlaut des § 21 könnte man demnach darauf schließen, dass betreffend den Unterhalt nichtehelicher Kinder das Maß der Unterhaltspflicht abweichend geregelt werden sollte. Hiergegen spricht jedoch insgesamt die Regelungstechnik des Sechsten Kapitels, d.h. der weitgehende Verweis auf die Bestimmungen für den nachehelichen Unterhalt ehelicher Kinder. Dies spricht vielmehr für das Anliegen des Gesetzgebers, eheliche und nichteheliche Kinder gleich zu behandeln.[130] Eheliche und nichteheliche Kinder genießen auch nach dem Recht der späteren VR China ausdrücklich dieselben Rechte.[131] Es ist demnach davon auszugehen, dass die Gleichbehandlung gemäß den Ehebestimmungen der chinesischen Sowjetrepublik auch für das Maß des Kindesunterhalts galt. Insbesondere ist ein Grund zur Besserstellung der nichtehelichen Kinder in Bezug auf das Maß der vom Vater aufzubringenden Lebenshaltungskosten nicht ersichtlich. Bei der abweichenden Formulierung dürfte

[128] S. hierzu auch Kapitel 2, III.1.;

[129] Vgl. hierzu 巫昌祯 (Wu Changzhen), a.a.O., S. 232 f.;

[130] Aus dem Vorwort der Ehebestimmungen v. 1931, a.a.O., ergibt sich zudem allgemein, dass zum Schutz der Kinder besondere Bestimmungen erlassen werden.

[131] Vgl. § 15 EheG v. 1950 a.F.; § 19 EheG v. 1980 a.F.; § 25 EheG v. 2001;

es sich demnach um eine sprachliche Ungenauigkeit, d.h. ein Redaktionsversehen, gehandelt haben.

Darüber hinaus war trotz des teilweise redundanten Wortlauts des § 21 für einen Verweis auf § 14 soweit Raum, als § 21 im Zusammenhang mit der Übernahme der Lebenshaltungskosten keine ausdrückliche Regelung getroffen hatte. Dies betrifft die in § 14 geregelte Art sowie die Dauer der Übernahme der Lebenshaltungskosten. Auf die entsprechenden Ausführungen zum nachehelichen Unterhalt ehelicher Kinder wird insoweit Bezug genommen.[132]

1.3.2.2. Die Aufrechterhaltung der Privilegien der Mutter, Verweis des § 21 auf §§ 11,12

Nachdem daher davon auszugehen ist, dass in § 21 keine abweichende Regelung von § 14 getroffen werden sollte, stellt sich weiterhin die Frage, warum der Gesetzgeber die Pflicht zur Übernahme der teilweisen Lebenshaltungskosten aus den Vorschriften, auf die im Folgenden verwiesen wurde, nochmals gesondert heraus gegriffen und dem Verweis auf die Bestimmungen über den Unterhalt ehelicher Kinder nach der Scheidung voran gestellt hat. Denkbar ist, dass hiermit praktischen Gegebenheiten Rechnung getragen werden sollte, wonach im Regelfall das nichteheliche Kind im Wesentlichen von der Mutter unterhalten, d.h. insbesondere betreut, worden sein dürfte. Die Unterhaltssituation eines nichtehelichen Kindes dürfte sich demnach in der Praxis gerade entgegengesetzt der Situation eines ehelichen Kindes nach der Scheidung dargestellt haben.[133] Hiervon zu unterscheiden ist jedoch die Frage, ob es sich hierbei etwa um eine intendierte Umkehrung des gesetzlichen Regelfalles handelt, wonach die Mutter grundsätzlich das nichteheliche Kind unterhalten sollte. Dies würde zum einen eine Ungleichbehandlung von ehelichen und nichtehelichen Kindern bedeuten, die nach der weitgehenden Verweisung in § 21 zu urteilen vom Gesetzgeber nicht gewollt war. Zu berücksichtigen ist jedoch auch, dass die Annahme eines regelmäßigen Kindesunterhalts durch die Mutter notwendig zu dem Fortfall der Privilegien führt, die der Mutter im Falle von ehelichen Kindern nach der Scheidung zustanden. Dies würde aber bedeuten, dass die in § 21 ausdrücklich enthaltenen Verweise auf §§ 11 und 12 leer laufen würden. In diesem Fall hätte lediglich die Mutter Sanktionsfolgen des gesellschaftlich nicht erwünschten Verhaltens (i.e. des Gebärens von Kindern außerhalb der Ehe) zu tragen. Hiervon ist nicht auszugehen, da die Ehebestimmungen gerade auch die Rechte und

---

[132] S. hierzu 1.1.1.2.3. und 1.1.1.4.;

[133] Vgl. hierzu § 11, wonach eheliche Kinder nach der Scheidung regelmäßig vollumfänglich vom Vater unterhalten worden sind;

Interessen der Frauen stärken sollten. Demnach ist davon auszugehen, dass die Mutter – zumindest nach der gesetzgeberischen Konzeption – auch in Bezug auf nichteheliche Kinder nur zum Unterhalt derjenigen Kinder verpflichtet war, die sich in der Stillzeit befanden, vgl. § 12. Im Übrigen sollte auch der Mutter des nichtehelichen Kindes zwar das Recht, aber nicht die Pflicht zum Kindesunterhalt zustehen, vgl. § 11.

1.3.2.3. Freiwerden des leiblichen Vaters von der Pflicht zur teilweisen Übernahme der Lebenshaltungskosten

Aus der Verweisung in § 21 der Ehebestimmungen auch auf § 15 ergibt sich zudem, dass der leibliche Vater im Falle der Eheschließung der Mutter des Kindes mit einem anderen als diesem von seiner Verpflichtung zur teilweisen Übernahme der Lebenshaltungskosten der Kinder frei geworden ist, wenn der Stiefvater zum Kindesunterhalt bereit war. Unklar ist allerdings, warum § 21 nicht auch auf § 16 verwiesen hat, wonach der Stiefvater seine Unterhaltsbereitschaft beim Sowjet der Gemeinde oder Stadt zu registrieren hatte.

1.4. Zusammenfassung und Fazit der Ehebestimmungen der chinesischen Sowjetrepublik v. 1.12.1931

Die Ehebestimmungen der chinesischen Sowjetrepublik v. 1.12.1931 haben in ausdrücklicher Abkehr vom traditionellen Verständnis wesentliche programmatische Grundsätze des neuen Ehe- und Familienverständnisses fixiert. Ausdruck der Bestrebungen, Mann und Frau von den Zwängen der feudalistischen Großfamilie zu befreien, waren zum einen die Implementierung der Eheschließungsfreiheit und die damit notwendig einhergehenden Verbote der arrangierten Ehe sowie einer sonstigen Intervention durch Dritte[134]. Zum anderen verankerte der Gesetzgeber auch die Ehescheidungsfreiheit als negative Entsprechung zur Eheschließungsfreiheit in den Ehebestimmungen.[135] Aufgrund des Fehlens von Regelungen betreffend die Rechte und Pflichten der Ehegatten während bestehender Ehe, darunter insbesondere auch die Unterhaltspflicht, ist in der Literatur bereits auf den allgemein „antifamiliären" Charakter der Bestimmungen hingewiesen worden.[136]

---

[134] Vgl. § 1 Ehebestimmungen d. chin. Sowjetrepublik v. 1.12.1931, a.a.O.;
[135] S.o. § 9 S. 1;
[136] Vgl. M.J. Meijer, a.a.O., S. 48. Auch Englert, a.a.O., S. 126, hat daraus geschlossen, dass die Ehe langfristig abgeschafft werden sollte.

Der Unterhalt ehelicher Kinder nach der Scheidung der Eltern bis zur Vollendung des 16. Lebensjahres war ebenso wie der Unterhalt von nichtehelichen und Stiefkindern in groben Zügen geregelt. Demnach waren die Eltern den Kindern gegenüber grundsätzlich aufgrund der bestehenden Blutsverwandtschaft, bzw. der Stiefvater aufgrund einer Registrierung seiner Unterhaltsbereitschaft, zum Unterhalt verpflichtet. Die Ehebestimmungen betreffend den nachehelichen Kindesunterhalt durch die leiblichen Eltern sind insbesondere von den weitreichenden Privilegierungen der Mutter geprägt. Diese Privilegierungen umfassten zum einen die grundsätzliche Freistellung der Mutter vom nachehelichen Kindesunterhalt sowie das Unterhaltsvorrecht der Mutter gemäß § 11. Eine Privilegierung der Mutter bestand schließlich auch darin, dass in dem Falle des Kindesunterhalts durch die Mutter der Vater gemäß § 14 zur teilweisen Übernahme von notwendigen Lebenshaltungskosten der Kinder verpflichtet war. Eine reziproke Verpflichtung der Mutter für den umgekehrten und damit den Regelfall, dass der Vater die Kinder unterhielt, vgl. § 11, war hingegen nicht normiert.

Nichteheliche Kinder wurden unter der Voraussetzung der erwiesenen Vaterschaft ehelichen Kinder gleich gestellt.

Im Hinblick auf die unterhaltsrechtliche Situation des Stiefkindes ist – insbesondere im Unterschied zu der Rechtslage in den späteren Ehebestimmungen der Grenzgebiete[137] – auf die Freiwilligkeit der Unterhaltsleistungen durch den Stiefvater hinzuweisen. Eine Unterhaltspflicht des Stiefvaters bestand erst nach Registrierung seiner Unterhaltsbereitschaft. Auch nach gegenwärtigem Recht der VR China wird das Unterhaltsverhältnis zwischen Stiefelternteil und Stiefkind durch die freiwillige Erbringung von Unterhaltsleistungen begründet.[138] Das Vorliegen eines Unterhaltsverhältnisses führt nach gegenwärtigem Recht aber über die Unterhaltspflicht des Stiefelternteiles hinaus allgemein zur Begründung von gegenseitigen Rechten und Pflichten wie sie auch im Verhältnis von Eltern und ihren leiblichen Kindern bestehen.

Ferner wurde die durch eine erneute Eheschließung der Frau auflösend bedingte Pflicht des Mannes konstituiert, für den nachehelichen Unterhalt seiner geschiedenen Ehefrau zu sorgen.

---

[137] Vgl. etwa § 15 Ehebestimmungen des Shan-Gan-Ning-Grenzgebietes v. 1939, a.a.O., engl. Übersetzung von M.J. Meijer, a.a.O., S. 285 ff., § 22 der revidierten vorläufigen Ehebestimmungen des Chin-Chi-Lü-Yü-Grenzgebietes v. 29.9.1943 (hier allerdings eine gemeinsame Unterhaltspflicht von Stiefvater und Mutter), engl. Übersetzung von M.J. Meijer, a.a.O., § 12 S. 2 der revidierten vorläufigen Ehebestimmungen des Shan-Gan-Ning-Grenzgebietes v. 20.3.1944, engl. Übersetzung von M.J. Meijer, a.a.O., 288 ff.;

[138] Vgl. § 27 Abs. 2 EheG v. 2001; s. hierzu auch Kapitel 3, II.1., V.4.;

Kennzeichnend für die Ehebestimmungen der Sowjetrepublik war somit insgesamt eine weitreichende Privilegierung der Frau. Dies betrifft außer dem nachehelichen Unterhalt der geschiedenen Ehefrau insbesondere auch ihre weitgehende Freistellung von der Pflicht zum Kindesunterhalt. Hinter den vorgenannten Privilegierungen der Frau stand das gesetzgeberische Anliegen, die rechtliche, wirtschaftliche und gesellschaftliche Stellung der Frau zu verbessern und diese politisch zu mobilisieren.

Anhand der vorgenommenen chronologischen Darstellung der unterhaltsrechtlichen Bestimmungen lässt sich der fragmentarische Charakter der Ehebestimmungen nachvollziehen. Hierbei handelt es sich um ein Charakteristikum, das auch die Ehegesetze der späteren VR China trotz diverser Ergänzungen noch aufweisen.

Fragen der Leistungsfähigkeit des Unterhaltsverpflichteten, insbesondere die Folgen eines Mangelfalles, wurden in den Ehebestimmungen ebenso wenig geregelt wie etwa die Frage des Unterhaltsverzichts. Insbesondere gab es auch keine Bestimmungen über den Rang von Unterhaltsberechtigten oder Unterhaltsverpflichteten. Allerdings war die Anzahl der in den Ehebestimmungen geregelten Unterhaltsverhältnisse auch noch sehr begrenzt. Außer dem nachehelichen Unterhalt der geschiedenen Ehefrau ging es im Wesentlichen um die Unterhaltspflichten der leiblichen Eltern gegenüber den Kindern bzw. des Stiefvaters gegenüber dem Stiefkind. Weitere Unterhaltspflichten zwischen Verwandten wurden nicht geregelt. Insoweit ist im Laufe der Ehegesetzgebung der VR China nicht nur die generelle Ausgestaltung von Unterhaltsbeziehungen auf der Basis der Gegenseitigkeit,[139] sondern darüber hinaus auch eine beachtliche Zunahme von gesetzlich geregelten Unterhaltsbeziehungen zu verzeichnen.[140]

2. Das Ehegesetz der chinesischen Sowjetrepublik von Jiangxi/Ruijin v. 8.4.1934

Das bereits zwei Jahre nach Inkrafttreten der Ehebestimmungen verabschiedete Ehegesetz der chinesischen Sowjetrepublik v. 8.4.1934[141] entsprach im Aufbau im Wesentlichen den Ehebestimmungen von 1931. Es ist am 8.4.1934 in Kraft

[139] Dies gilt nach gegenwärtigem Recht etwa für Ehegatten während bestehender Ehe sowie im Verhältnis von Eltern und Kindern gemäß §§ 20, 21 EheG v. 2001;

[140] Vgl. etwa die gegenseitige Unterhaltspflicht zwischen Adoptiveltern und –kindern gemäß § 26 Abs. 1 i.V.m. § 21 Abs. 1 EheG v. 2001, zwischen bestimmten Großeltern und bestimmten Enkeln gemäß § 28 EheG v. 2001 sowie unter bestimmten Voraussetzungen unter Geschwistern gemäß § 29 EheG v. 2001;

[141] Vgl. die engl. Übersetzung von M.J. Meijer, a.a.O., S. 283 f.;

getreten, vgl. § 21. Das Verhältnis beider Regelungswerke zueinander war nicht ausdrücklich geregelt. Aufgrund der Identität der Regelungsgegenstände ist aber davon auszugehen, dass das Ehegesetz mit Inkrafttreten an die Stelle der Ehebestimmungen getreten ist.[142] Das ebenfalls in sieben Kapitel untergliederte Ehegesetz umfasste insgesamt 21 Paragraphen. Das Vierte Kapitel enthielt neben Bestimmungen über die Behandlung des Vermögens von Mann und Frau nach der Scheidung die nacheheliche Pflicht des Ehemannes zur Unterstützung seiner geschiedenen Ehefrau. Das Fünfte Kapitel regelte den Unterhalt der Kinder nach der Scheidung der Eltern, während das Sechste Kapitel im Wesentlichen die Gleichstellung von ehelichen und nichtehelichen Kindern enthielt. Die folgende Darstellung beschränkt sich auf die Zusammenfassung von Abweichungen der unterhaltsrechtlichen Bestimmungen des Ehegesetzes der chinesischen Sowjetrepublik von denen der Ehebestimmungen.

2.1. § 15: Nacheheliche Pflicht des geschiedenen Ehemannes

Die nacheheliche Pflicht des geschiedenen Ehemannes gegenüber der geschiedenen Ehefrau wurde im Ehegesetz der chinesischen Sowjetrepublik im Vergleich zu den Ehebestimmungen grundlegend umgestaltet. Hierbei handelte es sich aus unterhaltsrechtlicher Sicht um eine der wesentlichen Veränderungen.

Entsprechend der Regelung in § 20 der Ehebestimmungen war die nacheheliche Pflicht des geschiedenen Ehemannes gegenüber der geschiedenen Ehefrau zwar auch gemäß § 15 des Ehegesetzes weiterhin durch deren erneute Eheschließung mit einem anderen als dem geschiedenen Ehegatten auflösend bedingt. Im Übrigen war aber nunmehr die Bedürftigkeit der geschiedenen Ehefrau Unterhaltsvoraussetzung. Gemäß § 15 setzte die nacheheliche Pflicht des geschiedenen Ehemannes voraus, dass die geschiedene Ehefrau aufgrund von Erwerbsunfähigkeit oder einer mangelnden dauerhaften Tätigkeit nicht selbst imstande war, sich zu unterhalten. Durch diese Umgestaltung der nachehelichen Pflicht gegenüber der geschiedenen Ehefrau ist in Umkehrung der Regelung in den Ehebestimmungen[143] – wenn auch nicht expressis verbis – der Grundsatz der Eigenverantwortung der geschiedenen Ehefrau für ihren Lebensunterhalt gesetzlich verankert worden. Dieser Grundsatz gilt – freilich geschlechtsneutral für beide Ehegatten – durchgängig auch für die entsprechenden Regelungen betreffend die

[142] So im Ergebnis auch M.J. Meijer, a.a.O., S. 48;

[143] Vgl. dort § 20, demgemäß der geschiedene Ehemann seiner geschiedenen Ehefrau bis zu einer erneuten Eheschließung derselben zum Unterhalt verpflichtet war;

nacheheliche Unterstützung[144] in der späteren VR China.[145] Auch wenn auf die Benennung konkreter Unterhaltstatbestände dabei verzichtet worden ist, wird die Bedürftigkeit in der Form vorausgesetzt, dass „Schwierigkeiten hinsichtlich des Lebensunterhalts“[146] vorliegen müssen.[147]

Ferner war § 15 des Ehegesetzes der chinesischen Sowjetrepublik nicht anwendbar, wenn der geschiedene Ehemann aufgrund mangelnder Fähigkeit zur Verrichtung manueller Arbeit oder mangels dauerhafter Beschäftigung bereits nicht in der Lage war, sich selbst zu unterhalten.[148] Die Pflicht des geschiedenen Ehemannes setzte gemäß § 15 nunmehr mit anderen Worten die Leistungsfähigkeit des geschiedenen Ehemannes voraus.[149] Rechtsfolge mangelnder Leistungsfähigkeit war das Freiwerden von der Unterstützungspflicht.

Eine weitere Veränderung bestand darin, dass der geschiedene Ehemann, der gemäß § 20 der Ehebestimmungen noch den Lebensunterhalt der geschiedenen Ehefrau zu verdienen hatte, nach dem Ehegesetz der Sowjetrepublik nunmehr zur „Unterstützung“[150] seiner geschiedenen Ehefrau verpflichtet war.

2.2. § 16: Unterhalt der Kinder nach Scheidung der Eltern

Die Bestimmungen des Ehegesetzes betreffend das Verhältnis von Eltern und ihren ehelichen Kindern beschränkten sich wie auch bereits gemäß den Ehebestimmungen[151] weiterhin auf die Regelung des nachehelichen Kindesunterhalts.

---

[144] Das Ehegesetz v. 2001 spricht insoweit in § 42 nicht von Unterhalt, sondern von angemessener Unterstützung (适当帮助). Es wurde bereits darauf hingewiesen, dass strittig ist, ob es sich hierbei um eine Unterhaltspflicht handelt.

[145] § 25 EheG v. 1950 a.F.; § 33 EheG v. 1980 a.F.; § 42 EheG v. 2001;

[146] „生活困难“;

[147] § 25 EheG v. 1950 a.F.; § 33 EheG v. 1980 a.F.; § 42 EheG v. 2001;

[148] Vgl. die engl. Übersetzung von M.J. Meijer, a.a.O., S. 284;

[149] Diese Voraussetzung wurde nicht in den Gesetzestext der späteren Ehegesetze der VR China übernommen. Allerdings ist in § 33 EheG v. 1980 a.F. wie auch in § 42 EheG v. 2001 eine „angemessene“ Unterstützung Gegenstand dieser nachehelichen Pflicht.

[150] Vgl. hierzu die engl. Übersetzung von M.J. Meijer, a.a.O., S. 283 f. (284): „(…), the man ‚(…), shall assist her (…).“

[151] Vgl. dort §§ 11 ff.;

2.2.1. Gesetzlicher Regelfall und Wille des älteren Kindes

In § 16 des Ehegesetzes der Sowjetrepublik wurde der nach den Ehebestimmungen geltende Regelfall[152] umgekehrt. Nach dem gesetzlichen Regelfall des § 16 wurden die Kinder nach der Scheidung nunmehr von der Mutter unterhalten. Demzufolge wurde auch – anders als noch nach den Ehebestimmungen[153] – nicht mehr zwischen Kindern in der Stillzeit und älteren Kindern differenziert. Allerdings sah § 16 weiterhin den Kindesunterhalt durch den Vater vor, wenn die Mutter nicht zum Kindesunterhalt bereit war. Die Privilegierung der Mutter blieb somit im Wesentlichen nicht nur erhalten,[154] sondern wurde insoweit verstärkt, als auch hinsichtlich der in der Stillzeit befindlichen Kinder keine Pflicht der Mutter zum Kindesunterhalt bestand.[155] Die Privilegierung der Mutter in Bezug auf den nachehelichen Kindesunterhalt wurde aber gemäß § 16 durch den entgegenstehenden Willen eines älteren Kindes eingeschränkt. Der Begriff des älteren Kindes wurde dabei nicht näher konkretisiert.

2.2.2. Pflicht des Vaters zur Übernahme von zwei Dritteln der Lebenshaltungskosten des Kindes

§ 17 des Ehegesetzes entsprach § 14 der Ehebestimmungen.[156] Dabei ist jedoch zu berücksichtigen, dass sich in Bezug auf den Kindesunterhalt das Regel-Ausnahmeverhältnis umgekehrt und die geschiedene Ehefrau nunmehr regelmäßig für einen Teil der Lebenshaltungskosten der Kinder aufzukommen hatte. Im Übrigen gilt das zu § 14 Ehebestimmungen v. 1931 Gesagte entsprechend.[157]

2.2.3. Unterhalt des Stiefkindes durch den Stiefvater

§ 18 des Ehegesetzes fasste die §§ 15,16 der Ehebestimmungen ohne inhaltliche Veränderungen zusammen.[158] Insoweit wird auf obige Ausführungen Bezug genommen.[159]

---

[152] Vgl. insoweit § 11 HS. 1 Ehebestimmungen d. chin. Sowjetrepublik v. 1.12.1931;
[153] Vgl. dort §§ 11,12;
[154] Vgl. insoweit § 11 HS. 2 Ehebestimmungen d. chin. Sowjetrepublik v. 1.12.1931;
[155] Vgl. demgegenüber § 12 Ehebestimmungen d. chin. Sowjetrepublik v. 1.12.1931;
[156] S. hierzu 1.1.1.2.3.;
[157] S. hierzu auch 1.1.1.2.3., 1.1.1.4.;
[158] Vgl. zu den Ehebestimmungen die Sammlung von historischem Material der zentralen revolutionären Stützpunktgebiete, Bd. 2, S. 194 ff. sowie die engl. Übersetzungen der Ehe-

2.3. § 19: Unterhalt nichtehelicher Kinder

§ 19 bestimmte ausdrücklich, dass nichteheliche Kinder dieselben Rechte, wie sie auch ehelichen Kindern vom Ehegesetz gewährt wurden, genießen. Der Unterhalt nichtehelicher Kinder wurde darüber hinaus nicht gesondert, insbesondere nicht durch einen Verweis, wie er in § 21 der Ehebestimmungen enthalten war,[160] geregelt.

§ 19 verwies auf dieselben Rechte von nichtehelichen und ehelichen Kindern und somit unmittelbar auf den gemäß § 16 zu beachtenden Willen des älteren Kindes im Hinblick auf den nachehelichen Unterhalt. Damit war auch der Wille des älteren nichtehelichen Kindes im Hinblick auf den Kindesunterhalt zu beachten. Weitere Rechte ehelicher Kinder statuierte das Ehegesetz jedoch nicht ausdrücklich.

Soweit die Bestimmungen des Ehegesetzes darüber hinaus eheliche Kinder betreffen, handelt es sich um Regelungen des nachehelichen Kindesunterhalts. Die vorgenannten Regelungen wurden dabei im Wesentlichen nicht aus der Perspektive des Unterhaltsberechtigten, sondern des Unterhaltsverpflichteten, d.h. der Eltern, geregelt. Insbesondere wird ein Unterhaltsrecht des Kindes nicht ausdrücklich erwähnt. Allerdings korrespondierte mit der durch das Ehegesetz ausgestalteten Unterhaltspflicht der Eltern ein entsprechendes Recht des Kindes. Dieses Recht stand ehelichen und nichtehelichen Kindern gleichermaßen zu. Demnach ist also § 19 dahingehend auszulegen, dass die Eltern ihren ehelichen Kindern in gleicher Weise zum Unterhalt verpflichtet waren wie den nichtehelichen. Diese Auslegung des § 19 entspricht auch dem dort niedergelegten Grundsatz der Gleichbehandlung von ehelichen und nichtehelichen Kindern. Die erwiesene Vaterschaft wird dagegen anders als noch in den Ehebestimmungen[161] nicht mehr ausdrücklich vorausgesetzt. Eine inhaltliche Änderung war damit jedoch nicht verbunden, da die Unterhaltspflicht der Eltern gegenüber den Kindern auch nach dem Ehegesetz der Sowjetrepublik auf der natürlichen Blutsverwandtschaft zwischen Eltern und Kindern basierte.

---

bestimmungen v. 1931 und des Ehegesetzes v. 1934 von M.J. Meijer, a.a.O., S. 281 f. (282); 283 f. (284);

[159] S. hierzu 1.1.2.1., 1.1.2.2.;

[160] S. hierzu 1.3.;

[161] Vgl. § 21 Ehebestimmungen d. chin. Sowjetrepublik v. 1.12.1931;

2.4. Zusammenfassung und Fazit des Ehegesetzes der chinesischen Sowjetrepublik von Jiangxi/Ruijin vom 8.4.1934

Ein wesentlicher Bestandteil des Ehegesetzes der chinesischen Sowjetrepublik v. 8.4.1934 betraf die unterhaltsrechtliche Situation der ehelichen Kinder und der Ehefrau nach der Scheidung sowie den Unterhalt des Stiefkindes durch den Stiefvater. Ferner wurde insbesondere die Gleichberechtigung von ehelichen und nichtehelichen Kindern statuiert. Der fragmentarische Charakter der Regelungen hat sich erhalten.

Beibehalten wurde die Regelung der Ehebestimmungen betreffend den Unterhalt des Stiefkindes durch den Stiefvater. Erhalten hat sich teilweise auch die Privilegierung der Mutter betreffend den nachehelichen Kindesunterhalt, wenngleich der gesetzliche Regelfall im Vergleich zu den Ehebestimmungen umgekehrt worden ist. Der Gesetzgeber des Ehegesetzes ging davon aus, dass die Kinder nach der Scheidung im Regelfall von der Mutter unterhalten wurden. Insoweit war der Vater weiterhin zur Übernahme von zwei Dritteln der Lebenshaltungskosten der Kinder verpflichtet. Der im Übrigen von der Mutter geleistete Kindesunterhalt setzte allerdings grundsätzlich eine entsprechende Bereitschaft der Mutter voraus. Beschränkt wurde deren Wahlrecht betreffend den Kindesunterhalt jedoch gegebenenfalls durch den zu beachtenden entgegenstehenden Willen des älteren Kindes. Dadurch wurden die Rechte der Kinder gestärkt.

Gravierende Unterschiede im Vergleich zu den Ehebestimmungen sind in Bezug auf den nachehelichen Unterhalt der geschiedenen Ehefrau festzustellen. Insbesondere wurde durch die Regelung des § 15, d.h. die Normierung von konkreten Unterhaltstatbeständen, implizit der Grundsatz der Eigenverantwortung der geschiedenen Frau für ihren nachehelichen Lebensunterhalt eingeführt.[162] Ein wesentliches Merkmal des Ehegesetzes der chinesischen Sowjetrepublik besteht damit in der Beschränkung der unterhaltsbezogenen Privilegien der geschiedenen Ehefrau.

---

[162] M.J. Meijer, a.a.O., S. 49, spricht hier plastisch von der Beendigung des Parasiten-Status der geschiedenen Ehefrau;

IV. Die Ehebestimmungen des Shan-Gan-Ning-Grenzgebietes vom 4.4.1939

Die Ehebestimmungen des Shan-Gan-Ning-Grenzgebietes v. 4.4.1939[163] (im Folgenden als Ehebestimmungen bezeichnet) waren in fünf Kapitel untergliedert und bestanden insgesamt aus 22 Paragraphen. Gemäß § 1 der Ehebestimmungen sind diese *im Geiste der Demokratie und der praktischen Situation des Shan-Gan-Ning-Grenzgebietes* erlassen worden. Im Übrigen enthielt das Erste Kapitel (§§ 1-4) insbesondere die schon mehrmals erwähnten allgemeinen Bestimmungen wie die Ehefreiheit und das Prinzip der Einehe, aber auch das ausdrückliche Verbot des Konkubinats. Gegenstand des Zweiten Kapitels (§§ 5-9) waren formelle und materielle Ehevoraussetzungen, darunter das Erfordernis von zwei Trauzeugen[164], das Heiratsalter, die Registrierungspflicht der Ehe und die Eheverbote. Die Regelungen über die Scheidung haben im Dritten Kapitel (§§ 10-12) im Vergleich zu den Regelungen der chinesischen Sowjetrepublik inhaltlich stark zugenommen. Neben der weiterhin bestehenden Möglichkeit der einverständlichen Scheidung enthielt § 11 eine, wenn auch nicht abschließende, 10 Ziffern umfassende Aufzählung von Umständen, unter denen ein Ehegatte einseitig die Scheidung verlangen konnte. Die Ehebestimmungen des Shan-Gan-Ning-Grenzgebietes haben damit eine Abkehr von dem wesentlich liberaleren Scheidungsrecht der chinesischen Sowjetrepublik[165] vollzogen und wiesen erhebliche Gemeinsamkeiten mit dem Scheidungsrecht des ZGB auf.[166] Dies galt vorübergehend auch für das Scheidungsrecht in den Ehebestimmungen anderer Grenzgebiete.[167] Nach Gründung der VR China erfolgte im Ehegesetz von 1950 die Rückkehr zu einem weitaus liberaleren Scheidungsrecht.[168]

---

[163] „陕甘宁边区婚姻条例", Sammlung von Regierungsdokumenten des Grenzgebietes Shan-Gan-Ning, Heft 1, Dangan-Verlag, 1986, S. 221 ff., engl. Übersetzung von M.J. Meijer, a.a.O., S. 285 ff.;

[164] Vgl. hierzu auch § 982 ZGB, wonach für die Eheschließung nach republikanischem Recht mindestens zwei Trauzeugen erforderlich waren, vgl. hierzu Codex Juris Civilis Reipublicae Sinicae, S. 148.

[165] Vgl. insoweit §§ 9, 10 Ehebestimmungen d. chin. Sowjetrepublik v. 1.12.1931, a.a.O., S. 195; §§ 10 ff. EheG v. 8.4.1934 in der engl. Übersetzung von M.J. Meijer, a.a.O., S. 283 f., wobei jedoch für die Ehe mit einem Soldaten der Roten Armee besondere Vorschriften galten.

[166] Das Scheidungsrecht des ZGB war in den §§ 1049-1090 geregelt, vgl. hierzu Codex Juris Civilis Reipublicae Sinicae, S. 148. Im Unterschied zu den Ehebestimmungen des Shan-Gan-Ning-Grenzgebietes v. 1939 war die streitige Scheidung jedoch gemäß § 1052 ZGB ausschließlich bei Vorliegen eines der 10 Scheidungstatbestände möglich.

[167] Vgl. z.B. §§ 9–13 des Entwurfs der Ehebestimmungen des Jin-Cha-Ji-Grenzgebietes v. 7.7.1941, a.a.O., S. 119; vgl. ferner §§ 13–21 Ehebestimmungen des Jin-Cha-Ji-Grenzgebietes v. 4.2.1943, engl. Übersetzung von M.J. Meijer, a.a.O., S. 292;

[168] Vgl. §§ 17–19 in der dt. Übersetzung von Bünger, RabelsZ 16 (1951), S. 112 ff. (124 f.);

Das Fünfte Kapitel der Ehebestimmungen (§§ 21, 22) regelte das Inkrafttreten sowie die Auslegungskompetenz für diese Bestimmungen durch die Regierung des Grenzgebietes.

Unterhaltsrechtliche Regelungen waren ausschließlich im Vierten Kapitel enthalten, welches die §§ 13-20 umfasste und mit „Ehe-, Kinder- und Vermögensbeziehungen“[169] überschrieben war. Die folgende Darstellung des Unterhaltsrechts folgt auch hier der Reihenfolge der Ehebestimmungen.

1. §§ 13, 14: Der Unterhalt ehelicher Kinder nach Scheidung der Eltern

Auch die Ehebestimmungen des Shan-Gan-Ning-Grenzgebietes regelten die Unterhaltspflicht der Eltern gegenüber ihren ehelichen Kinder nicht ausdrücklich, sondern setzten diese in den §§ 13, 14 als bestehend voraus. Die unterhaltsrechtlichen Regelungen betrafen auch hier im Wesentlichen die Ausgestaltung des nachehelichen Kindesunterhalts.

1.1. Gesetzlicher Regelfall in Bezug auf Kinder bis zur Vollendung des fünften Lebensjahres und Möglichkeit von Unterhaltsvereinbarungen durch die Eltern unter Beachtung des Kindeswillens im Übrigen

Gemäß § 13 der Ehebestimmungen unterhielt die Mutter nach der Scheidung die in der Ehe geborenen Kinder jedenfalls bis zur Vollendung des fünften Lebensjahres.[170]

In Bezug auf den nachehelichen Unterhalt von Kindern *nach* Vollendung des fünften Lebensjahres haben die Ehebestimmungen keine Regelung getroffen. Insoweit war jedoch bei der Frage, von welchem Elternteil das Kind unterhalten wird, gemäß § 13 der Wille des Kindes zu respektieren. Dabei durfte von den Eltern auf das Kind kein Zwang ausgeübt werden, vgl. § 13. Obwohl nicht ausdrücklich geregelt, bedeutete die vorliegende Regelung implizit, dass die Eltern im Hinblick auf Kinder nach Vollendung des fünften Lebensjahres grundsätzlich

---

[169] „婚姻与子女及财产关系“;

[170] Nach M.J. Meijer, a.a.O., S. 65, soll diese Regelung nur für den Fall der streitigen Scheidung gegolten haben. Eine solche Beschränkung lässt sich dabei dem Text der Ehebestimmungen nicht entnehmen.

eine Vereinbarung über den Kindesunterhalt treffen konnten,[171] dabei aber den Willen des Kindes zu beachten hatten.

Der wesentliche Unterschied der vorgenannten Regelung zu der Rechtslage gemäß der eherechtlichen Bestimmungen der chinesischen Sowjetrepublik besteht in der Abschaffung der Privilegien der Mutter betreffend den nachehelichen Kindesunterhalt. Der Mutter stand insbesondere nicht länger ein Wahlrecht betreffend den nachehelichen Kindesunterhalt zu. Mutter und Vater waren dem Kind nach der Scheidung grundsätzlich beide zum Unterhalt verpflichtet. Auch war – anders als in den eherechtlichen Regelungen der chinesischen Sowjetrepublik – die Übernahme eines Teiles der Lebenshaltungskosten durch den Vater nicht mehr pauschal geregelt.

1.2. Übernahme der Lebenshaltungskosten der Kinder

1.2.1. Grundsatz

Die Ehebestimmungen des Shan-Gan-Ning-Grenzgebietes verwandten für den Kindesunterhalt wie auch die Ehebestimmungen der chinesischen Sowjetrepublik[172] den Begriff „抚养“. Anhaltspunkte für eine von den Ehebestimmungen der Sowjetrepublik abweichende Auslegung dieses Begriffs sind nicht ersichtlich. Die Unterhaltsverpflichtung umfasste demnach – wie bereits dargelegt[173] – grundsätzlich den vollumfänglichen Kindesunterhalt, d.h. insbesondere auch die Lebenshaltungskosten der Kinder.

Während jedoch der Vater gemäß den Ehebestimmungen der Sowjetrepublik auch im Falle des Kindesunterhalts durch die Mutter im Übrigen zur Übernahme von zwei Dritteln der Lebenshaltungskosten verpflichtet war[174], sahen die Ehebestimmungen des Shan-Gan-Ning-Grenzgebietes eine entsprechende Regelung nicht vor. Daraus kann man schließen, dass der die Kinder unmittelbar unterhaltende Elternteil grundsätzlich auch in vollem Umfang für die Lebenshal-

---

[171] M.J. Meijer, a.a.O., S. 65, geht davon aus, dass eine entsprechende Vereinbarung im Falle der einverständlichen Scheidung unabhängig vom Alter des Kindes möglich gewesen sei. Der Text der Ehebestimmungen differenziert jedoch nicht nach der Art der Scheidung, sondern ausschließlich nach dem Alter des Kindes, so dass sich diese Auslegung nicht unmittelbar aus § 13 ergibt. Beispiele dafür, dass es in der Praxis entsprechende Vereinbarungen gab, liegen hier nicht vor.

[172] Vgl. dort insbesondere §§ 11, 12, 14;

[173] S. hierzu insbesondere III.1.1.1.3.;

[174] Vgl. dort § 14;

tungskosten der Kinder aufzukommen hatte. Diese Verpflichtung traf mangels einer anderslautenden Sonderbestimmung Vater und Mutter gleichermaßen. Während der Vater in diesem Fall bereits gemäß den Ehebestimmungen der Sowjetrepublik vollumfänglich zum Kindesunterhalt verpflichtet gewesen war,[175] stellte die Regelung des § 13 der Ehebestimmungen des Shan-Gan-Ning-Grenzgebietes im Hinblick auf die Unterhaltspflicht der Mutter eine weitere Verschärfung dar.

1.2.2. Ausnahme

Etwas anderes galt bezüglich der Lebenshaltungskosten der unmittelbar von der Mutter unterhaltenen Kinder gemäß § 14 der Ehebestimmungen nur dann, wenn die Mutter keine neue Ehe eingegangen und nicht zum Lebensunterhalt in der Lage war. In diesem Fall war der Vater weiterhin verpflichtet, die Lebenshaltungskosten der Kinder bis zur Vollendung des 16. Lebensjahres zu übernehmen, während die Mutter von der entsprechenden Verpflichtung frei geworden ist. Wie auch bereits betreffend die Ehebestimmungen der chinesischen Sowjetrepublik dargelegt,[176] ist davon auszugehen, dass die Kinder bis zur Vollendung des 16. Lebensjahres allgemein ohne weiteres als unterhaltsbedürftig angesehen worden sind.

1.2.2.1. Die mangelnde Fähigkeit der Mutter zum Lebensunterhalt

Aufgrund des Wortlauts des § 14 ist dabei unklar, ob sich die mangelnde Leistungsfähigkeit der Mutter auf den Lebensunterhalt der Kinder oder den eigenen Lebensunterhalt der Mutter bezog.[177] Nach der Ratio des § 14 ist davon auszugehen, dass die Pflicht des Vaters zur Übernahme der Lebenshaltungskosten der Kinder jedenfalls dann bestand, wenn die Mutter bereits nicht imstande war, für den eigenen Lebensunterhalt zu sorgen. Die vorgenannte Pflicht des geschiedenen Ehemannes bestand aber auch in dem Fall, dass die Mutter lediglich zum Lebensunterhalt der Kinder außerstande war. Entscheidend war mit anderen Worten die mangelnde Fähigkeit, für den Lebensunterhalt der Kinder aufzukommen. Die mangelnde Fähigkeit, für den eigenen Lebensunterhalt zu sorgen, war darüber hinaus Gegenstand einer möglichen nachehelichen Pflicht des

---

[175] S. hierzu auch III.1.1.1.5.;

[176] S. hierzu III.1.1.1.4.;

[177] Vgl. dagegen die engl. Übersetzung von M.J. Meijer, a.a.O., S. 285 ff. (286): „If the woman (…) has not the capacity to support herself (…).“ Dagegen lautet die Formulierung des § 14: 女方(...)无力维持生活时, (...). Es heißt dagegen nicht: 维持其生活.

Ehemannes gegenüber der geschiedenen Ehefrau gemäß § 19 der Ehebestimmungen.[178]

1.2.2.2. Keine erneute Eheschließung der Mutter

Voraussetzung für die Pflicht des Vaters zur Übernahme der Lebenshaltungskosten der Kinder war gemäß § 14 neben der mangelnden Leistungsfähigkeit der Mutter ferner, dass diese keine neue Ehe eingegangen war. Diese Voraussetzung ist im Kontext der weiteren Ehebestimmungen zu betrachten. Zwar wirkte sich die erneute Eheschließung der Mutter mit einem anderen als dem leiblichen Vater der Kinder auch unter Geltung der Ehebestimmungen des Shan-Gan-Ning-Grenzgebietes nicht auf die Verwandtschaft zwischen Vater und Kind aus, aber der Stiefvater war in diesem Fall gemäß § 15 zum Unterhalt und zur Erziehung der von der Mutter in die Ehe eingebrachten Stiefkinder gesetzlich verpflichtet.[179]

1.2.2.3. Zusammenfassung und Fazit

§ 14 bestimmte, dass im Falle einer Mutter, die keine erneute Ehe eingegangen und zum Lebensunterhalt nicht in der Lage war, die Lebenshaltungskosten der im Übrigen von der Mutter unterhaltenen Kinder bis zur Vollendung des 16. Lebensjahres der Kinder weiterhin vom Vater aufzubringen waren.

§ 14 der Ehebestimmungen regelte damit einen Mangelfall im Zusammenhang mit dem nachehelichen Kindesunterhalt. Aus § 14 ergibt sich das Freiwerden der Mutter von der Pflicht zur Übernahme der Lebenshaltungskosten der Kinder im Falle ihrer mangelnden wirtschaftlichen Leistungsfähigkeit. Darüber hinaus enthielten die Ehebestimmungen jedoch keine allgemeine und insbesondere geschlechtsneutrale Regelung, der die Leistungsfähigkeit des Unterhaltspflichtigen als Voraussetzung der Unterhaltspflicht zu entnehmen wäre.

Aus der Voraussetzung, dass die Mutter keine neue Ehe eingegangen war, ist des Weiteren auf ein Freiwerden des leiblichen Vaters von der Pflicht zur Übernahme der Lebenshaltungskosten der Kinder zu schließen, sollte eine erneute Eheschließung der Mutter mit einem anderen als dem leiblichen Vater erfol-

---

[178] S. hierzu IV.4.;
[179] S. hierzu nachfolgend 2.;

gen.[180] Abweichend von der Regelung in den Ehebestimmungen des Shan-Gan-Ning-Grenzgebietes normiert das Recht der VR China gegenwärtig keine solche ohne weiteres bestehende Unterhaltspflicht des Stiefelternteiles ipso iure. Die Begründung eines Unterhaltsverhältnisses ist gleichwohl auf freiwilliger Basis möglich und führt dann zur Begründung gegenseitiger Rechte und Pflichten wie sie im Verhältnis zwischen Eltern und ihren leiblichen Kindern bestehen.[181] Ein wesentlicher Unterschied zur Rechtslage gemäß der Ehebestimmungen des Shan-Gan-Ning-Grenzgebietes besteht auch darin, dass nach dem gegenwärtigen Recht der VR China die Rechte und Pflichten im Verhältnis von Eltern und ihren leiblichen Kindern durch die Begründung entsprechender Rechte und Pflichten im Stiefverhältnis gerade nicht berührt werden.

2. § 15: Unterhalt des Stiefkindes durch den Stiefvater

2.1. Unterhaltspflicht des Stiefvaters

Der Stiefvater war nach der Eheschließung gemäß § 15 verpflichtet, die von der Mutter in die Ehe eingebrachten Kinder zu unterhalten und zu erziehen. Die Begriffe „Stiefvater“ bzw. „Stiefkinder“ wurden noch nicht verwandt. Der Stiefvater wurde – wie auch in den Ehebestimmungen der Sowjetrepublik – als „neuer Ehemann“ (新夫)[182], die Stiefkinder allgemein als „Kinder“ (子女)[183] bezeichnet. Für den Unterhalt des Stiefkindes wurde ferner wie im Falle der übrigen Kinder der Begriff „抚养“ verwandt.

Die Unterhaltspflicht des Stiefvaters setzte jedoch das Zusammenleben des Stiefkindes mit dem Stiefvater in einem Haushalt voraus. Dies ergibt sich aus dem Wortlaut des § 15, wonach der Stiefvater verpflichtet war, die von der Frau im Zeitpunkt der erneuten Eheschließung „mitgebrachten“ Kinder zu unterhalten.[184]

---

[180] S. hierzu nachfolgend 2.2.;
[181] Vgl. § 27 Abs. 2 EheG v. 2001;
[182] Vgl. § 15 Ehebestimmungen d. chin. Sowjetrepublik v. 1.12.1931, a.a.O., S. 196;
[183] S.o., wobei in § 15 Ehebestimmungen d. chin. Sowjetrepublik v. 1931 der inhaltsgleiche Begriff „小孩“ verwandt worden ist;
[184] § 15 der Ehebestimmungen des Shan-Gan-Ning-Grenzgebietes v. 1939, a.a.O., lautete: „女方再婚时带去之子女，由新夫负责抚养教育.“

2.2. Freiwerden des leiblichen Vaters von der Unterhaltspflicht

Das Freiwerden des leiblichen Vaters von der Unterhaltspflicht war – anders als z.B. gemäß § 15 der Ehebestimmungen der Sowjetrepublik[185] – nicht ausdrücklich geregelt. Demnach besteht die Möglichkeit, dass das Stiefkind durch die Regelung des § 15 neben dem leiblichen Vater in Gestalt des Stiefvaters einen weiteren Unterhaltsschuldner hinzu gewonnen hatte. Hiergegen spricht jedoch – wie bereits dargelegt – die unterhaltsrechtliche Konzeption der Ehebestimmungen. Diese sahen nach der Scheidung der Eltern grundsätzlich vor, dass die Kinder von dem Elternteil, mit dem sie in einem Haushalt zusammen lebten, vollumfänglich unterhalten wurden. Eine Verpflichtung des nicht in Gemeinschaft mit den Kindern lebenden Vaters war lediglich in Gestalt der Ausnahmevorschrift des § 14 geregelt. Hierbei handelte es sich um eine Art Ausfallhaftung des Vaters für die Lebenshaltungskosten der Kinder im Falle der Leistungsunfähigkeit der Mutter. Eine Gesamtschau der §§ 13 und 14 verdeutlicht, dass ein Zusammentreffen von Pflichten des leiblichen Vaters mit der Unterhaltspflicht des Stiefvaters ausgeschlossen war. Dies ergibt sich insbesondere aus § 14, wonach eine Übernahme der Lebenshaltungskosten durch den Vater voraussetzte, dass die Mutter keine neue Ehe eingegangen war. Der leibliche Vater ist also durch die Unterhaltspflicht des Stiefvaters von seiner Unterhaltspflicht gegenüber den Kindern frei geworden.

3. §§ 16, 17: Unterhalt nichtehelicher Kinder

§ 17 bestimmte, dass den nichtehelichen Kindern sämtliche in den Ehebestimmungen bestimmten Rechte zustanden. Rechte der Kinder waren – mit der Ausnahme, dass gemäß § 13 der Wille des Kindes bei der Frage zu beachten war, mit welchem Elternteil das Kind nach der Scheidung zusammen lebt – jedoch nicht ausdrücklich geregelt. Die Unterhaltspflicht der Eltern gegenüber ihren leiblichen Kindern und das damit korrespondierende Unterhaltsrecht der Kinder lag jedoch auch den Ehebestimmungen des Shan-Gan-Ning-Grenzgebietes zugrunde.

Ein Verweis auf die unterhaltsgestaltenden Bestimmungen des nachehelichen Unterhalts ehelicher Kinder ist § 17 zwar nicht zu entnehmen. Insbesondere waren die §§ 13-15 nicht als subjektive Rechte der Kinder, sondern im Wesentlichen als Pflichten der Eltern bzw. des Stiefvaters ausgestaltet. Allerdings ergibt sich aus § 16 ausdrücklich die Gleichstellung von ehelichen und nichtehelichen

---

[185] Vgl. die Sammlung von historischem Material der zentralen revolutionären Stützpunktgebiete, Bd. 2, S. 196;

Kindern, wenn der Vater des nichtehelichen Kindes die Vaterschaft anerkannt hatte. Der Vater konnte dabei zur Anerkennung der Vaterschaft gezwungen werden, wenn die Mutter entsprechende Beweise vorgelegt hatte. Für den Unterhalt des nichtehelichen Kindes galten also insoweit die vorgenannten Bestimmungen über eheliche Kinder entsprechend.

4. § 19: Pflicht des geschiedenen Ehemannes, seiner geschiedenen Ehefrau Unterstützung zu gewähren

Nach der Scheidung war der geschiedene Ehemann gemäß § 19 der Ehebestimmungen des Shan-Gan-Ning-Grenzgebietes verpflichtet, seiner geschiedenen Ehefrau „Unterstützung" (帮助) zu gewähren. Diese Formulierung stellt einen Unterschied etwa zu § 20 Ehebestimmungen der Sowjetrepublik v. 1931 dar, demzufolge der geschiedene Mann nach der Scheidung insbesondere verpflichtet war, den Lebensunterhalt der geschiedenen Ehefrau zu verdienen (维持其生活). Der mit dem Ehegesetz der Sowjetrepublik 1934 bereits eingeführte Grundsatz der Eigenverantwortlichkeit der geschiedenen Ehefrau[186] wurde in den Ehebestimmungen des Shan-Gan-Ning-Grenzgebietes fortgeführt.

4.1. Bedürftigkeit und Leistungsfähigkeit

Der ungeschriebene Grundsatz der Eigenverantwortung der geschiedenen Ehefrau ergibt sich im Umkehrschluss aus den in § 19 normierten Unterhaltstatbeständen der Arbeitslosigkeit oder Arbeitsunfähigkeit. Im Vergleich zum Ehegesetz der Sowjetrepublik ist nunmehr der Unterhaltstatbestand der Vermögenslosigkeit hinzu gekommen.[187] Die Leistungsfähigkeit des geschiedenen Eheman-

[186] S. hierzu III.2.1.;

[187] Die enumerative Aufzählung von Unterhaltstatbeständen wie sie hier vorliegt und auch dem deutschen Recht innewohnt, vgl. §§ 1569 ff. BGB, wurde nicht in die Ehegesetze der VR China übernommen. Seit § 25 EheG v. 1950 a.F. lautet die flexiblere Formulierung „Schwierigkeiten hinsichtlich des Lebensunterhalts" (生活困难), vgl. hierzu auch § 42 EheG v. 2001. Die vormaligen Unterhaltstatbestände werden aber u.a. weiterhin zur Konkretisierung dieser schwierigen Lebensumstände heran gezogen, vgl. hierzu auch 周利民 / 罗水平 / 贺小电, 新婚姻法学 (Zhou Limin / Luo Shuiping / He Xiaodian, Studium des neuen Eherechts), S. 201 sowie Ziff. 27 最高人民法院关于适用"中华人民共和国婚姻法"若干问题的解释（一）(Erster Teil der Erläuterungen des Obersten Volksgerichts betreffend einige Fragen der Anwendung des „Ehegesetzes der VR China") v. 24.12.2001, vgl. für den chin. Text http://www.sfsk.net/sf/cyfgk/msfg/29.htm;

nes wurde anders als nach § 15 des Ehegesetzes der Sowjetrepublik nicht mehr explizit vorausgesetzt.

4.2. Erlöschen und Befristung des Anspruchs

Ferner setzte der Anspruch der geschiedenen Ehefrau voraus, dass diese keine neue Ehe eingegangen war. Andernfalls erlosch der Unterstützungsanspruch gegen den geschiedenen Ehemann. Auch war der Anspruch der geschiedenen Ehefrau auch ohne eine erneute Eheschließung erstmals auf längstens drei Jahre befristet worden.[188]

5. Zusammenfassung und Fazit

Die Ehebestimmungen des Shan-Gan-Ning-Grenzgebietes v. 1939 sind den eherechtlichen Regelungen der Sowjetrepublik in Aufbau und Umfang durchaus vergleichbar. Inhaltlich ergibt sich dagegen insbesondere im Hinblick auf die Scheidungstatbestände[189] eine weitgehende Annäherung an das Scheidungsrecht des ZGB.[190] Dies bedeutete eine massive Restriktion der in den Regelungen der Sowjetrepublik sehr liberal gehandhabten Scheidung,[191] die jedoch nur vorübergehender Natur war.

Betreffend die Ausgestaltung des Unterhalts von Kindern über 5 Jahren sahen die Ehebestimmungen keinen gesetzlichen Regelfall mehr vor. Diese wurde der Vereinbarung der Eltern anheim gestellt, welche dabei jedoch den Willen des Kindes zu beachten hatten. Im Unterschied zu den Regelungen der Sowjetrepublik lässt sich im Hinblick auf die Pflichten der Mutter allerdings eine weitere Verschärfung feststellen. Die Mutter war nunmehr im Falle des Kindesunterhalts

---

[188] Auch die Anspruchsbeschränkung auf drei Jahre wurde nicht in die Ehegesetze der VR China übernommen. Insoweit bestimmte bereits § 25 EheG v. 1950 a.F., dass die Dauer von den Parteien vereinbart oder vom Volksgericht bestimmt werde.

[189] Vgl. § 11 Ehebestimmungen des Shan-Gan-Ning-Grenzgebietes v. 1939, a.a.O.;

[190] Vgl. § 1052 ZGB, Codex Juris Civilis Reipublicae Sinicae, S. 148 ;

[191] Die Ehebestimmungen der chinesischen Sowjetrepublik v. 1931 etwa regelten die Scheidung in den §§ 9 und 10 des Dritten Kapitels. Darunter statuierte § 9 ausdrücklich die Ehescheidungsfreiheit. Sowohl die einverständliche als auch die von einem Ehegatten ernsthaft verlangte streitige Scheidung der Ehe war danach jederzeit möglich. Einzige in diesem Zusammenhang statuierte Pflicht war gem. § 10 die Registrierung der Scheidung bei dem zuständigen Sowjet. Dabei ist aus dem Normtext nicht ersichtlich, ob es sich bei der Registrierung um die Wirksamkeitsvoraussetzung der Scheidung handelt.

grundsätzlich in vollem Umfang auch zur Aufbringung der Lebenshaltungskosten der Kinder verpflichtet, während diese nach früheren Regelungen zu zwei Dritteln vom Vater zu bestreiten waren.

Eine gravierende Änderung hat auch der Unterhalt des Stiefkindes erfahren. Die in § 15 enthaltene Unterhaltspflicht des Stiefvaters gegenüber Kindern, mit denen er in einem Haushalt zusammen lebt, ist an die Stelle der freiwilligen Unterhaltsleistung des Stiefvaters getreten und stellt eine typische Regelung für die Ehebestimmungen der Grenzgebiete dar.[192] Insgesamt betrachtet stellt diese Abkehr von dem Prinzip der Freiwilligkeit jedoch in der kommunistischen Ehegesetzgebung eine zeitlich begrenzte Ausnahmeerscheinung dar.[193]

Der Unterhalt nichtehelicher Kinder war in den Ehebestimmungen des Shan-Gan-Ning-Grenzgebietes nicht ausdrücklich geregelt. Dennoch haben die Voraussetzungen für den Unterhalt nichtehelicher Kinder eine Konkretisierung erfahren. War gemäß § 21 der Ehebestimmungen der Sowjetrepublik noch allgemein die „erwiesene Vaterschaft" Unterhaltsvoraussetzung, war nunmehr ausdrücklich das ggf. auch erzwingbare Anerkenntnis der Vaterschaft gemäß § 16 Voraussetzung für die Gleichbehandlung von nichtehelichen und ehelichen Kindern und damit auch für die Gleichbehandlung in unterhaltsrechtlicher Sicht. Insoweit weist § 16 insbesondere auch einen engen Bezug zum Unterhaltsrecht auf.

§ 19 Ehebestimmungen hat im Vergleich mit dem Ehegesetz der chinesischen Sowjetrepublik, in dem der Grundsatz der nachehelichen Eigenverantwortung der geschiedenen Frau eingeführt worden war, die Voraussetzungen eines Anspruchs der geschiedenen Ehefrau weiter verschärft. Die bereits im Ehegesetz der Sowjetrepublik enumerativ aufgezählten Unterhaltstatbestände[194] sind um die Vermögenslosigkeit ergänzt worden. Auch sahen die Ehebestimmungen des Shan-Gan-Ning-Grenzgebietes erstmals die Befristung des Anspruchs auf

---

[192] Vgl. hierzu ebenfalls § 22 des Entwurfs von Ehebestimmungen für das Jin-Cha-Ji-Grenzgebiet v. 7.7.1941, a.a.O., vgl. auch Art. 22 Revised Provisional Marriage Regulations of the Border Area of Shansi, Hobei, Shantung and Honan (Chin-Chi-Lu-Yü Border Area) v. 5.1.1942, überarbeitet am 29.9.1943, engl. Übersetzung von M.J. Meijer, a.a.O., S. 295 ff. (297). Vgl. ferner Art. 12 S. 2 Revised Provisional Marriage Regulations of the Shen-Kan-Ning Border Area v. 20.3.1944, engl. Übersetzung von M.J. Meijer, a.a.O., S. 288 ff. (289);

[193] Vgl. demgegenüber § 15 Ehebestimmungen v. 1931, a.a.O., S. 196; § 18 S. 1 Ehegesetz v. 1934, engl. Übersetzung von M.J. Meijer, a.a.O., S. 284; § 22 EheG v. 1950 a.F., die sämtlich ausdrücklich auf die Freiwilligkeit der Unterhaltsleistung durch den Stiefvater abstellen. Vgl. aber auch § 21 EheG v. 1980 a.F., bzw. § 27 EheG v. 2001, aus denen sich weiterhin die Differenzierung zwischen dem schlichten Stiefverhältnis einerseits und dem durch tatsächliche Unterhaltsleistungen begründeten Unterhaltsverhältnis zwischen Stiefelternteil und Stiefkind andererseits ergibt.

[194] Vgl. dort § 15;

längstens drei Jahre vor, auch wenn die geschiedene Frau keine neue Ehe eingegangen war. Zudem verpflichtete § 19 Ehebestimmungen den geschiedenen Ehemann zur Gewährung von „Unterstützung“, während etwa § 20 Ehebestimmungen der chinesischen Sowjetrepublik v. 1931 den geschiedenen Ehemann verpflichtete, den „Lebensunterhalt der Ehefrau zu verdienen“ oder „den Grund und Boden für diese zu bewirtschaften“.

Kapitel 2: Kindesunterhalt in der VR China

Einleitung

Im vorangegangenen Kapitel wurde der Regelungsgehalt und historische Hintergrund der eherechtlichen Bestimmungen insbesondere der chinesischen Sowjetrepublik beleuchtet. Anhand des Unterhaltsrechts wurden sowohl inhaltliche Kontinuitäten als auch Veränderungen im Hinblick auf die Ehegesetze der nachfolgenden VR China dargelegt. Im Anschluss an einen nun folgenden inhaltlichen Überblick über die Ehegesetze der VR China v. 1950 a.F. und 1980 a.F. wird anhand des im Jahre 2001 erneut revidierten Ehegesetzes der VR China[195] der Kindesunterhalt umfassend dargelegt.

Ehegesetz der VR China v. 1950 a.F.

Gemäß Art. 17 der Politischen Konsultativkonferenz des Chinesischen Volkes vom 29.9.1949[196] waren alle Gesetze und Verordnungen der Nationalregierung aufgehoben worden.[197] Als erstes privatrechtliches Gesetz der VR China wurde am 13.4.1950 das Ehegesetz erlassen und zeitgleich in Kraft gesetzt.[198] Das Ehegesetz bestand aus acht Kapiteln und umfasste insgesamt 27 Paragraphen.[199]

Im *Ersten Kapitel* (§§ 1-2) wurden – in ausdrücklicher Abkehr vom feudalistischen Ehesystem – insbesondere die Grundsätze der Ehefreiheit, Monogamie und der Gleichberechtigung von Mann und Frau verankert. Ferner waren Bigamie und das Nehmen einer Konkubine explizit verboten. In dieser begrifflichen Unterscheidung wirkte noch das traditionelle Eheverständnis fort. Ein Mann durfte zwar auch gemäß dem Kodex der Qing-Dynastie, den Da Qing Lü Li (DQLL),[200] nur eine Frau mit dem Status einer Ehefrau haben,[201] daneben war

---

[195] Vgl. für den chin. Text 人民日报 (Volkstageszeitung) v. 1.5.2001 sowie für die dt. Übersetzung Münzel, Chinas Recht, 10.9.80/1;

[196] Vgl. Blaustein (Hrsg.), Fundamental Legal Documents of Communist China, 1962, S. 34 ff.;

[197] Vgl. hierzu auch Bergmann / Ferid / Henrich, a.a.O., S. 1; Chen Hwei-Syin, Das chinesische Nichtehelichenrecht und das deutsche Nichtehelichengesetz v. 19.8.1969 in rechtsvergleichender Darstellung, S. 1, Fn. 1 sowie Manthe, Bürgerliches Recht und Bürgerliches Gesetzbuch in der Volksrepublik China, Jahrbuch für Ostrecht 28 (1987), S. 11 ff.;

[198] Vgl. hierzu die dt. Übersetzung von Bünger, RabelsZ 16 (1951), S. 113, 121 ff.;

[199] Vgl. hierzu auch 张希坡 (Zhang Xipo), a.a.O., S. 201 ff.;

[200] „大清律例“; Der Qing-Kodex enthält zum einen die Lü, sogenannte unabänderliche Grundbestimmungen, sowie die Li, sogenannte Zusatzbestimmungen, welche die Lü ergänzen

jedoch das Nehmen einer Konkubine stillschweigend gestattet.[202] So gesehen stellte das Bigamieverbot des Ehegesetzes im Vergleich zum traditionellen chinesischen Recht keine Rechtsänderung dar. Das Verbot, sich eine Konkubine zu nehmen, lief dem traditionellen Ehe- und Familienverständnis allerdings eindeutig zuwider. Die Aufnahme einer Konkubine kam nach diesem nämlich insbesondere dann in Betracht, wenn die Ehefrau dem Ehemann in bestimmtem Alter noch keinen Sohn geboren hatte und dadurch die Fortsetzung des Familienstamms gefährdet war. Dieses Familiensystem – auch als „patrilineares Familienstammsystem" bezeichnet[203] – wurde aber vom kommunistischen Gesetzgeber ausdrücklich bekämpft, und das Verbot des Konkubinates folgte damit der Logik des Normgebers.

In der Praxis wurde die begriffliche Differenzierung zwischen Ehefrau und Konkubine gemäß dem Wortlaut des Ehegesetzes v. 1950 a.F. jedoch nicht beibehalten. Vielmehr wurde auch das Nehmen einer Konkubine bald ebenfalls unter den Bigamiebegriff subsumiert.[204] In diesem Sprachgebrauch mag man bereits Anzeichen eines sich ändernden gesellschaftlichen Verständnisses von Ehe und Familie und eine Akzeptanz der Kleinfamilie erkennen. In den späteren revidierten Ehegesetzen der VR China ist das Verbot, sich eine Konkubine zu nehmen, nicht mehr eigens aufgeführt.

Das Ehegesetz enthielt darüber hinaus im *Zweiten Kapitel* Bestimmungen über die Eheschließung (§§ 3-6). Insbesondere sah § 4 als Heiratsalter für den Mann die Vollendung des 20., für die Frau des 18. Lebensjahres vor. Dieses Heiratsalter entspricht den Ehebestimmungen bzw. dem Ehegesetz der chinesischen Sowjetrepublik.[205] Neben dem Bigamieverbot enthielt § 5 weitere Eheverbote. Verboten war zunächst die Ehe zwischen Blutsverwandten in gerader Linie. Dieser Begriff wurde jedoch nicht gesetzlich definiert. Allerdings enthält § 967 Abs. 1 ZGB[206] eine entsprechende Legaldefinition, wonach solche Perso-

---

und interpretieren, vgl. hierzu auch Chen Hwei-Syin, a.a.O., S. 10, Fn. 1. Vgl. auch die frz. Übersetzung von Boulais, Manuel du Code Chinois, sowie die engl. Übersetzung von Jones, The Great Qing Code.

201 Art. 103 DQLL, vgl. die engl. Übersetzung von Jones, a.a.O., S. 125 f.: „[...] If, while he has a wife, he marries another wife, he will also receive 90 strokes of the heavy bamboo. [...]";

202 Vgl. hierzu auch von Möllendorff, a.a.O., S. 35, Weggel, a.a.O., S. 183 ff. (183, 187);

203 S.o. Weggel, a.a.O.;

204 Vgl. M.J. Meijer, a.a.O., S. 94, m.w.N.;

205 Vgl. § 3 Ehebestimmungen d. chin. Sowjetrepublik v. 1.12.1931, a.a.O., engl. Übersetzung von M.J. Meijer, a.a.O., S. 281 f. (281) sowie § 3 Ehegesetz d. chin. Sowjetrepublik v. 8.4.1934, engl. Übersetzung von M.J. Meijer, a.a.O., S. 283 f. (283). Auch § 6 Ehebestimmungen des Shan-Gan-Ning- Grenzgebietes v. 4.4.1939, a.a.O., engl. Übersetzung von M.J. Meijer, a.a.O., S. 285 sahen ein entsprechendes Heiratsalter vor.

206 Vgl. Codex Juris Civilis Reipublicae Sinicae, S. 146.

nen in direkter Linie blutsverwandt sind, die voneinander abstammen. Ein Eheverbot bestand ferner für voll- und halbbürtige Geschwister. Darüber hinaus richteten sich die Eheverbote zwischen sonstigen Blutsverwandten in der Seitenlinie innerhalb der „fünf Generationen"[207] nach den Gewohnheiten. Insoweit wirkten im Ehegesetz v. 1950 a.F. Vorstellungen und Bräuche des klassischen chinesischen Rechts fort. Ein Eheverbot bestand ferner bei mangelnder Fähigkeit zur Vollziehung des Zeugungsaktes, oder allgemein bei Bestehen einer Krankheit, bei deren Vorliegen nach medizinischer Ansicht eine Ehe nicht geschlossen werden sollte. Ferner ergibt sich aus § 6 die allgemeine Pflicht zur Registrierung der Ehe.[208]

Das *Dritte Kapitel* regelte die Rechte und Pflichten zwischen den Ehegatten (§§ 7-12). § 8 normierte dabei ausdrücklich die gegenseitige Unterhaltspflicht der Ehegatten neben anderen Pflichten, wie z.B. derjenigen zur gegenseitigen Liebe und zum gegenseitigen Respekt. Ferner bestimmte § 12 das gegenseitige Erbrecht der Ehegatten. Im Unterschied dazu waren zuvor weder in den Ehebestimmungen[209] noch dem Ehegesetz[210] der chinesischen Sowjetrepublik Rechte und Pflichten der Ehegatten während bestehender Ehe geregelt gewesen. Dies kann als Ausdruck einer zeitweise entsprechend gering veranschlagten Bedeutung von Ehe und Familie angesehen werden.[211] Die Aufnahme von gegenseitigen Rechten und Pflichten der Ehegatten während des Bestehens der Ehe spricht folglich für eine gewandelte Anschauung des Gesetzgebers. Die Familie ist nach traditionell konfuzianischer Vorstellung der Kern der sozialen Ordnung, gleichsam die Keimzelle der Gesellschaft.[212] Diese Bedeutung wurde nach einer Übergangsphase der Ablehnung – wie sie sich etwa in der Gesetzgebung der Sowjetrepublik wiederspiegelt –, zunehmend auch vom volksrepublikanischen Gesetzgeber anerkannt.

Die Beziehungen zwischen Eltern und Kindern waren Gegenstand des *Vierten Kapitels* (§§ 13-16). Insbesondere bestimmte das Ehegesetz die gegenseitige Unterhaltspflicht und das gegenseitige Erbrecht von Eltern und Kindern. Nichteheliche Kinder genossen gemäß § 15 Abs. 1 dieselben Rechte wie eheliche

---

[207] Dies bezieht sich auf die fünf Trauergrade, nach denen im traditionellen chinesischen Recht der Grad der Verwandtschaft bestimmt worden ist, vgl. Bünger, a.a.O., S. 122, von Möllendorff, Das chinesische Familienrecht, S. 3 ff. sowie Weggel, a.a.O., S. 272;

[208] Die Registrierungspflicht der Ehe ergab sich insbesondere bereits aus den eherechtlichen Bestimmungen der chinesischen Sowjetrepublik, s. hierzu auch Kapitel 1, I. Vgl. allgemein zu den Rechtsfolgen einer fehlenden Registrierung der Ehe gemäß dem Recht der VR China Kapitel 3, V.4.;

[209] a.a.O.;

[210] Vgl. die engl. Übersetzung von M.J. Meijer, a.a.O. S. 283 f.;

[211] S. hierzu auch Kapitel 1, I.;

[212] Vgl. hierzu auch Weggel, a.a.O., S. 183;

Kinder, und die Benachteiligung bzw. Diskriminierung nichtehelicher Kinder war ausdrücklich verboten.[213] Unter Verstoß gegen das Gleichstellungsgebot beschränkte sich allerdings die Pflicht des Vaters zur Übernahme von Lebenshaltungs- und Erziehungskosten für nichteheliche Kinder auf die Vollendung des 18. Lebensjahres, während es in Bezug auf eheliche Kinder keine Altersgrenze gab. § 16 enthielt das ausdrückliche Verbot, Stiefkinder zu misshandeln oder zu diskriminieren.[214] Darüber hinaus ist das Verhältnis von Stiefelternteil und Stiefkind nicht geregelt. Insbesondere wurde die Unterhaltspflicht des Stiefvaters gegenüber dem Stiefkind gemäß den Ehebestimmungen des Shan-Gan-Ning-Grenzgebietes v. 4.4.1939[215] nicht in das Ehegesetz übernommen.

Ferner war im *Fünften Kapitel* die Scheidung (§§ 17-19) geregelt. Zu unterscheiden ist zwischen der einverständlichen, im administrativen Verfahren durchgeführten Scheidung einerseits und der streitigen, im Gerichtsverfahren durchgeführten Scheidung andererseits. Die einverständliche Scheidung war gemäß § 17 registrierungspflichtig. Voraussetzung einer Registrierung waren neben der Freiwilligkeit aufseiten beider Ehegatten, dass diese eine angemessene Regelung betreffend die Kinder und das Vermögen getroffen haben. Begehrte ein Ehegatte die gerichtliche Scheidung, so muss zuvor erfolglos ein Schlichtungsverfahren durchgeführt worden sein.[216]

---

[213] Die Gleichbehandlung ehelicher und nichtehelicher Kinder war auch bereits Gegenstand der eherechtlichen Bestimmungen der chinesischen Sowjetrepublik, s. hierzu etwa Kapitel 1, III.1.3.;

[214] § 16 Ehebestimmungen d. chin. Sowjetrepublik v. 1.12.1931, a.a.O., engl. Übersetzung von M.J. Meijer, a.a.O., S. 281 f. (282), sah ebenfalls bereits ein Misshandlungsverbot der Stiefkinder durch den Stiefvater vor. Entsprechendes ergibt sich aus § 18 Ehegesetz d. chin. Sowjetrepublik v. 8.4.1934, engl. Übersetzung von M.J. Meijer, a.a.O., S. 283 f. (284);

[215] S. hierzu auch Kapitel 1, IV.2.1.;

[216] Nach dem traditionellen chinesischen Recht wurde zwischen der einverständlichen Scheidung der Ehegatten einerseits und dem Recht des Mannes, die Frau bei Vorliegen bestimmter Gründe zu verstoßen, andererseits unterschieden. Die einverständliche Scheidung war jederzeit formlos möglich. Dies ergibt sich aus folgender Formulierung in Art. 116 Ziff. 2 DQLL: "[...] If the two spouses do not get along together, but wish to divorce, there is no punishment. [...]", zitiert nach Jones, a.a.O., S. 134. Nachdem die einverständliche Scheidung nicht bestraft wurde, ist daraus zu schließen, dass ein solches Verhalten rechtlich erlaubt war. So auch Escarra, Recueil des Sommaires de la Jurisprudence de la Cour Suprême de la République de Chine en matière civile et commerciale (1912–1918), S. 315, Nr. 1222, Fn. 228 sowie 张晋藩，清代民法综论 (Zhang Jinfan, Zusammenfassende Abhandlung über das Zivilrecht der Qing-Dynastie), S. 209. Für die Ehefrau war aber – nach Ansicht von Weggel, a.a.O., S. 187, – insoweit der große Nachteil zu beachten, dass sie mit dem Ausscheiden aus der Familie des Mannes ihre Lebensgrundlage verlor. Darüber hinaus enthielt Art. 116 Ziff. 1 DQLL zugunsten des Mannes sieben Gründe, bei deren Vorliegen die Frau grundsätzlich verstoßen werden konnte (七出), vgl. Jones, a.a.O., S. 133 f (134), vgl. auch 张晋藩，清代民法综论 (Zhang Jinfan, Zusammenfassende Abhandlung über das Zivilrecht der Qing-Dynastie), S. 206. Dabei handelt es sich im Einzelnen um (1) Unfruchtbarkeit, (2)

Das *Sechste Kapitel* war mit Unterhalt und Erziehung der Kinder nach der Scheidung überschrieben (§§ 20-22). Insbesondere bestimmte § 22, dass der leibliche Vater von der nachehelichen Pflicht zum Kindesunterhalt frei werden konnte, soweit der Stiefvater freiwillig die Kosten für den Lebensunterhalt und die Erziehung des Stiefkindes übernommen hat.[217]

Bereits aus der Überschrift des *Siebten Kapitels* – Vermögen und Lebensunterhalt nach der Scheidung – (§§ 23-25) ist ersichtlich, dass das Ehegesetz nicht streng zwischen Ehegüterrecht und Unterhaltsrecht unterschieden hat. Betreffend das Ehegüterrecht waren nur rudimentäre Regelungen vorhanden. Aus § 10 ergab sich, dass beiden Ehegatten gleiche Eigentums- und Verfügungsrechte am Familienvermögen zustanden. Der Begriff des Familienvermögens ist dabei nicht legal definiert worden. Allerdings ergibt sich aus § 23 Abs. 1, dass das voreheliche Vermögen der Ehefrau nicht dazu gehörte. Darüber hinaus bestimmte § 23 Abs. 1 lediglich, dass bei der Scheidung von den Ehegatten eine Regelung über das Familienvermögen zu treffen ist und dass das Volksgericht nur für den Fall, dass eine solche Regelung nicht zustande kommt, insbesondere unter Berücksichtigung der Interessen der Ehefrau und der Kinder sowie der Erhöhung der Produktion eine Entscheidung trifft. Aus § 23 Abs. 2 ergibt sich sodann, dass der Ehemann von der weiteren Verpflichtung zur Übernahme der Lebenshaltungs- und Erziehungskosten der Kinder frei werden konnte, wenn das der Ehefrau und den Kindern zufallende Vermögen ausgereicht hat, um diese Kosten zu decken.

Das Ehegesetz hatte in § 24 ferner die Begleichung der ehebedingten Schulden geregelt. Diese waren zunächst aus dem während der Ehe gemeinsam erworbenen Vermögen zu bedienen. Soweit das Vermögen hierzu nicht ausgereicht hat, oblag dem Ehemann die Erfüllung der Schulden.[218] Schulden, die nur einen der

---

Zügellosigkeit, (3) pietätloses Verhalten gegenüber den Eltern des Mannes, (4) Schwatzhaftigkeit, (5) Hang zum Diebstahl, (6) Eifersucht und (7) chronische Krankheit. Von diesen Gründen gab es allerdings drei Ausnahmen, bei deren Vorliegen der Ehemann die Ehefrau nicht verstoßen durfte (三不去), vgl. hierzu Jones, a.a.O., ferner van der Valk, a.a.O., S. 22 f, von Möllendorff, a.a.O., S. 32 f., Wilhelm, Li Gi, Das Buch der Riten, Sitten und Bräuche, S. 273 f. sowie 张晋藩，清代民法综论 (Zhang Jinfan, Zusammenfassende Abhandlung über das Zivilrecht der Qing-Dynastie), S. 207. Hierbei handelte es sich um folgende Ausnahmetatbestände: (1) Die Frau hat drei Jahre um die Schwiegereltern getrauert, (2) das Ehepaar ist während der Ehe zu Reichtum gekommen und (3) die Frau hat keine Familie bzw. nahen Verwandten, zu denen sie zurück kehren könnte. Vgl. zur Erläuterung dieser Ausnahmetatbestände auch Englert, a.a.O., S. 28.

[217] Vgl. hierzu auch VII.2.3.;

[218] Insoweit galt bereits gemäß den Ehebestimmungen der chinesischen Sowjetrepublik, dass der Mann infolge der mangelnden wirtschaftlichen Gleichberechtigung der Frau anlässlich der Scheidung den Großteil der scheidungsbedingten Pflichten und Verantwortlichkeiten über-

Ehegatten betrafen, waren von diesem allein zu tilgen. Geregelt war ferner die nacheheliche Unterstützungspflicht. Gemäß § 25 war ein Ehegatte nach der Scheidung verpflichtet, dem anderen in schwierigen Lebensumständen befindlichen, nicht wieder verheirateten Ehegatten bei seinem Lebensunterhalt zu unterstützen. De lege lata war lediglich Voraussetzung, dass der bedürftige Ehegatte nicht wieder geheiratet hatte. Der dem Wortlaut nach sehr weit geratene § 25 ist jedoch frühzeitig vom Obersten Volksgericht restriktiv ausgelegt worden.[219] Nach Ansicht des Obersten Volksgerichts ist der unterstützungspflichtige Ehegatte insbesondere grundsätzlich von seiner Pflicht frei geworden, wenn er eine einmal getroffene Vereinbarung oder ein entsprechendes Urteil erfüllt hatte, d.h. der andere Teil konnte danach auch bei fehlender Wiederverheiratung nicht nochmals Unterstützung verlangen. In den Ehegesetzen der VR China wird der nacheheliche Unterstützungsanspruch gerade nicht als Unterhaltsanspruch bezeichnet.[220]

Das *Achte Kapitel* enthielt Zusatzbestimmungen (§§ 26-27), die insbesondere das Inkrafttreten des Ehegesetzes sowie vor allem auch die Möglichkeit einer Abänderung oder Ergänzung des Ehegesetzes für Gebiete, in denen Minderheiten geschlossen siedeln, regelten.

Ehegesetz der VR China v. 1980 a.F.

Am 10.9.1980 hat der Nationale Volkskongress eine Revision des Ehegesetzes verabschiedet, die am 1.1.1981 in Kraft getreten ist.[221] Das Ehegesetz v. 1980 a.F. umfasste fünf Kapitel mit insgesamt 36 Paragraphen.[222]

---

nehmen sollte, vgl. hierzu das Vorwort zu den Ehebestimmungen der Sowjetrepublik v. 1931, a.a.O.;

[219] Vgl. hierzu 最高人民法院对于婚姻法第二十五条规定生活费问题的意见 (Ansichten des Obersten Volksgerichts betreffend Fragen des Beitrags zum Lebensunterhalt gemäß § 25 Ehegesetz) v. 25.6.1951, 中华人民共和国最高人民法院司法解释全集 (Gesamtausgabe der justiziellen Erläuterungen des Obersten Volksgerichts der Volksrepublik China), S. 1137 f.:

[220] Vgl. auch von Senger in Bergmann / Ferid / Henrich, a.a.O., S. 93. Demgegenüber sah das ZGB ausdrücklich einen nachehelichen Unterhaltsanspruch vor. In § 1057 ZGB ist ausdrücklich von „赡养费", also einem Unterhaltsbeitrag, die Rede, vgl. hierzu Codex Juris Civilis Reipublicae Sinicae, S. 160. Danach hatte ein bedürftiger Ehegatte gegen den anderen Ehegatten – gleichgültig, ob dieser unschuldig geschieden war – nur dann einen Unterstützungsanspruch, wenn er selbst unschuldig geschieden war. Vgl. auch van der Valk, a.a.O., S. 121;

[221] Vgl. hierzu die dt. Übersetzung von von Senger in Bergmann / Ferid / Henrich, a.a.O., S. 120 ff.;

[222] Vgl. hierzu auch 张希坡 (Zhang Xipo), a.a.O., S. 229 ff.;

Das *Erste Kapitel* beinhaltete Allgemeine Grundsätze (§§ 1-3), die überwiegend auch bereits im Ehegesetz v. 1950 a.F. enthalten waren. Neu hinzu gekommen war in § 2 Abs. 2 der Grundsatz der Geburtenplanung.

Das *Zweite Kapitel* enthielt Bestimmungen über die Eheschließung (§§ 4-8). Zur Verlangsamung des Bevölkerungswachstums wurden zum einen das Heiratsalter im Vergleich zum Ehegesetz v. 1950 a.F. jeweils um zwei Jahre herauf gesetzt, zum anderen die Grundsätze der späten Eheschließung und der späten Elternschaft ausdrücklich im Gesetz verankert, vgl. § 5. Die verwandtschaftsbezogenen Eheverbote sind im Vergleich zum Ehegesetz v. 1950 a.F. konkretisiert worden. Gemäß § 6 bestand, außer im Falle der Blutsverwandtschaft in gerader Linie, in der Seitenlinie nunmehr ein Eheverbot innerhalb dreier Generationen.[223] Gemäß § 7 bestand weiterhin die Registrierungspflicht der Ehe. Dabei wurde klar gestellt, dass die ehelichen Beziehungen erst mit der Erlangung der Trauscheine beginnen.

Neu hinzu gekommen war auch die Regelung des § 8, wonach aufgrund beiderseitiger Vereinbarung entweder die Frau Mitglied der Familie des Mannes oder aber der Mann Mitglied der Familie der Frau werden kann. Hierbei handelt es sich nicht – wie vereinzelt in der älteren Literatur angenommen[224] – um die Begründung der Schwägerschaft zwischen dem einen Ehegatten und der Familie des anderen Ehegatten, da die Schwägerschaft bereits durch die Eheschließung begründet wird[225] und nicht von einer Vereinbarung der Ehegatten abhängt. Gemeint ist hier vielmehr das häusliche Zusammenleben des einen Ehegatten mit der Familie, d.h. insbesondere den Eltern des anderen Ehegatten. Die Vereinbarung kann von den Ehegatten jederzeit wieder aufgehoben oder geändert werden. Es steht den Ehegatten auch frei, keine entsprechende Vereinbarung zu treffen und eine eigene neue Familie zu gründen.[226] Eine § 8 entsprechende Vorschrift war zwar im Ehegesetz v. 1950 a.F. nicht enthalten, gleichwohl ist aber das dahinter stehende gesellschaftliche Phänomen in der chinesischen Kultur und damit auch in der Rechtswirklichkeit seit jeher bekannt gewesen.[227] Nach traditionellem Recht schied die Ehefrau durch die Heirat aus ihrer Familie aus[228] und wurde Mitglied der Familie des Ehemannes.[229] Dies wird durch den

---

223 Vgl. zur Erläuterung dieses Begriffes von Senger in Bergmann / Ferid / Henrich, a.a.O., S. 83, Fn. 267;

224 Vgl. 梁书文 / 黄赤东 (Liang Shuwen / Huang Chidong), a.a.O., S. 147;

225 S. hierzu auch Kapitel 3, I.;

226 Vgl. auch von Senger in Bergmann / Ferid / Henrich, a.a.O., S. 88;

227 Vgl. hierzu Hoang, Le marriage chinois au point de vue légal, S. 12 ;

228 Vgl. auch Mäding, Chinesisches traditionelles Erbrecht unter besonderer Berücksichtigung südostchinesischen Gewohnheitsrechts vom Ende des 19. Jahrhunderts, S. 37;

229 Vgl. Engelmann, a.a.O., S. 161 ff. (226); 梁书文 / 黄赤东 (Liang Shuwen / Huang Chidong), a.a.O., S. 145 f.; Mäding, a.a.O., S. 23 Fn. 137, S. 37, van der Valk, a.a.O., S. 22, von

chinesischen Ausdruck "男婚女嫁", d.h. „der Mann heiratet eine Frau und die Frau folgt dem Gatten", anschaulich wiedergegeben. Es gab jedoch auch die Gewohnheit, dass unter bestimmten Umständen der Ehemann mit der Familie der Ehefrau zusammen lebte.[230] Dabei wurde im Ehevertrag vereinbart, dass der Schwiegersohn entweder bis zum Lebensende der Schwiegereltern diese versorgt, oder für eine bestimmte Zeit in der Familie der Ehefrau bleibt, etwa bis ein im Zeitpunkt des Eintritts des Schwiegersohnes noch minderjähriger Sohn in der Lage ist, die Angelegenheiten der Familie zu führen.[231] Anders als der Eintritt der Frau in die Familie des Mannes war der Eintritt des Mannes in die Familie der Frau jedoch gesellschaftlich verpönt gewesen.[232] Der Eintritt des Schwiegersohnes in die Familie der Ehefrau hatte also Versorgungscharakter. Die Nachfolge in den Ahnenkult (Sakralerbfolge) konnte jedoch durch den Schwiegersohn nicht gewährleistet werden. Dazu war vielmehr die Adoption eines Verwandten erforderlich.[233] Die VR China hat sich von dem traditionellen Familien- und Eheverständnis zwar radikal abgewandt. Insbesondere ist die Sakralerbfolge in den volksrepublikanischen Gesetzen nicht mehr enthalten.[234] Dies ändert jedoch nichts an dem gleichwohl fortbestehende Bedürfnis nach einer Alterssicherung. Grund dafür, dass der Gesetzgeber im Ehegesetz v. 1980 a.F. – wie auch im aktuellen Ehegesetz – ausdrücklich auf die beiderseitige Möglichkeit, in die Familie des anderen Ehegatten einzutreten, hinweist, dürfte also sein, dass der eingetretene Ehegatte in der Praxis durch den Unterhalt und Beistand gegenüber den Schwiegereltern eine wichtige Funktion erfüllt.[235] Der Eintritt in die Familie des anderen Ehegatten ist somit (weiterhin) ein wichtiges Instrument der Daseinsvorsorge. § 8 war dem Sinn und Zweck nach ferner nicht zuletzt eine

---

Möllendorff, a.a.O., S. 26. Die Ehefrau war nach dem Recht der Qing-Dynastie verpflichtet, mit ihrem Ehemann zusammen zu wohnen, vgl. auch 张晋藩，清代民法综论 (Zhang Jinfan, Zusammenfassende Abhandlung über das Zivilrecht der Qing-Dynastie), S. 216. Dies galt grundsätzlich auch noch nach Gründung der Republik China vor dem Inkrafttreten des chinesischen ZGB, vgl. The Chinese Supreme Court Decisions, Part I, Chapter II, Paragraph IV, S. 7. Bei den vorgenannten Supreme Court Decisions handelt es sich bis zum Inkrafttreten des chinesischen ZGB um verbindliches case law des Obersten Gerichts der chinesischen Republik.

230 Vgl. hierzu auch von Möllendorff, a.a.O., S. 58 f. Zu weiteren Einzelheiten der Rechtslage insbesondere während der Republik China vor Inkrafttreten des chinesischen ZGB vgl. ferner Escarra, Recueil des Sommaires de la Jurisprudence de la Cour Suprême de la République de Chine, S. 39 f., Ziff. 1195 sowie dort die Anm. in Fn. 215;

231 Vgl. Hoang, a.a.O., S. 12;

232 Vgl. Chow, Verlobung und Eheschließung in China, S. 288, Hoang, a.a.O. sowie von Senger in Bergmann / Ferid / Henrich, a.a.O., S. 32;

233 Vgl. Hoang, a.a.O., van der Valk, a.a.O., S. 19;

234 Vgl. dazu bereits das auf die Vermögenserbfolge beschränkte ZGB der Republik China, insbesondere § 1138, in dem ausdrücklich von den Erben in den Vermögensnachlass die Rede ist;

235 Vgl. auch von Senger in Bergmann / Ferid / Henrich, a.a.O., S. 87, Fn. 308;

Gleichberechtigungsnorm. Durch sie sollte vor allem die gesellschaftliche Akzeptanz für den Eintritt des Mannes in die Familie der Frau geschaffen oder verbreitert werden.[236] § 8 diente darüber hinaus zumindest indirekt auch der Förderung des Grundsatzes der Geburtenplanung, vgl. § 2 Abs. 3.[237] Denn traditionell ist der Wunsch nach einem Sohn gerade auch im Hinblick auf den Beistand im Alter noch immer groß. In dem Maße, in dem sich aber die Akzeptanz durchsetzt, dass der eintretende Schwiegersohn mit einer eintretenden Schwiegertochter als gleichwertig anzusehen ist, besteht auch im Falle der Geburt einer Tochter insoweit weniger Anlass, die Geburtenplanung zu umgehen. Vereinzelt ist behauptet worden, dass durch den Eintritt in die Familie des Ehegatten zwischen dem eintretenden Ehegatten und der Familie des anderen Ehegatten „Fürsorge- und Unterhaltspflichten" entstehen.[238] Anhaltspunkte für eine Unterhaltspflicht im Rechtssinne ergeben sich jedoch nicht.[239] Es ist allerdings darauf hinzuweisen, dass das geltende Recht der VR China eine Vielzahl von Verknüpfungen zwischen dem Unterhaltsrecht und dem Erbrecht vorsieht.[240]

Das *Dritte Kapitel* regelte die Beziehungen innerhalb der Familie und umfasste die §§ 9-23. § 12 enthielt die ausdrückliche Pflicht der Ehegatten zur Geburtenplanung. Aus § 13 ergab sich, dass das während der Ehe erworbene Vermögen den Ehegatten gemeinsam gehörte, wenn die Ehegatten nichts Abweichendes vereinbart haben. Das Ehegesetz sah also die vorgenannte Gütergemeinschaft als

---

236 Vgl. auch Ju-Chin Chow, a.a.O.;

237 Vgl. 梁书文 / 黄赤东 (Liang Shuwen / Huang Chidong), a.a.O., S. 145 f.; in diesem Sinne auch von Senger in Bergmann / Ferid / Henrich, a.a.O., S: 31 f.;

238 Vgl. Keßler, Neue Registrierungsvorschriften zum Ehegesetz der Volksrepublik China vom 10. September 1980, Das Standesamt 1982, S. 195 ff. (197);

239 Hinzuweisen ist jedoch darauf, dass im Unterschied zur Rechtslage in der VR China § 1114 Ziff. 2 ZGB die gegenseitige Unterhaltspflicht von Schwiegereltern und dem mit diesen zusammen lebenden Schwiegerkind normiert hat, vgl. Codex Juris Civilis Reipublicae Sinicae, S. 167, vgl. hierzu auch van der Valk, a.a.O., S. 155;

240 Grundsätzlich korrelieren gesetzliche Unterhaltspflichten mit einem entsprechenden gesetzlichen Erbrecht. Darüber hinaus kann sich durch die „überobligationsgemäße" Erfüllung der Unterhaltspflicht der Erbteil erhöhen, vgl. § 13 Abs. 3 ErbrechtsG, und umgekehrt auch durch Nichterfüllung dieser Pflicht entfallen oder sich zumindest verringern, vgl. § 13 Abs. 4 ErbrechtsG. Besonders hinzuweisen ist auch darauf, dass im Fall eines verwitweten Schwiegerkindes die tatsächliche Erbringung von Unterhaltsleistungen zu einer Erbenstellung erster Ordnung führen kann, vgl. § 12 ErbrechtsG. Ferner können auch Personen am Nachlass beteiligt werden, die zwar keine gesetzlichen Erben sind, aber arbeitsunfähig und aus diesem Grund vom Unterhalt des Erblassers abhängig sind, vgl. § 14 Alt. 1 ErbrechtsG, oder aber selbst den Erblasser zu Lebzeiten ihrerseits verhältnismäßig viel unterstützt haben, vgl. § 14 Alt. 2 ErbrechtsG. Vgl. für die dt. Übersetzung des Erbrechtsgesetzes der VR China Manthe in WGO-Monatshefte für osteuropäisches Recht 26 / 27 (1984 / 1985), S. 378 ff.;

gesetzlichen Güterstand vor,[241] erlaubte aber eine abweichende Vereinbarung. Aus § 19 Abs. 2 ergab sich im Unterschied zum Ehegesetz v. 1950 a.F., dass der leibliche Vater auch für die Unterhalts- und Erziehungskosten des nichtehelichen Kindes nicht nur bis zur Vollendung des 18. Lebensjahres, sondern solange aufkommen musste, bis dieses selbständig leben kann. Die zuvor bestehende Ungleichbehandlung mit den ehelichen Kindern ist dadurch beseitigt worden. Das Institut der Adoption wurde – wie bereits vom Ehegesetz v. 1950 a.F. – auch in § 20 Ehegesetz v. 1980 a.F. vorausgesetzt. Gemäß § 20 Abs. 1 schützte der Staat die gesetzmäßigen Adoptivbeziehungen. Ferner waren auf die Rechte und Pflichten zwischen Adoptiveltern und Adoptivkindern die entsprechenden Bestimmungen über die Beziehungen zwischen Eltern und Kindern anzuwenden. Die Adoption als solche ist erstmals durch das am 29.12.1991[242] verabschiedete und am 4.11.1998 durch den Ständigen Ausschuss des Nationalen Volkskongresses geänderte Adoptionsgesetz[243] auf eine einheitliche Rechtsgrundlage gestellt worden. Eine gesetzliche Definition der Adoption ist jedoch auch im Adoptionsgesetz nicht enthalten. Unter der Adoption versteht man die Annahme eines fremden Kindes gemäß dem Gesetz als eigenes[244], d.h. die Begründung einer gesetzlich fingierten Blutsverwandtschaft insbesondere zwischen dem oder den Annehmenden und dem Anzunehmenden.[245] Ferner enthielt das Ehegesetz v. 1980 a.F. in § 21 Abs. 2 erstmals Regelungen betreffend ein Unterhaltsverhältnis zwischen Stiefelternteil und Stiefkind sowie die allgemeine Gleichstellung dieses Verhältnisses mit demjenigen zwischen Eltern und leiblichen Kindern.[246] Darüber hinaus hat das Ehegesetz v. 1980 a.F. über die bereits zuvor normierten Unterhaltspflichten im Verhältnis von Eltern und Kindern sowie unter Ehegatten weitere Unterhaltspflichten bestimmt. Gemäß § 22 waren wirtschaftlich leistungsfähige Großeltern den verwaisten sowie minderjährigen Enkeln gegenüber unterhaltspflichtig. Umgekehrt wurde die Pflicht wirtschaftlich leistungsfähiger Enkel zum Unterhalt ihrer Großeltern, deren Kinder vorverstorben waren, bestimmt. Zudem ergab sich aus § 23 unter der Voraussetzung des Vorversterbens der Eltern oder deren Unfähigkeit zum Kindesunterhalt die Unterhaltspflicht älterer Geschwister gegenüber minderjährigen jüngeren Geschwistern.

---

[241] Vgl. hierzu auch von Senger in Bergmann / Ferid / Henrich, a.a.O., S. 88;

[242] Vgl. 人民日报 (Volkstageszeitung) v. 2.1.1992, S. 3, dt. Übersetzung von Wohlgemuth, Volksrepublik China: Adoptionsgesetz, StAZ 1992, S. 253 ff.;

[243] Dt. Übersetzung von Münzel, Chinas Recht, 4.11.98/1;

[244] Vgl. zum dt. Recht § 1754 Abs. 1, 2 BGB, wonach das adoptierte Kind die „rechtliche Stellung" eines gemeinschaftlichen Kindes der Ehegatten bzw. eines Kindes des Annehmenden erhält;

[245] S. hierzu auch Kapitel 3, II.4.;

[246] S. hierzu ausführlich Kapitel 3;

Gegenstand des *Vierten Kapitels* (§§ 24-33) war die Scheidung. § 25 stellte nunmehr klar, dass im Falle eines streitigen Verfahrens die Scheidung zu gewähren ist, wenn die Gefühle zwischen den Ehegatten tatsächlich erloschen waren und eine Schlichtung ebenfalls ohne Erfolg war.[247] Die §§ 29, 30 enthielten Bestimmungen betreffend den nachehelichen Unterhalt der Kinder. Während das Ehegesetz v. 1950 a.F. die geschiedene Ehefrau im Falle ehebedingter Schulden noch dahingehend begünstigt hatte, dass diese bei nicht deckendem Familienvermögen vom Mann zu begleichen waren, sah § 32 eine solche grundsätzliche Privilegierung der geschiedenen Ehefrau nicht mehr vor. Statt dessen sollte nunmehr eine beiderseitige Vereinbarung betreffend die Begleichung dieser Schulden getroffen werden. Eine weitere Verschärfung ergab sich auch aus § 33 betreffend die nacheheliche wirtschaftliche Unterstützung eines Ehegatten. Während das Ehegesetz v. 1950 a.F. bestimmt hatte, dass demjenigen Ehegatten, der sich „nach“ der Scheidung in schwierigen Lebensumständen befindet, wirtschaftliche Unterstützung zu gewähren sei, setzte die neue Regelung nunmehr das Bestehen schwieriger Lebensumstände „im Zeitpunkt“ der Scheidung voraus.[248]

Das *Fünfte Kapitel* umfasste diverse Zusatzbestimmungen (§§ 34-37).

Der nachfolgenden Darstellung des Kindesunterhalts in der VR China liegt das im Jahre 2001 revidierte Ehegesetz zugrunde.

I. Der Unterhaltsbegriff

Die Eltern sind gemäß § 21 Abs. 1 HS. 1[249] gesetzlich zum Unterhalt und der Erziehung der Kinder verpflichtet. Im Ehegesetz der VR China wird der Unterhalt unter bestimmten nahen Verwandten geregelt.[250] Das Ehegesetz verwendet dabei für den Unterhalt je nach dem Verwandtschaftsverhältnis der am Unterhaltsver-

---

247 Vgl. hierzu auch von Senger in Bergmann / Ferid / Henrich, a.a.O., S. 32;

248 S.o. S. 93 f.;

249 §§ ohne abweichende Bezeichnung sind solche des Ehegesetzes der VR China v. 2001;

250 Neben den gesetzlichen Unterhaltsverhältnissen ist auch auf die gemäß § 31 Abs. 1 ErbrechtsG durch Vereinbarung begründete Unterhaltspflicht im Rahmen eines Vermächtnisunterhaltsvertrages (遗赠扶养协议) hinzuweisen. Ferner kann der Unterhalt auch Gegenstand einer mit der testamentarischen Erbeinsetzung oder Vermächtnisverfügung verbundenen Auflage im Sinne von § 21 ErbrechtsG sein. Vgl. für die dt. Übersetzung des Erbrechtsgesetzes der VR China Manthe, a.a.O. Vgl. zum Vermächtnisunterhaltsvertrag (遗赠扶养协议) auch 曹诗权, 婚姻家庭继承法学 (Cao Shiquan, Studium des Ehe-, Familien- und Erbrechts), S. 472 ff.; 郭明瑞 / 房绍坤, 继承法 (Guo Mingrui / Fang Shaokun, Erbrecht), S. 219 ff.; 王丽萍, 婚姻家庭继承法学 (Wang Liping, Studium des Ehe-, Familien- und Erbrechts), S. 453 ff.;

hältnis Beteiligten verschiedene Begriffe. Der von den Eltern an die Kinder geleistete Unterhalt wird als „抚养“ bezeichnet und umfasst das Großziehen (养育) und die Betreuung (照料) der Kinder durch die Eltern.[251] Hieraus ergibt sich, dass der Unterhaltsbegriff auch bereits die Erziehung des Kindes mitumfasst. Der Unterhalt der Großeltern gegenüber bestimmten Enkelkindern gemäß § 28 S. 1 wird ebenfalls als „抚养“ bezeichnet. Allgemein kennzeichnet der Begriff „抚养“ daher den Unterhalt, den die ältere Generation der jüngeren Generation leistet.[252] Vor der Revision des Ehegesetzes im Jahre 2001 ist auch der Unterhalt älterer Geschwister gegenüber bestimmten jüngeren Geschwistern als „抚养“ bezeichnet worden.[253] Nunmehr wird demgegenüber gemäß § 29 für den Unterhalt unter Geschwistern einheitlich der Begriff „扶养“ verwandt. Die veränderte Terminologie trägt dabei dem Umstand Rechnung, dass neben der Unterhaltspflicht älterer gegenüber jüngeren Geschwistern nunmehr auch eine Unterhaltspflicht jüngerer Geschwister, die zuvor von älteren Geschwistern unterhalten worden sind, gegenüber diesen älteren Geschwistern gesetzlich[254] geregelt worden ist.[255] Die Unterhaltspflicht der Kinder gegenüber ihren Eltern, sowie allgemein die Unterhaltspflicht gegenüber Verwandten, die einer älteren Generation angehören, wird als „赡养义务“ bezeichnet.[256] Der Begriff „扶养“ umschreibt im engeren Sinn den Unterhalt unter Angehörigen derselben Generation[257], z.B. auch von Ehegatten[258], und bezeichnet im weiteren Sinn als Ober-

---

[251] 梁书文 / 黄赤东 (Liang Shuwen / Huang Chidong), a.a.O., S. 207; 法学大辞典 (Großes Wörterbuch der Rechtswissenschaft), S. 708; 王歌雅，抚养与监护纠纷的法律救济 (Wang Geya, Rechtliche Unterstützung bei Unterhalts- und Vormundschaftsstreitigkeiten), S. 7; 巫昌祯 (Wu Changzhen), a.a.O., S. 213; 周利民 / 罗水平 / 贺小电 (Zhou Limin / Luo Shuiping / He Xiaodian), a.a.O., S. 268;

[252] Vgl. auch 王歌雅 (Wang Geya), a.a.O., S. 5; 王洪，婚姻家庭法 (Wang Hong, Ehe- und Familienrecht), S. 291;

[253] Vgl. § 23 EheG v. 1980 a.F.;

[254] Insoweit wurde Ziff. 26 der *Ansichten des Obersten Volksgerichts betreffend einige Fragen des Vollzugs ziviler Politik und Gesetze (*最高人民法院关于贯彻执行民事政策法律若干问题的意见*) v. 30.8.1984* im Ehegesetz v. 2001 umgesetzt, vgl. für den chin. Text: http://www.chinalaw114.com/chinafa/shownews.asp?id=151. Bei den amtlichen Interpretationen des Obersten Volksgerichts der VR China handelt es sich um Gesetze im weiten Sinne, vgl. hierzu auch von Senger in Bergmann / Ferid / Henrich, a.a.O., S. 8. Gesetze im engen Sinn sind demgegenüber solche, die vom Nationalen Volkskongress oder dessen Ständigen Ausschuss erlassen werden, wie zum Beispiel das vom Ständigen Ausschuss des Nationalen Volkskongresses am 28.4.2001 erlassene revidierte Ehegesetz der VR China.

[255] Vgl. 王丽萍，婚姻家庭继承法学 (Wang Liping, Studium des Ehe-, Familien- und Erbrechts), S. 254;

[256] Vgl. zur Unterhaltspflicht gegenüber den Eltern § 21 Abs. 1 HS. 2 und zur Unterhaltspflicht gegenüber Großeltern § 29 S. 2; vgl. hierzu ferner 王洪 (Wang Hong), a.a.O., S. 291;

[257] Vgl. auch 王歌雅 (Wang Geya), a.a.O., S. 5. Zu eng ist die Auffassung, wonach der Unterhalt in diesem Sinne lediglich den Ehegattenunterhalt bezeichnen soll, vgl. von Senger in Bergmann / Ferid / Henrich, a.a.O., S. 93;

begriff ganz allgemein den Unterhalt unter bestimmten Verwandten.[259] Andere Gesetze differenzieren im Unterschied zum Ehegesetz begrifflich nicht (streng) nach dem Verwandtschaftsverhältnis der am Unterhaltsverhältnis Beteiligten und verwenden teilweise einheitlich den Unterhaltsbegriff „扶养“.[260]

II. Unterhaltspflicht der Eltern

1. Rechtslage vor Gründung der VR China

Vor Gründung der VR China am 1.10.1949[261] war die *gegenseitige* Unterhaltspflicht von Eltern und Kindern erstmals in § 1114 Ziff. 1 ZGB der am 1.1.1912 gegründeten Republik China[262] ausdrücklich gesetzlich bestimmt worden.[263] Das aus fünf Büchern bestehende ZGB ist in den Jahren 1929 bis 1931 sukzessive in Kraft getreten. Das Familienrecht (亲属法) ist Gegenstand des am 26.12.1930 verkündeten und am 5.5.1931 in Kraft getretenen Vierten Buches.[264] Das ZGB ist jedoch für das Territorium der VR China 1949 aufgehoben worden.[265]

Unterhaltspflichten der Kinder gegenüber Verwandten der aufsteigenden Linie haben in der chinesischen Kultur eine lange Tradition. Die Erfüllung der Unterhaltspflicht ist Ausdruck der kindlichen Pietät[266] als einem Eckpfeiler der konfuzianischen Ethik. Die Unterhaltspflicht war traditionell in China jedoch nicht

---

258 Vgl. § 20;

259 Vgl. 法学大辞典 (Großes Wörterbuch der Rechtswissenschaft), S. 708; 王洪 (Wang Hong), a.a.O., S. 291; von Senger in Bergmann / Ferid / Henrich, a.a.O.;

260 In § 183 Strafgesetzbuch etwa wird ausschließlich der Begriff „扶养“ im weiteren Sinne verwandt, während das Erbrechtsgesetz einerseits in § 12 den Begriff „赡养 “ für den vom verwitweten Schwiegerkind an die Schwiegereltern geleisteten Unterhalt verwendet und andererseits in §§ 13, 14 den Unterhalt allgemein mit dem Begriff „扶养 “ bezeichnet.

261 Vgl. Gernet, a.a.O., S. 650;

262 S.o. S. 646;

263 Vgl. zur Unterhaltspflicht naher Verwandter vor Erlass des ZGB insbesondere auch Escarra, Recueil des Sommaires de la Jurisprudence de la Cour Suprême de la République de Chine en matière civile et commerciale (1912 – 1918), S. 344 ff., Nrn. 1334 ff. Demnach bestand insbesondere eine gegenseitige Unterhaltspflicht von Verwandten in direkter Linie, s.o. Nrn. 1334-1336.

264 Vgl. Codex Juris Civilis Reipublicae Sinicae, S. 146 ff.;

265 Gemäß Art. 17 der Politischen Konsultativkonferenz des Chinesischen Volkes v. 29.9.1949 wurden alle Gesetze und Verordnungen der Nationalregierung aufgehoben, vgl. hierzu auch Bergmann / Ferid / Henrich, a.a.O., S. 1; Chen Hwei-Syin, a.a.O., S. 1, Fn. 1 sowie Manthe, Bürgerliches Recht und Bürgerliches Gesetzbuch in der Volksrepublik China, Jahrbuch für Ostrecht 28 (1987), S. 11 ff.;

266 „孝“;

Gegenstand einer zivilen Gesetzgebung. Diese Funktion wurde vielmehr weitgehend von den „Riten“[267] erfüllt.[268] Die Riten ordneten traditionell das Zusammenleben der Menschen u.a. im Hinblick auf Ethik und Moral.[269] Dabei basieren die Riten als eine Lehre vom richtigen Verhalten auf einer Ständeordnung sowie der Unterordnung der Jüngeren unter die Älteren und der Frau unter den Mann.[270] Im Unterschied zum Zivilrecht findet sich im Strafrecht eine Vielzahl überlieferter Rechtsquellen.[271] Aus diesen ergeben sich u.a. Beispiele dafür, dass Verstöße gegen Verhaltenspflichten gemäß den Riten streng bestraft worden sind. Einschlägige Strafvorschriften finden sich etwa in den DQLL.[272] So gehörte zu den in den DQLL kodifizierten sogenannten 10 Übeln[273] auch die Nichtbeachtung der kindlichen Pietät.[274] Als Handlungen, die eine Verletzung der kindlichen Pietät darstellen, ist dabei neben der Klageerhebung gegen die väterlichen Großeltern oder die eigenen Eltern ausdrücklich auch die unzureichende Unterstützung, d.h. Unterhaltsleistung, der Eltern und väterlichen Großeltern durch die Kinder aufgeführt.[275] Die Nichtbeachtung der kindlichen Pietät stand bezüglich des Unwertgehaltes auf derselben Stufe wie etwa die Anzettelung einer Rebellion oder des Hochverrats.[276] Im Falle einer ungenügenden Versorgung und Ernährung[277] der Eltern und väterlichen Großeltern drohte dem Kind eine Strafe von 100 Schlägen mit dem schweren Bambusprügel.[278] Darüber hinaus stellte die Unterhaltspflicht gegenüber den Eltern oder Großeltern, die hinsichtlich des Unterhalts auf keine andere männliche Person über 16 Jahren

---

267 „礼“;

268 Vgl. hierzu auch allgemein 马小红，礼与法 (Ma Xiaohong, Riten und Recht) sowie Mi Jian, Die chinesische traditionelle Kultur und das gegenwärtige Rechtssystem, ZfRV (30), Heft 1, S. 24 ff. (31 f.);

269 Für die im Vergleich zum Gesetz traditionell größere Bedeutung der Riten vgl. auch van der Valk, a.a.O., S. 14;

270 S.o. Mi Jian, a.a.O., S. 25 f.;

271 Vgl. hierzu für einen allgemeinen Überblick auch 张晋藩，中国法制史 (Zhang Jinfan, Geschichte des Rechtssystems Chinas);

272 S.o. Fn. 200;

273 „十恶“; vgl. auch Mi Jian, a.a.O., S. 32;

274 Vgl. Boulais, a.a.O., S. 29 f., sowie Jones, a.a.O., S. 35 f.;

275 Boulais, a.a.O., S. 30, Fn (1): „奉养有缺“; „奉养“ bedeutet dabei für den Unterhalt arbeitsunfähiger Eltern, Großeltern u.a. sorgen und sie betreuen, vgl. 新汉德词典 (Das neue Chinesisch-Deutsche Wörterbuch), S. 247; vgl. hierzu auch von Möllendorff, a.a.O., S. 47;

276 Diese gehören ebenfalls zu den 10 Übeln, vgl. Boulais, a.a.O., S. 28 f., sowie Jones, a.a.O., S. 35 f.;

277 Vgl. insbesondere Boulais, a.a.O., S. 648, Fn 1 „及奉养有缺者“;

278 S.o. S. 648 sowie Jones, a.a.O., S. 324 f.; vgl. ferner allgemein zum chinesischen Strafensystem Engelmann, a.a.O., S. 176 ff., sowie Weggel, a.a.O., S. 132 ff. Bei dem schweren Bambusprügel handelte es sich um ein Bambusrohr von 6 cm Durchmesser am dicken und 4,5 cm Durchmesser am dünnen Ende, vgl. Weggel, a.a.O., S. 133;

zurückgreifen konnten, bei der Verwirklichung einer Straftat – mit Ausnahme der vorgenannten 10 Übel – einen besonderen Strafausschließungsgrund dar.[279]

Ferner ist für die Zeit vor Gründung der VR China insbesondere auf die eherechtlichen Bestimmungen der chinesischen Sowjetrepublik (1931-1934)[280] sowie exemplarisch die Ehebestimmungen des Shan-Gan-Ning-Grenzgebietes v. 1939[281] hinzuweisen.

1.1. § 1114 Ziff. 1 ZGB

Gemäß § 1114 Ziff. 1 ZGB[282] waren Blutsverwandte in gerader Linie einander zum Unterhalt verpflichtet. Dies entspricht der Regelung des deutschen Rechts in § 1601 BGB. Blutsverwandte in gerader Linie werden gemäß § 967 Abs. 1 ZGB[283] als Personen definiert, die von einer Person abstammen, oder von denen diese Person abstammt. Dies entspricht ebenfalls der Bestimmung des deutschen Rechts in § 1589 Abs. 1 S. 1 BGB. Zu den gegenseitig Unterhaltsverpflichteten gehörten demnach nach dem ZGB insbesondere auch Eltern und Kinder. Das chinesische ZGB hat für die Bezeichnung des Unterhalts den allgemeinen Begriff „扶养“ verwandt. Speziell der Kindesunterhalt wurde aber auch nach dem ZGB als „抚养“[284] bzw. „抚育“[285] bezeichnet.

1.2. Rechtslage in der chinesischen Sowjetrepublik und dem Shan-Gan-Ning-Grenzgebiet (1931-1939)

Die Unterhaltspflicht der Eltern gegenüber ihren leiblichen Kindern wurde in den eherechtlichen Bestimmungen der Sowjetrepublik[286] und den Ehe-

---

[279] Vgl. Weggel, a.a.O., S. 139 f.;

[280] Ehebestimmungen d. chin. Sowjetrepublik v. 1.12.1931, a.a.O., engl. Übersetzung von M.J. Meijer, a.a.O., S. 281 f.; EheG d. chin. Sowjetrepublik v. 8.4.1934, engl. Übersetzung von M.J. Meijer, a.a.O., S. 283 f.; s. hierzu auch Kapitel 1, III.;

[281] Ehebestimmungen des Shan-Gan-Ning-Grenzgebietes v. 4.4.1939, a.a.O., engl. Übersetzung von M.J. Meijer, a.a.O., S. 285 ff.; s. hierzu auch Kapitel 1, IV.;

[282] Vgl. Codex Juris Civilis Reipublicae Sinicae, S. 167;

[283] S.o. S. 146;

[284] Vgl. § 1077 ZGB, a.a.O., S. 162;

[285] Vgl. § 1065 Abs. 1 S. 2 ZGB, a.a.O., S. 161;

[286] Ehebestimmungen d. chin. Sowjetrepublik v. 1.12.1931, a.a.O.; engl. Übersetzung von M.J. Meijer, a.a.O., S. 281 f.; EheG d. chin. Sowjetrepublik v. 8.4.1934, engl. Übersetzung von M.J. Meijer, a.a.O., S. 283 f.;

bestimmungen des Shan-Gan-Ning-Grenzgebietes v. 1939[287] als solche zwar nicht ausdrücklich normiert, wohl aber vorausgesetzt. Sie beruhte auch unter der Geltung der vorgenannten Bestimmungen auf der natürlichen Blutsverwandtschaft.[288] Gegenstand der jeweiligen Regelungen war insoweit im Wesentlichen die Ausgestaltung des Unterhalts ehelicher Kinder nach der Scheidung der Eltern[289] sowie des Unterhalts nichtehelicher Kinder[290] und Stiefkinder.[291] Der Kindesunterhalt wurde wie in der späteren VR China mit dem Begriff „抚养" bezeichnet. Eine Unterhaltspflicht der Kinder gegenüber ihren Eltern war in den vorgenannten eherechtlichen Bestimmungen nicht geregelt.

2. Gegenwärtige Rechtslage

Das Unterhaltsrecht ist im Ehegesetz der VR China im Wesentlichen aus der Perspektive des Unterhaltsschuldners geregelt. Statt eines abstrakt formulierten Unterhaltstatbestandes, wie ihn das deutsche Recht in § 1601 BGB in Gestalt der Verwandtschaft in gerader Linie aufweist, bestimmt das Ehegesetz die gegenseitige Unterhaltspflicht bestimmter naher Verwandter konkret. Darunter findet sich in § 21 Abs. 1 HS. 1 die Unterhaltspflicht der Eltern gegenüber ihren Kindern und in § 21 Abs. 1 HS. 2 die Unterhaltspflicht der Kinder gegenüber ihren Eltern.[292] Mit der jeweiligen Unterhaltspflicht des Unterhaltsschuldners korrespondiert jedoch ein Unterhaltsrecht des Unterhaltsgläubigers.[293] Gemäß § 21 Abs. 2[294] haben die minderjährigen oder zum selbständigen Leben unfähigen volljährigen Kinder ferner das Recht, von den Eltern die Zahlung eines Unterhaltsbetrages zu verlangen, wenn die Eltern ihre Unterhaltspflicht nicht erfüllen.

Sowohl die Unterhaltspflicht als auch das Unterhaltsrecht sind höchstpersönlicher Natur und bestehen für die Dauer des Unterhaltsverhältnisses.[295] Die den Kindern gegenüber bestehende Unterhaltspflicht der Eltern bleibt insbesondere

[287] Ehebestimmungen des Shan-Gan-Ning-Grenzgebietes v. 4.4.1939, a.a.O., engl. Übersetzung von M.J. Meijer, a.a.O., S. 285 ff.;
[288] S. hierzu auch Kapitel 1, III.1.1.1.;
[289] S. hierzu auch Kapitel 1, III.1.1., 2.2. sowie IV.1.;
[290] S. hierzu auch Kapitel 1, III.1.3., 2.3. sowie IV.3.;
[291] S. hierzu auch Kapitel 1, III.1.1.2., 2.2.3. sowie IV.2.;
[292] Vgl. insoweit gleichlautend § 15 Abs. 1 HS. 1, HS. 2 EheG v. 1980 a.F. sowie § 13 Abs. 1 S. 1, S. 2 EheG v. 1950 a.F.;
[293] Vgl. auch 巫昌祯 (Wu Changzhen), a.a.O., S. 213;
[294] Vgl. insoweit gleichlautend § 15 Abs. 2 EheG v. 1980 a.F.;
[295] Die Qualifikation als „höchstpersönlich" schließt dabei insbesondere die Vererbung und eine Verfügung unter Lebenden (Übertragung, Verzicht) aus, vgl. auch 王洪 (Wang Hong), a.a.O., S. 293;

durch die Scheidung der Eltern unberührt, vgl. § 36 Abs. 1. Dies stellt das Ehegesetz in § 36 Abs. 2, dem gemäß beide Elternteile auch nach der Scheidung zum Kindesunterhalt berechtigt und verpflichtet sind, ausdrücklich klar. Ausgehend von der Abstammung als dem Unterhaltstatbestand und damit dem Rechtsgrund der Unterhaltspflicht der Eltern gegenüber ihren Kindern erscheint diese Bestimmung als Selbstverständlichkeit, da sich die Scheidung der Eltern auch nach dem Recht der VR China nicht auf die Blutsverwandtschaft zwischen Eltern und Kindern auswirkt.[296] Gleichwohl enthielten sämtliche Ehegesetze der VR China eine entsprechende ausdrückliche Bestimmung der Fortdauer der Pflicht zum Kindesunterhalt.[297] Trotz des insoweit immer schon eindeutigen Wortlautes des Gesetzes erfolgte unter der Geltung des Ehegesetzes v. 1950 a.F. zudem in der justiziellen Praxis eine Bekräftigung des Fortbestandes der vorgenannten Unterhalts- und Erziehungspflicht.[298] Die ausdrückliche Betonung der fortbestehenden Unterhaltspflicht beider Elternteile auch nach der Scheidung hängt möglicherweise mit einer teilweise abweichenden Rechtslage in der ehemaligen chinesischen Sowjetrepublik zusammen.[299]

3. Zusammenfassung und Fazit

Nach Gründung der VR China wurde die Unterhaltspflicht der Eltern gegenüber ihren Kindern – im Unterschied zu vorangegangenen Regelungen in der chinesi-

---

[296] Vgl. § 20 Abs. 1 S. 1 EheG v. 1950 a.F.; § 29 Abs. 1 S. 1 EheG v. 1980 a.F.; § 36 Abs. 1 S. 1 EheG v. 2001. Dabei bezieht sich § 20 Abs. 1 S. 1 EheG v. 1950 a.F. noch ausdrücklich auf die „Blutsverwandtschaft", während in den nachfolgenden Bestimmungen demgegenüber allgemein die „Beziehungen" zwischen Eltern und Kindern genannt werden.

[297] Vgl. § 20 Abs. 2 EheG v. 1950 a.F.; § 29 Abs. 2 EheG v. 1980 a.F., wobei die letztere Bestimmung nicht nur auf die Pflicht, sondern auch auf das Recht zum Unterhalt des Kindes hinweist.

[298] Vgl. 最高人民法院对小孩抚养问题的解答 (Antwort des Obersten Volksgerichts betreffend die Frage des Kindesunterhalts) v. 22.9.1955, 中华人民共和国最高人民法院司法解释全集 (Gesamtausgabe der justiziellen Erläuterungen des Obersten Volksgerichts der Volksrepublik China), S. 1139;

[299] Vgl. hierzu etwa § 11 Ehebestimmungen d. chin. Sowjetrepublik v. 1.12.1931, wonach nach der Scheidung der Eltern grundsätzlich der Vater verpflichtet, wörtlich „verantwortlich" war, die vor der Scheidung geborenen Kinder der Ehegatten zu unterhalten, während die Mutter grundsätzlich zwar ein Recht, aber keine Pflicht zum nachehelichen Kindesunterhalt hatte, s. im Einzelnen Kapitel 1, III.1.1.1. Das bereits zwei Jahre nach Inkrafttreten der vorgenannten Ehebestimmungen verabschiedete Ehegesetz d. chin. Sowjetrepublik v. 8.4.1934 kehrte zwar den gesetzlichen Regelfall um, indem die Kinder gemäß § 16 EheG von der Mutter unterhalten wurden. Allerdings war die Freiwilligkeit der Mutter bezogen auf den Kindesunterhalt weiterhin Voraussetzung, s. im Einzelnen Kapitel 1, III.2.2.

schen Sowjetrepublik – im Ehegesetz ausdrücklich statuiert.[300] Zugleich wurde die Unterhaltspflicht der Kinder gegenüber ihren Eltern gesetzlich bestimmt. Die grundsätzliche Gegenseitigkeit der Unterhaltspflichten ist dabei charakteristisch für alle gegenwärtig im Ehegesetz der VR China geregelten Unterhaltsverhältnisse.[301] Im Hinblick auf die Regelungstechnik ist festzustellen, dass die Unterhaltspflicht im Ehegesetz – anders als nach dem ZGB – nicht an allgemein und abstrakt formulierte Kriterien, etwa die Blutsverwandtschaft, anknüpft, sondern die gegenseitigen Unterhaltspflichten bestimmter naher Verwandter vielmehr konkret bestimmt werden. Der Begriff „抚养" für den Kindesunterhalt wurde dabei sowohl bereits vom ZGB als auch in den eherechtlichen Bestimmungen der Sowjetrepublik und des Shan-Gan-Ning-Grenzgebietes v. 1939 verwandt.

III. Unterhaltstatbestand

Unterhaltsvoraussetzung ist insbesondere das Vorliegen eines Unterhaltstatbestandes, im Falle der Unterhaltspflicht der Eltern also das Vorliegen eines Eltern-Kind-Verhältnisses.

Unterhaltsberechtigt sind gemäß § 21 Abs. 1 HS. 1 die Kinder (子女). Insoweit fehlt es im Ehegesetz der VR China an einer Legaldefinition. Gemäß § 10 Abs. 3 ErbrechtsG umfasst der Kindesbegriff neben dem ehelichen und nichtehelichen Kind auch das Adoptivkind und das Stiefkind, zu dem ein Unterhaltsverhältnis begründet worden ist.[302] Auch das Ehegesetz verwendet neben dem Begriff „Kinder" (子女) ferner die Begriffe „nichteheliche Kinder" (非婚生子女)[303], „eheliche Kinder" (婚生子女)[304] sowie „Adoptivkinder" (养子女)[305] und Stiefkinder (继子女)[306]. Die vorgenannten Kindesbegriffe lassen sich in zwei Gruppen zusammen fassen, wonach die eine Gruppe die ehelichen und nichtehelichen Kinder einschließt und die andere Gruppe die Adoptiv- sowie bestimmte Stiefkinder umfasst.[307] In der ersten Gruppe beruht das Ver-

---

[300] Vgl. § 13 Abs. 1 S. 1 EheG v. 1950 a.F., § 15 Abs. 1 HS. 1 EheG v. 1980 a.F., § 21 Abs. 1 HS. 1 EheG v. 2001;

[301] Vgl. hierzu ferner auch 王洪 (Wang Hong), a.a.O., S. 293;

[302] Vgl. hierzu auch von Senger in Bergmann / Ferid / Henrich, a.a.O., S. 94;

[303] § 25;

[304] § 25 Abs. 1;

[305] § 26;

[306] § 27;

[307] Vgl. 王洪 (Wang Hong), a.a.O., S. 218; ferner 梁书文 / 黄赤东 (Liang Shuwen / Huang Chidong), a.a.O., S. 205; 沈东平 / 张杰，最新中国民用法律全书 (Shen Dongping / Zhang Jie, Neuestes vollständiges Buch über das chinesische Zivilrecht), S. 203; 巫昌祯 (Wu Changzhen), a.a.O., S. 211, jeweils zu § 15 EheG v. 1980 a.F. § 21 EheG v. 2001 ist jedoch im Wortlaut mit der vorgenannten Bestimmung identisch.

hältnis zwischen Eltern und Kindern auf natürlicher Blutsverwandtschaft (自然血亲), in der nachgenannten Gruppe dagegen auf gesetzlich fingierter Blutsverwandtschaft (法律拟制血亲).

1. Natürliche Blutsverwandtschaft

Die gesetzliche Unterhaltspflicht der Eltern besteht zunächst gegenüber den leiblichen Kindern. Dabei unterscheidet § 21 Abs. 1 HS. 1 nicht nach dem Status eines Kindes als ehelich oder nichtehelich. Daher ergibt sich die Unterhaltspflicht auch gegenüber dem nichtehelichen Kind bereits aus § 21 Abs. 1 HS. 1 und nicht erst aus § 25 Abs. 1 HS. 1,[308] dem gemäß nichteheliche Kinder explizit dieselben Rechte wie eheliche Kinder genießen.

Die Unterhaltspflicht der Eltern setzt jedoch in beiden Fällen ein Eltern-Kind-Verhältnis, d.h. die Abstammung des Kindes von den Eltern voraus.[309]

1.1. Die Abstammung gemäß der Rechtslage vor Gründung der VR China

1.1.1. ZGB

Das ZGB enthielt zur Bestimmung der Abstammung eine Legaldefinition ehelicher Kinder sowie diverse Ehelichkeitsvermutungen. Diese dienten insbesondere der Bestimmung der Vaterschaft. Eheliche Kinder im Sinne des ZGB waren gemäß § 1061 ZGB[310] solche, die in der Ehe empfangen und geboren worden sind. Als Empfängniszeit galt gemäß § 1062 S. 1 ZGB[311] grundsätzlich die Zeit vom 180. Tag bis zum 302. Tag vor der Geburt des Kindes. Ferner galten alle Kinder als ehelich, die die Ehefrau während der Dauer der Ehe empfangen hat, auch wenn sie erst nach Beendigung der Ehe geboren worden sind, vgl. § 1063 S. 1 ZGB.[312] Aus der Legaldefinition des ehelichen Kindes ergibt sich

---

[308] Vgl. insoweit den identischen Wortlaut des § 19 Abs. 1 HS. 1 EheG v. 1980 a.F.;
[309] Vgl. auch Chen Hwei-Syin, a.a.O., S. 20;
[310] Vgl. Codex Juris Civilis Reipublicae Sinicae, S. 160;
[311] S.o.;
[312] S.o. Die Ehelichkeit dieser Kinder konnte vom Ehemann binnen eines Jahres nach der Geburt des Kindes angefochten werden, wenn der Ehemann beweisen konnte, dass er der Ehefrau während der Empfängniszeit nicht beigewohnt hatte, vgl. § 1063 S. 2 ZGB.

damit, dass Kinder, die außerhalb der Ehe, also etwa von einer Konkubine geboren worden sind, nicht als eheliche Kinder galten.

Gemäß § 1064 ZGB[313] sind nichtehelich geborene Kinder als ehelich angesehen worden, wenn die leiblichen Eltern die Ehe geschlossen haben. § 1065 Abs. 1 S. 1 ZGB bestimmte zudem, dass nichtehelich geborene Kinder nach der Anerkennung durch den leiblichen Vater als eheliche Kinder angesehen wurden, wobei der Unterhalt durch den leiblichen Vater als (faktische) Anerkennung der Vaterschaft galt, vgl. § 1065 Abs. 1 S. 2 ZGB.[314] Im Verhältnis zur leiblichen Mutter galten nichtehelich geborene Kinder als ehelich, vgl. § 1065 Abs. 2.[315]

Das ZGB enthielt darüber hinaus Regelungen betreffend die Anfechtung des Vaterschaftsanerkenntnisses und das Recht, die Anerkennung der Vaterschaft zu verlangen.[316]

Der Begriff des „ehelichen Kindes" bzw. „ehelich geborenen Kindes" ist in China im Zuge der Reformierung des traditionellen Ehe- und Familienverständnisses entstanden.[317] Die vorgenannte Modernisierung wurde dabei sowohl von der Republik China[318] als auch von kommunistischer Seite in der chinesischen Sowjetrepublik und den Grenzgebieten vorangetrieben. Insbesondere wurde die Anzahl der eherechtlich gebilligten Verhältnisse auf die monogame Ehe zwischen Mann und Frau beschränkt. Das Konkubinat im Sinne des traditionellen chinesischen Rechts war im ZGB nicht ausdrücklich geregelt[319],

---

[313] Vgl. Codex Juris Civilis Reipublicae Sinicae, S. 160;

[314] S.o. S. 161;

[315] S.o.;

[316] Vgl. hierzu §§ 1066 ff. ZGB, a.a.O.;

[317] 杨大文, 亲属法 (Yang Dawen, Recht der Verwandten), S. 240. Die Kurzbezeichnung „a.a.O." bezieht sich im Folgenden bei diesem Autor ausschließlich auf das vorgenannte Werk.

[318] Ein wesentliches Element dieser Reform war die Begründung der Ehe durch die Ehegatten selbst, anstelle von älteren Familienmitgliedern als sogenannten Heiratsvollziehern. Vor Erlass des Vierten Buches des ZGB im Jahr 1931 ist insoweit etwa auf die justiziellen Auslegungen des Daliyuan, d.h. des Obersten Gerichts der Republik China, hinzuweisen. Der Daliyuan hatte z.B. – in Abkehr von der traditionellen Auffassung – bereits im Jahr 1912 entschieden, dass die Vertragsparteien einer Ehe die zukünftigen Ehegatten selbst sind, vgl. Escarra, Recueil des Sommaires de la Jurisprudence de la Cour Suprême de la République de Chine en matière civile et commerciale (1912 – 1918), S. 305, Nr. 1186.

[319] Unklar ist insbesondere, ob das in § 985 ZGB enthaltene Bigamieverbot, vgl. Codex Juris Civilis Reipublicae Sinicae, S. 149, – in Abkehr vom traditionellen chinesischen Recht – auch das Nehmen einer Konkubine verboten hat. Dagegen spricht allerdings, dass es sich bei der Aufnahme einer Konkubine in die Hausgemeinschaft nach traditionellem Recht nicht um eine Ehe gehandelt hat. Insoweit war bereits nach dem Recht der Qing-Dynastie streng zwischen

während etwa die Ehebestimmungen des Shan-Gan-Ning-Grenzgebietes v. 4.4.1939 dieses expressis verbis verboten haben.[320] Das insoweit dem westlichen Verständnis entsprechende Institut der Einehe war sowohl bereits im ZGB der Republik China als auch in den eherechtlichen Bestimmungen der chinesischen Sowjetrepublik[321] und der Ehebestimmungen des Shan-Gan-Ning-Grenzgebietes v. 4.4.1939[322] verankert.

1.1.2. Die eherechtlichen Bestimmungen der chinesischen Sowjetrepublik und des Shan-Gan-Ning-Grenzgebietes v. 1939

Die eherechtlichen Bestimmungen der chinesischen Sowjetrepublik und des Shan-Gan-Ning-Grenzgebietes v. 1939 haben weder eine Legaldefinition des ehelichen Kindes noch eine ausdrückliche Ehelichkeitsvermutung enthalten. Dies gilt insbesondere betreffend die Abstammung des Kindes vom Ehemann.

Dennoch wurde in gewisser Weise zwischen ehelichen und nichtehelichen Kindern unterschieden. Insbesondere haben die Ehebestimmungen der chinesischen Sowjetrepublik den Unterhalt von Kindern, die geboren worden sind, ohne dass eine Registrierung (der Ehe ihrer Eltern) erfolgt ist,[323] besonders geregelt.[324] Anders als im Falle eines ehelichen Kindes war für die Unterhaltspflicht des Vaters im Falle der fehlenden Eheregistrierung ein Vaterschaftsnachweis erforderlich.[325] Dies bedeutet im Umkehrschluss, dass Kinder, die nach einer

---

dem Status der Ehefrau und demjenigen der Konkubine zu unterscheiden, vgl. hierzu auch Art. 103 DQLL, engl. Übersetzung von Jones, a.a.O., S. 125. In unterhaltsrechtlicher Hinsicht dürfte jedoch jedenfalls gemäß § 1114 Ziff. 4 ZGB ein Unterhaltsanspruch der Konkubine als Hausgenossin i.S.v. § 1123 Abs. 2 ZGB gegen das Familienoberhaupt bestanden haben; vgl. hierzu auch Chen, Hwei-Syin, a.a.O., S. 105, m.w.N. aus der Rechtsprechung der Republik China. Vgl. ferner zum juristischen Status der Konkubine vor Erlass des ZGB auch Escarra, Recueil des Sommaires de la Jurisprudence de la Cour Suprême de la République de Chine en matière civile et commerciale (1912 – 1918), S. 269 ff., Nrn. 1101 ff.

[320] Vgl. § 3 HS. 2 Ehebestimmungen des Shan-Gan-Ning-Grenzgebietes v. 4.4.1939, a.a.O., engl. Übersetzung von M.J. Meijer, a.a.O., S. 285 ff.;

[321] Vgl. § 2 Ehebestimmungen d. chin. Sowjetrepublik v. 1.12.1931, a.a.O., engl. Übersetzung von M.J. Meijer, a.a.O., S. 281 f.; § 2 EheG d. chin. Sowjetrepublik v. 8.4.1934, engl. Übersetzung von M.J. Meijer, a.a.O., S. 283 f. (283);

[322] Vgl. § 3 HS. 1 Ehebestimmungen des Shan-Gan-Ning-Grenzgebietes v. 4.4.1939, a.a.O., engl. Übersetzung von M.J. Meijer, a.a.O., S. 285 ff.;

[323] „未经登记所生的小孩“. Die entsprechende Eheregistrierungspflicht ergab sich dabei aus § 8 der vorgenannten Ehebestimmungen v. 1931, a.a.O., engl. Übersetzung von M.J. Meijer, a.a.O., S. 281 f.;

[324] Vgl. § 21 Ehebestimmungen d. chin. Sowjetrepublik, a.a.O.;

[325] S.o.;

Registrierung der Ehe der Eltern geboren worden sind, ohne weiteres als eheliche Kinder, d.h. insbesondere als Kinder des Ehemannes der Mutter angesehen wurden.[326] Dieses Ergebnis bestätigt sich auch durch § 11 der vorgenannten Ehebestimmungen, dem gemäß der Mann im Regelfall zum Unterhalt derjenigen Kinder verpflichtet war, die vor der Scheidung geboren worden sind.[327]

Während die Ehebestimmungen der chinesischen Sowjetrepublik dem Wortlaut nach an die Registrierung der Ehe angeknüpft haben, ist in den Ehebestimmungen des Shan-Gan-Ning-Grenzgebietes v. 1939 der Begriff der „nichtehelich geborenen Kinder“ verwandt worden.[328] Nichteheliche Kinder wurden unter der Voraussetzung der Anerkennung der Vaterschaft ehelichen Kindern gleichgestellt. Zu einer solchen Anerkennung konnte der Kindsvater auch gezwungen werden, wenn die Mutter entsprechende Beweise für die Vaterschaft vorgelegt hat.[329] Daraus ergibt sich im Umkehrschluss ebenfalls, dass der Ehemann betreffend die ehelichen Kinder als Vater angesehen wurde.

1.2. Die Abstammung nach der Rechtslage in der VR China

Während das deutsche Recht in §§ 1591 ff. BGB zahlreiche Bestimmungen betreffend die Abstammung enthält, ist diese gegenwärtig in der VR China gesetzlich nicht geregelt.[330]

1.2.1. Mutterschaft

Gemäß § 1591 BGB ist Mutter des Kindes die Frau, die das Kind geboren hat. Für das deutsche Recht ermöglicht § 1591 BGB ferner eine eindeutige Zuordnung von Mutter und Kind auch für den Fall, dass gebärende Frau und genetische Mutter auseinander fallen.[331]

Das Prinzip der Abstammung gilt jedoch auch in der VR China.[332] Die Abstammung eines Kindes von seiner Mutter bereitet allerdings aufgrund der Tatsache

---

[326] S. hierzu auch Kapitel 1, III.1.3.;
[327] Vgl. § 11 Ehebestimmungen d. chin. Sowjetrepublik, a.a.O.;
[328] „非结婚所生之子女“, vgl. §§ 16, 17 Ehebestimmungen des Shan-Gan-Ning-Grenzgebietes v. 4.4.1939, a.a.O., engl. Übersetzung von M.J. Meijer, a.a.O., S. 285 ff.;
[329] S. hierzu auch Kapitel 1, IV.3.;
[330] Vgl. auch Chen Hwei-Syin, a.a.O., S. 21;
[331] Vgl. Diederichsen in Palandt, § 1591, Rdnr. 1;
[332] 杨大文 (Yang Dawen), a.a.O., S. 60; 巫昌祯 (Wu Changzhen), a.a.O, S. 91;

der Geburt in der Regel praktisch keine Probleme. Das nichteheliche Kind wird wie das eheliche Kind der leiblichen Mutter behandelt.[333] Ein Akt der Legitimation ist grundsätzlich nicht erforderlich.[334]

1.2.2. Vaterschaft

Die Vaterschaft ist ebenfalls in der VR China – anders als etwa nach deutschem Recht gemäß §§ 1592 ff. BGB – nicht geregelt. Auch im Hinblick auf die Vaterschaft gilt das Prinzip der Abstammung.[335] Die Feststellung der Abstammung vom Vater ist jedoch problematischer, weil diese Tatsache – anders als etwa grundsätzlich im Falle der Geburt durch die Mutter – nicht offen zutage liegt. Insoweit wird bisher zwischen ehelichen und nichtehelichen Kindern differenziert.[336]

Dabei enthält das Ehegesetz der VR China zwar keine ausdrückliche Ehelichkeitsvermutung. In der justiziellen Praxis gilt jedoch im Hinblick auf ein eheliches Kind der Ehemann der Mutter als Vater des Kindes.[337] Diese Ehelichkeitsvermutung dient den Rechten und Interessen der Kinder und dem Frieden unter den Eheleuten, aber auch allgemein dem Rechtsfrieden.

Im Falle eines nichtehelichen Kindes kann sich die Vaterschaft demgegenüber insbesondere durch freiwillige Anerkennung oder durch gerichtliche Feststellung ergeben.[338] Einzelheiten hierzu sind bisher gesetzlich nicht geregelt.

Hieran schließt sich die Frage an, wann ein Kind als ehelich bzw. nichtehelich anzusehen ist.

---

333 杨大文 (Yang Dawen), a.a.O., S. 252;

334 S.o. sowie ferner 王洪 (Wang Hong), a.a.O., S. 236;

335 杨大文 (Yang Dawen), a.a.O.; 巫昌祯 (Wu Changzhen), a.a.O.;

336 Zum Teil wird gerade in der neueren Literatur aber auch vorgeschlagen, die Unterscheidung von ehelichen und nichtehelichen Kindern aufzugeben und ein allgemeines System der Abstammung mit entsprechenden gesetzlichen Vermutungen sowie einer Anerkennungs- und Anfechtungsmöglichkeit zu etablieren, vgl. hierzu etwa 王丽萍，婚姻家庭法律制度研究 (Wang Liping, Studium des Ehe- und Familienrechtssystems), S. 193 ff.;

337 最高人民法院关于徐秀梅所生的小孩应如何断定生父问题的复函 (Antwort des Obersten Volksgerichts betreffend die Frage, wie der leibliche Vater des von Xu Xiumei geborenen Kindes bestimmt werden soll) v. 25.9.1956, 中华人民共和国最高人民法院司法解释全集 (Gesamtausgabe der justiziellen Erläuterungen des Obersten Volksgerichts der Volksrepublik China), S. 1140. Die Ehelichkeitsvermutung ergibt sich aus dem Kontext.

338 Vgl. 王洪 (Wang Hong), a.a.O., S. 236;

1.2.2.1. Eheliche Kinder (婚生子女)

Die Begriffe „ehelich“ und „nichtehelich“ werden zwar im gegenwärtigen Ehegesetz im Rahmen der Gleichstellungsvorschrift des § 25 Abs. 1 HS. 1[339] vorausgesetzt, jedoch ebenfalls nicht legal definiert.

Zur Ausfüllung des Begriffes des ehelichen Kindes ist daher auf die justizielle Praxis, d.h. justizielle Interpretationen, und die Literatur zurück zu greifen.

Die justizielle Praxis[340] behandelt solche Kinder als ehelich, die während des Bestehens ehelicher Beziehungen geboren werden. Diese Kinder gelten als leibliche Kinder der Ehegatten. Die Vermutung der Ehelichkeit ist jedoch durch den Beweis, dass der vermutete Vater tatsächlich nicht der leibliche Vater ist, widerlegbar.[341] Ehelich sind gemäß der justiziellen Praxis[342] ferner Kinder, die während des Bestehens ehelicher Beziehungen im Einverständnis beider Ehegatten nach künstlicher Besamung geboren worden sind.

In der Literatur wird das Fehlen einer gesetzlichen Regelung betreffend den Begriff der Ehelichkeit des Kindes, die Ehelichkeitsvermutung und auch die Anfechtung bzw. das Anerkenntnis der Vaterschaft kritisiert.[343]

Im Einzelnen existieren insbesondere diverse Vorschläge betreffend eine Definition der Ehelichkeit. Eheliche Kinder werden häufig als solche definiert, die während des Bestehens ehelicher Beziehungen vom Ehemann gezeugt und von

---

[339] Vgl. hierzu bereits die identische Regelung in § 19 Abs. 1 HS. 1 EheG v. 1980 a.F.;

[340] 最高人民法院关于徐秀梅所生的小孩应如何断定生父问题的复函 (Antwort des Obersten Volksgerichts betreffend die Frage, wie der leibliche Vater des von Xu Xiumei geborenen Kindes bestimmt werden soll), v. 25.9.1956, a.a.O. Die Ehelichkeitsvermutung ergibt sich aus dem Kontext.

[341] Vgl. aus der älteren justiziellen Praxis bereits 最高人民法院关于徐秀梅所生的小孩应如何断定生父问题的复函（Antwort des Obersten Volksgerichts betreffend die Frage, wie der leibliche Vater des von Xu Xiumei geborenen Kindes bestimmt werden soll) v. 25.9.1956, a.a.O. Über das dabei einzuhaltende Verfahren liegen – soweit ersichtlich – keine Angaben vor, vgl. insoweit auch von Senger in Bergmann / Ferid / Henrich, a.a.O., S. 95.

[342] 最高人民法院关于夫妻关系存续期间以人工授精所生子女的法律地位的复函 (Antwort des Obersten Volksgerichts betreffend die rechtliche Stellung der Kinder, die während des Bestehens der Ehe durch künstliche Besamung geboren worden sind) v. 8.7.1991, 常用婚姻家庭法律法规（Gebräuchliche Gesetze und Bestimmungen des Ehe- und Familienrechts), S. 213 f.;

[343] Vgl. 王洪 (Wang Hong), a.a.O., S. 227; 杨大文 (Yang Dawen), a.a.O., S. 240 ff. (S. 240, 242, 247 f.); 张贤钰，婚姻家庭继承法 (Zhang Xianyu, Ehe-, Familien- und Erbrecht), S. 133;

der Ehefrau geboren werden.[344] Dies entspricht der Legaldefinition des § 1061 ZGB, auf den jedoch nur vereinzelt ausdrücklich Bezug genommen wird.[345] Darüber hinaus existieren Überlegungen betreffend eine Ausweitung des Begriffs der Ehelichkeit, eine Regelung der Ehelichkeitsvermutung, der Anfechtung sowie des Anerkenntnisses der Vaterschaft, auf die an dieser Stelle lediglich hingewiesen wird.[346]

Gemäß der Literatur soll ferner eine justizielle Praxis existieren, der gemäß ein Kind als vergleichbar mit einem ehelichen Kind angesehen wird, wenn die leiblichen Eltern nach der Geburt des Kindes ihre Ehe registrieren lassen.[347]

1.2.2.2. Nichteheliche Kinder (非婚生子女)

Kennzeichen der eherechtlichen Bestimmungen der VR China[348] wie auch bereits des Ehegesetzes der chinesischen Sowjetrepublik[349] war bzw. ist die ausdrückliche Gleichstellung ehelicher und nichtehelicher Kinder sowie das Verbot der Diskriminierung nichtehelicher Kinder. Wie im Falle der ehelichen Kinder fehlt es aber auch insoweit an einer Legaldefinition.

Zur Ausfüllung des Begriffs „nichtehelich" ist deshalb ebenfalls auf Literatur und justizielle Praxis zurückzugreifen.

Gemäß der *Antwort des Obersten Volksgerichts betreffend die Erläuterung nichtehelicher Kinder v. 17.5.1974*[350] sowie nach Ansicht der Literatur[351] um-

---

[344] Vgl. 法学大辞典 (Großes Wörterbuch der Rechtswissenschaft), S. 1631; 梁书文 / 黄赤东 (Liang Shuwen / Huang Chidong), a.a.O., S. 244; 王丽萍，婚姻家庭法律制度研究 (Wang Liping, Studium des Ehe- und Familienrechtssystems), S. 190 f.; 巫昌祯 (Wu Changzhen), a.a.O, S. 222. Vgl. hierzu auch von Senger in Bergmann / Ferid / Henrich, a.a.O., S. 94, wonach ferner auch ein vor der Ehe gezeugtes, aber in der Ehe geborenes Kind als ehelich gilt.

[345] Vgl. etwa 杨大文 (Yang Dawen), a.a.O., S. 241;

[346] Zu den Überlegungen de lege ferenda vgl. etwa 王洪 (Wang Hong), a.a.O., S. 227 ff., 236 ff.; 杨大文 (Yang Dawen), a.a.O., S. 248 f.; 张贤钰 (Zhang Xianyu), a.a.O., S. 133; 法学大辞典 (Großes Wörterbuch der Rechtswissenschaft), S. 1631;

[347] 巫昌祯 (Wu Changzhen), a.a.O, S. 230; 张贤钰 (Zhang Xianyu), a.a.O., S. 139, jeweils ohne konkrete Fundstelle;

[348] § 15 Abs. 1 EheG v. 1950 a.F.; § 19 Abs. 1 EheG v. 1980 a.F.; § 25 Abs. 1 EheG v. 2001;

[349] Vgl. hierzu allgemein 杨一凡 / 陈寒枫 (Yang Yifan / Chen Hanfeng), a.a.O., S. 287; ferner § 19 Ehegesetz d. chin. Sowjetrepublik v. 8.4.1934, engl. Übersetzung von M.J. Meijer, a.a.O., S. 283 f. (283);

[350] 最高人民法院关于对非婚生子女解释的复函, 中华人民共和国最高人民法院司法解释全集 (Gesamtausgabe der justiziellen Erläuterungen des Obersten Volksgerichts der Volksrepublik China), S. 1142;

fasst der Begriff des nichtehelichen Kindes sowohl die von zwei Ledigen als auch die von einem Verheirateten mit einem Dritten gezeugten Kinder. Zu den nichtehelichen Kindern gehören ferner Kinder, die aus einer unwirksamen Ehe[352] hervorgegangen sind oder deren Ehelichkeit vom Vater angefochten worden ist.[353] Die Anfechtung der Ehelichkeit eines Kindes ist de lege lata nicht geregelt,[354] aber in der justiziellen Praxis anerkannt.[355]

2. Gesetzlich fingierte Blutsverwandtschaft

Als Unterhaltstatbestand kommt neben der natürlichen Blutsverwandtschaft die gesetzlich fingierte Blutsverwandtschaft (法律拟制血亲) in Betracht. Hierbei handelt es sich zum einen um das Adoptionsverhältnis[356] und zum anderen um das zwischen Stiefelternteil und Stiefkind begründete Unterhaltsverhältnis.[357] Die Unterhaltspflicht der Adoptiveltern ergibt sich dabei aus § 26 Abs. 1 S. 2 i.V.m. § 21 Abs. 1 HS. 1. Die Unterhaltspflicht des Stiefelternteiles ergibt sich nach Begründung eines Unterhaltsverhältnisses zum Stiefkind

---

351 von Senger in Bergmann / Ferid / Henrich, a.a.O., S. 99; 梁书文 / 黄赤东 (Liang Shuwen / Huang Chidong), a.a.O., S. 245; 巫昌祯 (Wu Changzhen), a.a.O, S. 228; 张贤钰 (Zhang Xianyu), a.a.O., S. 137;

352 Dies dürfte insbesondere die sogenannten faktischen Ehen (事实婚姻) betreffen. Hierbei handelt es sich um eine Ehe, die entgegen § 8 nicht registriert worden ist. S. hierzu auch Kapitel 3, V.4. m.w.N.;

353 巫昌祯 (Wu Changzhen), a.a.O, S. 228;

354 Zu den Überlegungen de lege ferenda vgl. 杨大文 (Yang Dawen), a.a.O., S. 247 ff. (S. 248): Das Anfechtungsrecht soll neben dem Ehemann auch der Ehefrau und dem Kind zustehen. Erforderlich ist hiernach auch ein Anfechtungsgrund. Das Kind muss objektiv betrachtet nichtehelich sein. Insoweit kann sowohl der Ehemann als auch die Ehefrau den Beweis erbringen, dass das Kind nicht vom Ehemann gezeugt worden ist. Auch kann das Kind den Beweis erbringen, dass es nicht vom vermuteten Vater oder der vermuteten Mutter abstammt. Die Anfechtung soll innerhalb eines Jahres nach Kenntniserlangung von der Geburt des Kindes bzw. innerhalb eines Jahres, nachdem das volljährige Kind von den Umständen seiner Geburt Kenntnis erlangt hat, erfolgen. Das Anfechtungsrecht soll erlöschen, nachdem die Anfechtungsfrist abgelaufen, das Kind verstorben ist, sowie wenn der Ehemann zugestimmt hat, das Kind als ehelich anzuerkennen.

355 最高人民法院关于徐秀梅所生的小孩应如何断定生父问题的复函 (Antwort des Obersten Volksgerichts betreffend die Frage, wie der leibliche Vater des von Xu Xiumei geborenen Kindes bestimmt werden soll) v. 25.9.1956, a.a.O.;

356 S. zum Adoptionsverhältnis auch Kapitel 3, II.4.;

357 S.o.; vgl. ferner 杨大文 (Yang Dawen), a.a.O., S. 50 f., der das Adoptionsverhältnis als vollkommene, das Unterhaltsverhältnis zwischen Stiefelternteil und Stiefkind als unvollkommene gesetzlich fingierte Blutsverwandtschaft bezeichnet, weil letzteren Falles die Rechte und Pflichten des Kindes im Verhältnis zu den leiblichen Eltern von der Begründung des Unterhaltsverhältnisses unberührt bleiben, s. hierzu auch Kapitel 3, III.2.2.;

aus § 27 Abs. 2 i.V.m. § 21 Abs. 1 HS. 1. Im Rahmen des Stiefverhältnisses ist zwischen dem reinen Stiefverhältnis, i.e. dem einfachen schwägerlichen Verhältnis, und dem Unterhaltsverhältnis zwischen Stiefelternteil und Stiefkind zu unterscheiden.[358] Gegenseitige Rechte und Pflichten werden nur im Rahmen eines Unterhaltsverhältnisses begründet.

IV. Bedürftigkeit des Kindes

1. Rechtslage vor Gründung der VR China

1.1. § 1117 ZGB

Gemäß § 1117 Abs. 1 ZGB[359] war grundsätzlich derjenige unterhaltsberechtigt, der sein Leben nicht aufrecht erhalten konnte und zum eigenen Lebensunterhalt nicht in der Lage war. Ausgenommen von der Voraussetzung der mangelnden Fähigkeit, sich selbst zu unterhalten, waren jedoch gemäß § 1117 Abs. 2 ZGB[360] die älteren Blutsverwandten in direkter Linie. Der Unterhaltsanspruch älterer Blutsverwandter war demnach nicht durch die Bedürftigkeit beschränkt.[361]

1.2. Die chinesische Sowjetrepublik und das Shan-Gan-Ning-Grenzgebiet

Die eherechtlichen Bestimmungen der chinesischen Sowjetrepublik[362] und die Ehebestimmungen des Shan-Gan-Ning-Grenzgebietes v. 1939[363] haben die Bedürftigkeit des Kindes nicht ausdrücklich geregelt. Den vorgenannten Bestimmungen, die ausschließlich den Unterhalt des Kindes vor Vollendung des 16. Lebensjahres geregelt haben, liegt jedoch zugrunde, dass das Kind vor Errei-

---

358 S. hierzu auch Kapitel 3, II.3.;

359 Vgl. Codex Juris Civilis Reipublicae Sinicae, S. 168;

360 S.o.;

361 Vgl. hierzu auch van der Valk, a.a.O., S. 156;

362 Ehebestimmungen d. chin. Sowjetrepublik v. 1.12.1931, a.a.O., engl. Übersetzung von M.J. Meijer, a.a.O., S. 281 f.; ferner Ehegesetz d. chin. Sowjetrepublik v. 8. 4.1934, engl. Übersetzung von M.J. Meijer a.a.O., S. 283 f.;

363 Ehebestimmungen des Shan-Gan-Ning-Grenzgebietes v. 4.4.1939, a.a.O., engl. Übersetzung von M.J. Meijer, a.a.O., S. 285 ff.;

chen der vorgenannten Altersgrenze ohne weiteres als unterhaltsbedürftig angesehen worden ist.[364]

2. Gegenwärtige Rechtslage in der VR China

Das Ehegesetz der VR China verwendet den Begriff der Bedürftigkeit oder den der Unterhaltsberechtigung ebenfalls nicht ausdrücklich. Es bestimmt aber gegenwärtig etwa in § 21 Abs. 2[365], dass die minderjährigen oder zum selbständigen Leben unfähigen volljährigen[366] Kinder das Recht haben, von den Eltern die Zahlung eines Unterhaltsbetrages zu verlangen, bzw. in § 25 Abs. 2, dass der Elternteil, der das nichteheliche Kind nicht unmittelbar unterhält, die Lebenshaltungs- und Erziehungskosten des Kindes übernehmen soll, bis das Kind selbständig leben kann. §§ 21 Abs. 2, 25 Abs. 2 ermöglichen insoweit Rückschlüsse auf die Unterhaltsbedürftigkeit des Kindes. Unterhaltsbedürftig sind demnach minderjährige Kinder und volljährige Kinder, die zum selbständigen Leben nicht in der Lage sind.[367]

Das Ehegesetz v. 1950 a.F. hatte zunächst die Pflicht des Vaters zur Übernahme von Lebenshaltungs- und Erziehungskosten des nichtehelichen Kindes auf die Vollendung des 18. Lebensjahres beschränkt,[368] während der Unterhalt der Kinder im Übrigen zeitlich unbeschränkt war. Dies führte zumindest de iure zu einer Ungleichbehandlung nichtehelicher und ehelicher Kinder, die gegen die bereits im Ehegesetz v. 1950 a.F. niedergelegte Gleichberechtigung ehelicher und nichtehelicher Kinder verstieß.[369] Mit dem Ehegesetz v. 1980 a.F. wurde dies behoben.[370] Seither gilt – allgemein im Verhältnis zu den Kindern und insbesondere im Verhältnis zum nichtehelichen Kind –, dass die Pflicht zur Zahlung eines Unterhaltsbetrages bzw. zur Übernahme von Lebenshaltungs- und Erziehungskosten nicht endet, bevor das Kind selbständig leben kann.

[364] S. hierzu auch Kapitel 1, III.1.1.1.4., 2.2.2. sowie IV.1.2.2.;

[365] Vgl. die identische Bestimmung in § 15 Abs. 2 EheG v. 1980 a.F.;

[366] Die Volljährigkeit wird in § 21 Abs. 2 nicht ausdrücklich erwähnt, ergibt sich aber aus dem Kontext.

[367] So auch 王丽萍，婚姻家庭继承法学 (Wang Liping, Studium des Ehe-, Familien- und Erbrechts), S. 255;

[368] Vgl. § 15 Abs. 2 S. 1 EheG v. 1950 a.F.;

[369] Vgl. § 15 Abs. 1 S. 1 EheG v. 1950 a.F.;

[370] Vgl. § 19 Abs. 2 EheG v. 1980 a.F.;

2.1. Minderjährige Kinder

Minderjährig sind nach dem Recht der VR China grundsätzlich Bürger, die das 18. Lebensjahr noch nicht vollendet haben. Mit Vollendung des 18. Lebensjahres wird grundsätzlich die unbeschränkte Zivilgeschäftsfähigkeit erworben, vgl. § 11 Abs. 1 AGZR[371]. Minderjährige gelten gemäß § 21 Abs. 2 ohne weiteres als unterhaltsbedürftig. Die Bedürftigkeit resultiert also aus dem Alter bzw. aus dem „Kindsein". Gemäß § 11 Abs. 2 AGZR werden jedoch Bürger mit eigenem Arbeitseinkommen als wesentlicher Lebensgrundlage als unbeschränkt zivilgeschäftsfähig angesehen, wenn sie zwar das 16., nicht aber das 18. Lebensjahr vollendet haben. Mit Erwerb der unbeschränkten Zivilgeschäftsfähigkeit sind diese Personen daher auch als volljährig anzusehen. Ein volljähriges Kind ist jedoch grundsätzlich nicht unterhaltsbedürftig.

Diese Auslegung bestätigt sich durch *Einige konkrete Ansichten des Obersten Volksgerichts über die Behandlung der Frage des Kindesunterhalts bei der gerichtlichen Verhandlung von Scheidungsfällen durch die Volksgerichte v. 3.11.1993*[372]. Die Unterhaltsbedürftigkeit des Kindes wird dort nicht ausdrücklich geregelt, wohl aber wird die Dauer der Zahlung des Unterhaltsbetrages gemäß Ziff. 11 S. 1 der vorgenannten *Ansichten*[373] grundsätzlich auf das 18. Lebensjahr des Kindes beschränkt. Die Eltern können die Zahlung des Unterhaltsbetrages ferner gemäß Ziff. 11 Abs. 2[374] schon zu einem früheren Zeitpunkt einstellen, wenn ein Kind, welches das 16., aber noch nicht das 18. Lebensjahr vollendet hat, in der Lage ist, durch sein Arbeitseinkommen als hauptsächliche Lebensgrundlage den örtlichen normalen Lebensstandard aufrecht zu erhalten. Ziff. 11 Abs. 2 bezieht sich auf die bereits erwähnte Fiktion der vollen Zivilgeschäftsfähigkeit des Kindes gemäß § 11 Abs. 2 AGZR.

Im Recht der VR China ist nicht geregelt, ob und wie es sich auf die Unterhaltsbedürftigkeit des minderjährigen Kindes auswirkt, wenn sich das (über 16-jährige) minderjährige Kind durch sein Arbeitseinkommen zwar nicht im Wesentlichen, aber zumindest teilweise unterhalten kann.

---

371 „中华人民共和国民法通则" (Allgemeine Grundsätze des Zivilrechts der VR China) v. 12.4.1986, vgl. für den chin. Text 中华人民共和国国务院公报 (Amtsblatt des Staatsrates der VR China) 1986, S. 288 ff. sowie die dt. Übersetzung von Münzel, Chinas Recht, 12.4.86/1, China aktuell, 1986, S. 288 ff.;

372 最高人民法院关于人民法院审理离婚案件处理子女抚养问题的若干具体意见，常用婚姻家庭法律法规（Gebräuchliche Gesetze und Bestimmungen des Ehe- und Familienrechts), S. 227 ff.;

373 S.o.;

374 S.o.;

Insoweit bestimmt das deutsche Recht in § 1602 Abs. 2 BGB, dass ein minderjähriges unverheiratetes Kind, auch wenn es Vermögen hat, von den Eltern insoweit die Gewährung von Unterhalt verlangen kann, als die Vermögenseinkünfte oder der Ertrag seiner Arbeit zum Unterhalt nicht ausreichen. Auch das minderjährige Kind muss sich also nach deutschem Recht eigenes Einkommen bedarfsmindernd anrechnen lassen.

Die Berücksichtigung des Arbeitseinkommens eines Minderjährigen, soweit dies nicht als wesentliche Lebensgrundlage ausreicht, ist in der VR China gesetzlich nicht ausdrücklich geregelt. Soweit der Kindesunterhalt jedoch im Zusammenhang mit der gerichtlichen Verhandlung der Scheidung geregelt wird, ist auf Ziff. 7 der vorgenannten *Ansichten des Obersten Volksgerichts*[375] hinzuweisen. Demnach bestimmt sich die Höhe des Unterhaltsbetrages für das Kind insbesondere nach den „praktischen Bedürfnissen des Kindes“[376]. Diese praktischen Bedürfnisse werden nicht konkretisiert. Ein praktisches Bedürfnis für die Zahlung eines Unterhaltsbetrages dürfte jedoch insoweit zu verneinen sein, als das Kind sich durch sein Arbeitseinkommen selbst unterhalten kann. Daher ist auch im Falle eines Kindes nach Vollendung des 16., aber vor Vollendung des 18. Lebensjahres davon auszugehen, dass die Unterhaltspflicht der Eltern nur in dem Umfang besteht, in dem das Kind nicht in der Lage ist, sich durch sein eigenes Arbeitseinkommen zu unterhalten.[377]

Nach dem Recht der VR China kann von einem Minderjährigen keine wirksame Ehe geschlossen werden. Materielle Voraussetzung einer rechtsgültigen Eheschließung ist insbesondere das Erreichen des Heiratsalters, welches gemäß § 6 bei Männern mit Vollendung des 22. Lebensjahres und bei Frauen mit Vollendung des 20. Lebensjahres eintritt, und damit jeweils über dem Alter des Eintritts der Volljährigkeit gemäß § 11 AGZR liegt. Das minderjährige Kind ist daher nach dem Recht der VR China zwingend unverheiratet. Somit kommen regelungsbedürftige Kollisionen der Unterhaltspflicht der Eltern mit derjenigen des anderen Ehegatten im Falle eines minderjährigen Kindes nicht vor.

2.2. Volljährige, zum selbständigen Leben unfähige Kinder

Eltern sind ihren volljährigen Kindern gegenüber nur dann zum Unterhalt verpflichtet, wenn diese sich nicht selbst unterhalten können. Das volljährige Kind ist also grundsätzlich verpflichtet, selbst für seinen Lebensunterhalt zu sorgen.[378]

---

[375] 最高人民法院关于人民法院审理离婚案件处理子女抚养问题的若干具体意见, a.a.O.;
[376] „子女的实际需要“;
[377] So im Ergebnis auch 周利民 / 罗水平 / 贺小电 (Zhou Limin / Luo Shuiping / He Xiaodian), a.a.O., S. 268.
[378] So auch 王洪 (Wang Hong), a.a.O., S. 299;

Das Ehegesetz bestimmt dabei nicht, wann eine mangelnde Fähigkeit des volljährigen Kindes zum selbständigen Leben vorliegt.

Gemäß Ziff. 20 des *Ersten Teiles der Erläuterungen des Obersten Volksgerichts betreffend einige Fragen der Anwendung des „Ehegesetzes der VR China" v. 24.12.2001*[379] handelt es sich bei den gemäß § 21 des Ehegesetzes zum selbständigen Leben unfähigen Kindern um solche volljährigen Kinder, die noch die Schule besuchen, um das Bildungsniveau der Oberschule oder ein geringeres Bildungsniveau zu erreichen, teilweise oder vollständig arbeitsunfähig sind, oder aus einem anderen subjektiven Grund nicht in der Lage sind, selbst ihren Lebensunterhalt zu bestreiten.[380] Ziff. 20 der vorgenannten *Ansichten*[381] konkretisiert die mangelnde Fähigkeit des volljährigen Kindes zum selbständigen Leben also anhand von nicht abschließenden Beispielsfällen. In der Literatur werden als Beispiele für die mangelnde Fähigkeit des volljährigen Kindes, sich selbst zu unterhalten, ferner insbesondere etwa eine körperliche[382] oder geistige[383] Behinderung genannt.

3. Zusammenfassung und Fazit

Gemäß § 1117 Abs. 1 ZGB[384] und auch gemäß dem deutschen Recht, vgl. § 1602 Abs. 1 BGB, ist allgemein derjenige unterhaltsberechtigt und damit unterhaltsbedürftig, der sich seinen Lebensunterhalt nicht selbst verdienen kann und somit außerstande ist, sich selbst zu unterhalten.

---

379 最高人民法院关于适用“中华人民共和国婚姻法”若干问题的解释（一）, vgl. für den chin. Text http://www.sfsk.net/sf/cyfgk/msfg/29.htm; Die dt. Übersetzung von Münzel, Chinas Recht, 10.9.80/1, Anm. E 1 zu § 21 EheG, ist m.E. nicht zutreffend, soweit es dort heißt, dass Kinder, die „aus anderen nicht subjektiven Gründen sich nicht normal selbst ernähren können", zu den zum selbständigen Leben unfähigen Kindern zählen sollen.

380 Vgl. hierzu auch bereits Ziff. 12 von *Einige(n) konkrete(n) Ansichten des Obersten Volksgerichts betreffend die Frage des Kindesunterhalts bei der gerichtlichen Verhandlung von Scheidungsfällen durch die Volksgerichte* (最高人民法院关于人民法院审理离婚案件处理子女抚养问题的若干具体意见) v. 3.11.1993, a.a.O. Danach ist ein Kind zum selbständigen Leben unfähig, wenn es vollständig arbeitsunfähig ist oder aufgrund einer teilweisen Arbeitsunfähigkeit das Einkommen zum Lebensunterhalt nicht ausreicht, wenn das Kind noch die Schule besucht oder dem Kind tatsächlich die Fähigkeit und die Voraussetzungen zum selbständigen Leben fehlen.

381 S.o. 最高人民法院关于适用“中华人民共和国婚姻法”若干问题的解释（一）, a.a.O.;

382 张海尚，婚姻法实用读本 (Zhang Haishang, Praktisches Lesebuch des Eherechts), S. 165; 张贤钰 (Zhang Xianyu), a.a.O., S. 134, wobei sich die Ausführungen auf den im Wortlaut identischen § 15 EheG v. 1980 a.F. beziehen.

383 S.o. 张海尚 (Zhang Haishang), a.a.O.;

384 Vgl. Codex Juris Civilis Reipublicae Sinicae, S. 168;

Eine solche allgemeine Bestimmung enthält das Ehegesetz der VR China nicht. Die Unterhaltspflicht der Eltern ist jedoch auch nach dem Recht der VR China durch die Unterhaltsbedürftigkeit der Kinder beschränkt.[385] Die Unterhaltsbedürftigkeit der Kinder ist während ihrer Minderjährigkeit ohne weiteres gegeben. Ein Kind, welches das 16., aber noch nicht das 18. Lebensjahr vollendet hat und sich durch eigenes Arbeitseinkommen im Wesentlichen selbst unterhalten kann, gilt als unbeschränkt zivilgeschäftsfähig, d.h. volljährig. Ein Unterhaltsbedürfnis besteht in diesem Fall grundsätzlich nicht. Volljährige Kinder sind grundsätzlich verpflichtet, selbst für ihren Lebensunterhalt zu sorgen. Etwas anderes gilt, wenn ein volljähriges Kind nicht zum selbständigen Leben in der Lage ist. Beispiele für die mangelnde Fähigkeit des volljährigen Kindes, für den eigenen Unterhalt zu sorgen, ergeben sich aus der vorerwähnten Literatur und justiziellen Praxis. Unter der Voraussetzung der bestehenden Unterhaltsbedürftigkeit gilt auch nach dem gegenwärtigen Recht in der VR China eine zeitlich unbeschränkte Verpflichtung zum Unterhalt bzw. ein damit korrespondierendes Unterhaltsrecht. Insoweit gehen die unterhaltsrechtlichen Bestimmungen des Ehegesetzes der VR China über die auf die Minderjährigkeit beschränkten Bestimmungen des Kindesunterhalts in der chinesischen Sowjetrepublik hinaus.[386]

V. Art der Unterhaltsgewährung

1. Rechtslage vor Gründung der VR China

1.1. § 1120 ZGB

Gemäß § 1120 S. 1 ZGB wurde die Art der Unterhaltsgewährung durch die Vereinbarung der Parteien bestimmt. Konnte eine solche Vereinbarung nicht getroffen werden, bestimmte gemäß § 1120 S. 2 ZGB die Familienversammlung.[387]

---

[385] So auch allgemein für die Bedürftigkeit als Unterhaltsvoraussetzung 王洪 (Wang Hong), a.a.O., S. 293;

[386] S. hierzu Kapitel 1, III.1.1.1.4., 2.2.2.;

[387] „亲属会议"; vgl. zum Begriff der Familienversammlung allgemein §§ 1129 ff. ZGB. Für die Art der Unterhaltsleistung allgemein vgl. van der Valk, a.a.O., S. 157. Für die Art der Unterhaltsleistung speziell des Vaters gegenüber dem nichtehelichen Kind vgl. ferner die Hinweise auf die Rechtsprechung bei Chen Hwei-Syin, a.a.O., S. 103 f. m.w.N.;

1.2. Chinesische Sowjetrepublik und Shan-Gan-Ning-Grenzgebiet

Die unterhaltsrelevanten Bestimmungen der chinesischen Sowjetrepublik[388] und der Ehebestimmungen des Shan-Gan-Ning-Grenzgebietes v. 1939[389] haben betreffend die Art des Unterhalts zwischen dem Kindesunterhalt im Sinne von „抚养 " und der Übernahme der Lebenshaltungskosten des Kindes differenziert. Dabei kam dem Begriff „抚养 " eine vollumfängliche Bedeutung zu, soweit die Art des Unterhalts in Gestalt der Übernahme der Lebenshaltungskosten des Kindes nicht besonders bestimmt war.[390]

2. Gegenwärtige Rechtslage in der VR China

2.1. Allgemeines zur Art der Unterhaltsgewährung

Das gegenwärtige Ehegesetz der VR China verwendet außer dem Begriff des Kindesunterhalts im Sinne von „抚养" die Begriffe „Unterhaltsbetrag" (抚养费), „Lebenshaltungs- und Erziehungskosten" (生活费和教育费) sowie „unmittelbarer Unterhalt" (直接抚养).

Der Begriff des unmittelbaren Unterhalts wurde im Zuge der Revision des Ehegesetzes im Jahre 2001 eingeführt. Danach wird der Unterhalt nichtehelicher Kinder bzw. ehelicher Kinder nach Scheidung der Eltern nunmehr im Ehegesetz verschiedentlich als „unmittelbar" bezeichnet.[391]

In der Literatur wird nun vereinzelt vertreten, dass sich die Bedeutung des unmittelbaren Unterhalts nicht in der Bezeichnung einer Art von Unterhalt erschöpfe, sondern darüber hinaus die „Vormundschaft" (监护) betreffend das Kind umfasse.[392] Diese Ansicht erscheint zweifelhaft. § 16 Abs. 1 AGZR be-

---

[388] Vgl. hierzu allgemein die Ehebestimmungen d. chin. Sowjetrepublik v. 1.12.1931, a.a.O., engl. Übersetzung von M.J. Meijer, a.a.O., S. 281 f.; ferner Ehegesetz d. chin. Sowjetrepublik v. 8.4.1934, engl. Übersetzung in M.J. Meijer, a.a.O., S. 283 f.;

[389] Vgl. hierzu allgemein die Ehebestimmungen des Shan-Gan-Ning-Grenzgebietes v. 4.4.1939, a.a.O., engl. Übersetzung von M.J. Meijer, a.a.O., S. 285 ff.;

[390] S. hierzu insbesondere Kapitel 1, III.1.1.1.3.;

[391] Vgl. § 25 Abs. 2; § 36 Abs. 1, § 38 Abs. 1;

[392] Vgl. den Hinweis auf die entsprechende Meinung – allerdings ohne konkrete Fundstellen – bei 王歌雅 (Wang Geya), a.a.O., S. 7;

stimmt grundsätzlich die Eltern[393] des Minderjährigen zu dessen „Vormund" (监护人), d.h. gesetzlichen Vertretern. Die Vormundschaft umfasst dabei gegenwärtig auch die elterliche Sorge (亲权).[394] Für den Fall des Vorversterbens der Eltern oder deren Unfähigkeit zur Vormundschaft bestimmt § 16 Abs. 2 AGZR die dann zur Vormundschaft Berufenen.[395] Folgte man der vorgenannten Auffassung[396], dann wäre also gemäß dem gegenwärtigen Ehegesetz nach der Scheidung allein der den unmittelbaren Unterhalt leistende Elternteil als Vormund des Kindes anzusehen. Gegen eine solche Annahme spricht jedoch insbesondere Folgendes: Zunächst einmal ist die Vormundschaft bisher in den AGZR geregelt,[397] der Unterhalt dagegen im Ehegesetz. Bereits aus systematischen Erwägungen ist daher nicht davon auszugehen, dass Bestimmungen im Ehegesetz – hier konkret der Zusatz „unmittelbar" – die in den AGZR geregelte Vormundschaft betreffen. Ferner ergibt sich aus den vorgenannten Bestimmungen der AGZR,[398] dass die Vormundschaft betreffend die minderjährigen Kinder an die Abstammung, nicht jedoch an eine Ehe der Eltern, anknüpft. Folglich wurde auch in den AGZR weder für das nichteheliche Kind noch für den Fall der Scheidung eine besondere Bestimmung getroffen, wonach sich etwa die Vormundschaft auf den Elternteil beschränken würde, der das Kind unmittelbar unterhält. Es ist also davon auszugehen, dass die leiblichen Eltern grundsätzlich auch gemeinsam der Vormund des nichtehelichen Kindes sind, obwohl auch das nichteheliche Kind typischerweise nur von einem Elternteil unmittelbar unterhalten wird. Folglich lässt auch die Scheidung der Eltern sowie eine aus diesem Anlass erfolgende Regelung der Art der Unterhaltsgewährung gegenüber dem Kind die Vormundschaft betreffend das gemeinsame Kind unberührt. Folgt man demgegenüber der Ansicht, dass die Vormundschaft sich im Falle der Scheidung auf den Elternteil beschränkt, der den unmittelbaren Unterhalt leistet, würde dies ferner insbesondere den Ausschluss einer gemeinsamen Fortführung der Vormundschaft durch die Eltern bedeuten. Dies wiederum würde dem gesetzgeberischen Anliegen, die Verhältnisse nach der Ehe möglichst einvernehmlich durch die geschiedenen Eheleute regeln zu lassen, widersprechen.[399] Schließlich spricht auch der Kontext des Ehegesetzes, insbesondere die Gegenüberstellung der Begriffe „unmittelbarer Unterhalt" und „Über-

[393] Hierzu zählen auch die Adoptiveltern sowie der Stiefelternteil, der zum Stiefkind ein Unterhaltsverhältnis begründet hat, vgl. von Senger in Bergmann / Ferid / Henrich, a.a.O., S. 111;

[394] Vgl. hierzu auch 王洪 (Wang Hong), a.a.O., S. 320 ff. (321);

[395] Vgl. zu weiteren Einzelheiten von Senger in Bergmann / Ferid / Henrich, a.a.O., S. 111 f.;

[396] S.o. den Hinweis auf die entsprechende Meinung bei 王歌雅 (Wang Geya), a.a.O., S. 7 f.;

[397] Vgl. §§ 16 – 19 AGZR;

[398] Vgl. insbesondere § 16 AGZR;

[399] Vgl. hierzu betreffend den Kindesunterhalt z.B. § 36 Abs. 3 S. 2, § 37 Abs. 1, § 38 Abs. 2, wonach das Volksgericht jeweils erst dann eine Entscheidung trifft, wenn eine einvernehmliche Regelung durch die Parteien nicht erzielt werden kann.

nahme der Lebenshaltungskosten“ in § 25 Abs. 2 dafür, dass es sich vorliegend um zwei Arten der Unterhaltsgewährung handelt.

Die Literatur ist ebenfalls überwiegend der Auffassung, dass der nunmehr als „unmittelbar“ bezeichnete Kindesunterhalt lediglich eine Art der Unterhaltsgewährung bezeichnet[400] und daher von der Vormundschaft zu unterscheiden ist.

Der unmittelbare Unterhalt bezieht sich auf das Zusammenleben des Kindes mit einem Elternteil[401] und beinhaltet daher die Pflege und Erziehung des Kindes durch diesen.

Der nunmehr im Ehegesetz verankerte Begriff des unmittelbaren Unterhalts dient damit der Abgrenzung der Pflege und Erziehung des Kindes durch einen Elternteil von der Leistung eines Unterhaltsbetrages bzw. – wie es an anderer Stelle heißt – von der Übernahme von Lebenshaltungs- und Erziehungskosten[402] durch den anderen Elternteil. Diese Abgrenzungsfunktion ergibt sich etwa im Falle des § 25 Abs. 2 ausdrücklich aus dem Wortlaut der Norm, indem der unmittelbare Unterhalt durch einen Elternteil der Übernahme von Lebenshaltungs- und Erziehungskosten durch den anderen Elternteil gegenüber gestellt wird.

Die Konkretisierung des Unterhaltsbegriffs im vorgenannten Sinne ergibt sich jedoch nicht zwingend aus dem Zusatz „unmittelbar“. Verschiedentlich ist der vorgenannte grundsätzlich umfassende Unterhaltsbegriff im Sinne von „抚养“ auch restriktiv im Sinne des unmittelbaren Unterhalts auszulegen. Dies ergibt sich zum Beispiel aus § 37, in dem es heißt, dass ein Elternteil einen Teil der oder die gesamten Lebenshaltungskosten übernehmen soll, wenn der andere Elternteil das Kind unterhält.

---

400 So auch die Auffassung von 王歌雅 (Wang Geya), a.a.O., S. 7 f.; vgl. ferner 王洪 (Wang Hong), a.a.O., S. 204; 王丽萍，婚姻家庭继承法学 (Wang Liping, Studium des Ehe-, Familien- und Erbrechts) S. 255. Auch heißt es z.B. bei 周利民 / 罗水平 / 贺小电 (Zhou Limin / Luo Shuiping / He Xiaodian), a.a.O., S. 268, dass nach der Scheidung der eine (Eltern-) Teil die Kinder unmittelbar unterhält und der andere (Eltern-) Teil einen Teil der oder die gesamten notwendigen Lebenshaltungs- und Erziehungskosten übernimmt. Aus dieser Gegenüberstellung ergibt sich ebenfalls, dass der unmittelbare Unterhalt im Vergleich zur Übernahme der Lebenshaltungskosten als die andere Art der Unterhaltsleistung angesehen wird.

401 Vgl. hierzu auch bereits 最高人民法院关于人民法院审理离婚案件处理子女抚养问题的若干具体意见 (Einige konkrete Ansichten des Obersten Volksgerichts über die Behandlung der Frage des Kindesunterhalts bei der gerichtlichen Verhandlung von Scheidungsfällen durch die Volksgerichte) v. 3.11.1993, a.a.O., dort insb. Ziff. 1-5, 16;

402 Vgl. hierzu § 25 Abs. 2;

Verglichen mit dem deutschen Recht, welches im Rahmen des Kindesunterhalts zwischen dem Betreuungsunterhalt einerseits und dem Barunterhalt andererseits differenziert,[403] entspricht somit der unmittelbare Unterhalt des chinesischen Rechts dem Betreuungsunterhalt und der Unterhaltsbetrag bzw. die Übernahme von Kosten für den Lebensunterhalt und die Erziehung dem Barunterhalt. Allerdings wird die vorgenannte Terminologie im gegenwärtigen Ehegesetz der VR China nicht konsequent durchgehalten. Der Begriff „抚养" ist vielmehr z.T. ebenfalls einschränkend im Sinne des unmittelbaren Unterhalts auszulegen.

Im Hinblick auf die Art der Unterhaltsgewährung ist daher zunächst zwischen der Zahlung eines Unterhaltsbetrages bzw. der Übernahme der Lebenshaltungs- und Erziehungskosten einerseits und dem – zum Teil als unmittelbar bezeichneten – Unterhalt in Form der Pflege und Erziehung des Kindes zu unterscheiden.

Der Begriff „Unterhaltsbetrag" wird im Zusammenhang mit dem hierauf gerichteten Recht des Kindes gemäß § 21 Abs. 2 verwendet. Im Übrigen ist sowohl im Zusammenhang mit dem nichtehelichen Kind, vgl. § 25 Abs. 2, als auch dem ehelichen Kind, vgl. § 37 Abs. 1 und Abs. 2, von der Übernahme der „Lebenshaltungs- und Erziehungskosten" die Rede. Ein sachlicher Unterschied zwischen den vorgenannten Begriffen ist nicht erkennbar.

Die Form der Unterhaltsgewährung bei dem Zusammenleben des Kindes mit einem Elternteil wird im Falle eines nichtehelichen Kindes, vgl. § 25 Abs. 2, bzw. im Falle eines ehelichen Kindes nach der Scheidung der Eltern, vgl. § 36 Abs. 1 S. 2, § 38 Abs. 1, demgegenüber als „unmittelbarer Unterhalt" oder auch nur schlicht als „Unterhalt", vgl. § 36 Abs. 3 S. 1, § 37 Abs. 1, bezeichnet.

2.2. Unterhaltsbetrag gemäß § 21 Abs. 2

§ 21 Abs. 2 trifft eine Bestimmung für die Art der Unterhaltsgewährung, wenn die Eltern ihre Unterhaltspflicht nicht erfüllen. In diesem Fall kann das Kind die Zahlung eines Unterhaltsbetrages verlangen. Das vorgenannte Recht steht allgemein dem unterhaltsbedürftigen Kind, d.h. dem minderjährigen oder zum selbständigen Leben unfähigen volljährigen Kind zu. Ferner ist unerheblich, ob das Kind mit den Unterhaltsverpflichteten in einem Haushalt zusammen lebt. Das vorgenannte Recht steht allen Kindern im Sinne des Ehegesetzes zu. Dies ergibt sich für das Adoptivkind aus § 26 Abs. 1 S. 2 i.V.m. § 21 Abs. 2 und für das Stiefkind im Rahmen eines Unterhaltsverhältnisses mit dem Stiefelternteil aus

---

[403] Vgl. Diederichsen in Palandt, Bürgerliches Recht, Einf v § 1601, Rdnr. 2;

§ 27 Abs. 2 i.V.m. § 21 Abs. 2. Im Falle des ehelichen sowie nichtehelichen[404] Kindes ergibt sich das vorgenannte Recht unmittelbar aus § 21 Abs. 2.

2.3. Art der Unterhaltsgewährung gegenüber nichtehelichen Kindern gemäß § 25 Abs. 2

Das Ehegesetz enthält in § 25 Abs. 2 eine Sollbestimmung speziell betreffend den Unterhalt des nichtehelichen Kindes.

Gemäß § 25 Abs. 2 soll der Elternteil, der das nichteheliche Kind nicht unmittelbar unterhält (不直接抚养), die Lebenshaltungs- und Erziehungskosten (生活费和教育费) übernehmen, bis das Kind selbständig leben kann. Hierbei handelt es sich um eine Regelung betreffend die Art des zu leistenden Unterhalts und die Aufteilung unter den Elternteilen. Nach der Vorstellung des Gesetzgebers unterhält ein Elternteil das Kind unmittelbar, während der andere Elternteil die Lebenshaltungs- und Erziehungskosten übernimmt. Klar gestellt wird, dass es sich bei § 25 Abs. 2 nicht etwa um eine besondere Rechtsgrundlage für die Unterhaltspflicht gegenüber dem nichtehelichen Kind handelt.[405]

2.3.1. Der unmittelbare Unterhalt

Der Begriff des „unmittelbaren Unterhalts“ (直接抚养) in § 25 Abs. 2 ist im Zuge der Revision des Ehegesetzes im Jahre 2001 eingeführt worden. Während der Unterhalt im Sinne von „抚养“ grundsätzlich[406] sowohl die Pflege und Betreuung des Kindes als auch die für den Kindesunterhalt erforderlichen Barmittel bezeichnet[407], ergibt sich aus der Gegenüberstellung des unmittelbaren Unterhalts einerseits und der Übernahme der Lebenshaltungs- und Erziehungskosten andererseits in § 25 Abs. 2, dass der „unmittelbare Unterhalt“ die Pflege

---

[404] Vgl. insoweit § 25 Abs. 1 HS. 1, wonach nichteheliche Kinder die gleichen Rechte genießen wie eheliche Kinder;

[405] Dies wurde in der Vergangenheit bezogen auf § 19 Abs. 2 EheG v. 1980 a.F., dem gemäß der leibliche Vater einen Teil oder die gesamten notwendigen Lebenshaltungs- und Erziehungskosten des Kindes zu tragen hatte, z.T. anders gesehen, vgl. insoweit Chen, Hwei-Syin, a.a.O., S. 107;

[406] Ausnahmsweise kann der Unterhaltsbegriff auch einschränkend im Sinne von unmittelbarem Unterhalt auszulegen sein, vgl. hierzu etwa § 37 Abs. 1. Die einschränkende Auslegung ergibt sich dabei aus der Gegenüberstellung der Begriffe „Unterhalt“ und „Übernahme der notwendigen Lebenshaltungs- und Erziehungskosten“.

[407] Vgl. 法学大辞典 (Großes Wörterbuch der Rechtswissenschaft), S. 708; s. hierzu auch I.;

und Betreuung des Kindes durch einen Elternteil, bzw. das Zusammenleben mit einem Elternteil, beschreibt.[408]

Ob das Kind dabei regelmäßig vom Vater oder der Mutter unmittelbar unterhalten wird, ist in § 25 Abs. 2 nicht geregelt. Im Unterschied zu der gegenwärtigen Rechtslage ging der Gesetzgeber noch in § 19 Abs. 2 EheG v. 1980 a.F. im Regelfall davon aus, dass das nichteheliche Kind von der Mutter gepflegt und betreut wird, während der Vater in bestimmtem Umfang die Lebenshaltungs- und Erziehungskosten des Kindes übernimmt. Diese Aufteilung war jedoch bereits nach damaligem Recht nicht zwingend. Es bestand sowohl die Möglichkeit einer einverständlichen abweichenden Vereinbarung der Eltern als auch einer abweichenden Entscheidung des Volksgerichts durch Urteil.[409]

Die gegenwärtige geschlechtsneutrale Formulierung des § 25 Abs. 2 bestätigt somit das bereits nach alter Rechtslage in der Praxis weitgehend anerkannte Unterhaltsbestimmungsrecht der Eltern. Die Eltern können demnach grundsätzlich frei vereinbaren, welcher Elternteil das nichteheliche Kind unmittelbar unterhält.

Im Rahmen einer gerichtlichen Streitigkeit betreffend den Unterhalt nichtehelicher Kinder ist jedoch weiterhin Ziff. 22 der *Ansichten des Obersten Volksgerichts betreffend einige Fragen des Vollzugs ziviler Politik und Gesetze v. 30.8.1984*[410] zu beachten.[411] Gemäß Ziff. 22 S. 1 der vorgenannten *Ansichten*[412] wird das in der Stillzeit befindliche Kind grundsätzlich von der Mutter (unmittelbar) unterhalten. Das Alter des in der Stillzeit befindlichen Kindes wird an dieser Stelle nicht konkretisiert. Eine einheitliche Rechtsauslegung spricht jedoch dafür, insoweit auf Ziff. 1 der *Ansichten des Obersten Volksgerichts betreffend die Fragen des Kindesunterhalts bei der gerichtlichen Verhandlung*

---

408 So im Ergebnis auch 王丽萍，婚姻家庭继承法学 (Wang Liping, Studium des Ehe-, Familien- und Erbrechts), S. 255;

409 Vgl. hierzu aus der justiziellen Praxis insbesondere Ziff. 22 der 最高人民法院关于贯彻执行民事政策法律若干问题的意见 (Ansichten des Obersten Volksgerichts betreffend einige Fragen des Vollzugs ziviler Politik und Gesetze) v. 30.8.1984, a.a.O.; vgl. ferner aus der Literatur 梁书文 / 黄赤东 (Liang Shuwen / Huang Chidong), a.a.O., S. 246;

410 最高人民法院关于贯彻执行民事政策法律若干问题的意见, a.a.O.;

411 Die vom Obersten Volksgericht am 3.11.1993 erlassenen konkreten *Ansichten über die Behandlung der Frage des Kindesunterhalts bei der gerichtlichen Verhandlung von Scheidungsfällen durch die Volksgerichte* (最高人民法院关于人民法院审理离婚案件处理子女抚养问题的若干具体意见), a.a.O., haben die Ansichten vom 30.8.1984 insoweit auch nicht überholt, da sich die später erlassenen Ansichten nicht auf den Unterhalt nichtehelicher Kinder beziehen.

412 S.o. 最高人民法院关于贯彻执行民事政策法律若干问题的意见, a.a.O.

von Scheidungsfällen v. 3.11.1993 zurück zu greifen.[413] Gemäß der Ziff. 1 der vorgenannten *Ansichten*[414] leben Kinder, die das zweite Lebensjahr noch nicht vollendet haben, grundsätzlich mit der Mutter zusammen. Es ist demnach davon auszugehen, dass es sich bei dem in der Stillzeit befindlichen Kind um ein Kind vor Vollendung des zweiten Lebensjahres handelt.

Ziff. 22 S. 2 der *Ansichten des Obersten Volksgerichts betreffend einige Fragen des Vollzugs ziviler Politik und Gesetze v. 30.8.1984*[415] sieht allerdings die Möglichkeit vor, dass ein solches Kind bei Vorliegen guter Voraussetzungen zum Unterhalt aufseiten des Vaters sowie im Falle der Zustimmung der Mutter auch vom Vater (unmittelbar) unterhalten werden kann.

Der Unterhalt des älteren Kindes, d.h. des Kindes nach der Stillzeit, kann von den Parteien einverständlich geregelt werden.

Besteht allerdings zwischen den Elternteilen in Bezug auf den unmittelbaren Unterhalt eines älteren Kindes Streit, dann soll das Gericht diesen gemäß dem Grundsatz der Förderlichkeit für das körperlich und seelisch gesunde Heranwachsen des Kindes entscheiden, vgl. Ziff. 22 S. 3 der vorgenannten *Ansichten.*[416] Dabei soll gemäß Ziff. 22 S. 4[417] der Wille des Kindes ermittelt werden, wenn dieses einsichtsfähig ist. Wann eine entsprechende Einsichtsfähigkeit des Kindes vorliegt, wird an dieser Stelle nicht konkretisiert. Insoweit erscheint wiederum ein Rückgriff auf die *Ansichten des Obersten Volksgerichts betreffend die Fragen des Kindesunterhalts bei der gerichtlichen Verhandlung von Scheidungsfällen v. 3.11.1993*[418] zweckmäßig. Gemäß Ziff. 5 dieser *Ansichten des Obersten Volksgerichts*[419] ist der Wille des Kindes nach Vollendung des 10. Lebensjahres zu berücksichtigen. Ferner ergibt sich aus § 12 Abs. 1 HS. 1 AGZR die beschränkte Zivilgeschäftsfähigkeit des Minderjährigen mit Vollendung des 10. Lebensjahres. Im Interesse einer einheitlichen Rechtsauslegung ist somit davon auszugehen, dass auch der Wille des nichtehelichen Kindes nach Vollendung des 10. Lebensjahres zu ermitteln und bei der Entscheidung über den unmittelbaren Unterhalt zu berücksichtigen ist. Ferner sind bei der Entscheidung, wer ein Einzelkind unmittelbar unterhält, neben dem Kindeswohl auch besondere Umstände aufseiten eines Elternteiles,

---

413 S.o. 最高人民法院关于人民法院审理离婚案件处理子女抚养问题的若干具体意见, a.a.O;

414 S.o.;

415 S.o. 最高人民法院关于贯彻执行民事政策法律若干问题的意见，a.a.O.;

416 S.o.;

417 S.o.;

418 S.o. 最高人民法院关于人民法院审理离婚案件处理子女抚养问题的若干具体意见, a.a.O;

419 S.o.;

etwa eine (zwischenzeitlich eingetretene) Unfruchtbarkeit etc., zu berücksichtigen.[420]

2.3.2. Lebenshaltungs- und Erziehungskosten

Anders als in § 21 Abs. 2 wird in § 25 Abs. 2 der Begriff „Lebenshaltungs- und Erziehungskosten" (生活费和教育费) statt „Unterhaltskosten" (抚养费) verwandt. Ein sachlicher Unterschied ist jedoch nicht ersichtlich.

Nach dem gesetzlichen Regelfall des § 25 Abs. 2 soll nunmehr der Elternteil, der das Kind nicht unmittelbar unterhält, die Lebenshaltungs- und Erziehungskosten des Kindes insgesamt übernehmen. Gemäß § 19 Abs. 2 EheG v. 1980 a.F. war dagegen die Übernahme eines Teiles *oder* der gesamten notwendigen Lebenshaltungs- und Erziehungskosten vorgesehen. Durch die aktuelle Regelung anerkennt der Gesetzgeber die Gleichwertigkeit des in Form von Pflege und Betreuung des Kindes geleisteten unmittelbaren Unterhalts einerseits und der Übernahme der Lebenshaltungs- und Erziehungskosten andererseits. Es besteht jedoch weiterhin die Möglichkeit der Eltern, eine vom gesetzlichen Regelfall abweichende Vereinbarung zu treffen. Die Höhe des Unterhaltsbetrages und die Art der Bezahlung werden grundsätzlich von den Eltern vereinbart. Nur soweit eine Vereinbarung nicht zustande kommt, entscheidet das Volksgericht unter Berücksichtigung des Einkommens der Eltern sowie der praktischen Bedürfnisse des Kindes.[421]

2.4. Art der Unterhaltsgewährung gegenüber ehelichen Kindern nach Scheidung der Eltern

Eine ausdrückliche Regelung des Kindesunterhalts, insbesondere der Art des zu gewährenden Unterhalts, ist in der Praxis ferner im Falle der Scheidung der Eltern des minderjährigen oder bedürftigen volljährigen Kindes erforderlich. Das Kind lebt ab diesem Zeitpunkt grundsätzlich im Haushalt eines Elternteiles, der durch die Betreuung des Kindes seiner Unterhaltspflicht ganz oder zumindest

---

420 Vgl. hierzu Ziff. 22 S. 5 der 最高人民法院关于贯彻执行民事政策法律若干问题的意见 (Ansichten des Obersten Volksgerichts betreffend einige Fragen des Vollzugs ziviler Politik und Gesetze) v. 30.8.1984, a.a.O.;

421 Vgl. insoweit bereits zu § 19 Abs. 2 EheG v. 1980 a.F. etwa 张贤钰 (Zhang Xianyu), a.a.O., S. 139;

teilweise nachkommt, während der andere Elternteil die Unterhaltskosten des Kindes ganz oder teilweise übernimmt, vgl. § 37 Abs. 1.[422]

Verschiedene Bestimmungen des Ehegesetzes betreffen die Art der Unterhaltsgewährung gegenüber ehelichen Kindern nach der Scheidung der Eltern. Ferner ist zur Ausgestaltung des Kindesunterhalts insoweit die justizielle Praxis zu beachten.

2.4.1. (Unmittelbarer) Unterhalt des Kindes innerhalb der Stillzeit gemäß § 36 Abs. 3 S. 1

Eheliche Kinder, die sich im Zeitpunkt der Scheidung der Eltern in der Stillzeit befinden, werden gemäß § 36 Abs. 3 S. 1 grundsätzlich von der sie stillenden Mutter unterhalten. Der Unterhaltsbegriff ist in diesem Zusammenhang als unmittelbarer Unterhalt auszulegen.[423] Dies ergibt sich aus dem Kontext der Norm. Das Ehegesetz sieht bei Kindern in der Stillzeit grundsätzlich die Pflege und Betreuung durch die Mutter vor. Aus § 36 Abs. 3 S. 1 ist dagegen nicht zu schließen, dass sich der Kindesunterhalt etwa insgesamt auf die Mutter beschränkt. Dies bestätigt auch § 36 Abs. 2, dem gemäß beide Elternteile nach der Scheidung weiterhin das Recht und die Pflicht zum Kindesunterhalt haben.
Bei dem unmittelbaren Unterhalt der in der Stillzeit befindlichen ehelichen Kinder durch die Mutter handelt es sich um eine Bestimmung, die sich in sämtlichen Ehegesetzen der VR China findet.[424] Vor Gründung der VR China sah bereits § 12 Ehebestimmungen der chinesischen Sowjetrepublik v. 1931[425] in diesen Fällen – als Ausnahme von der grundsätzlichen Freistellung der Mutter betreffend den Kindesunterhalt nach der Scheidung – ebenfalls den Unterhalt des Kindes durch die Mutter vor.[426] § 13 Ehebestimmungen des Shan-Gan-Ning-Grenzgebietes v. 4.4.1939[427] bestimmte sogar, dass Kinder nach der Scheidung bis zur Vollendung des fünften Lebensjahres von der Mutter unterhalten werden.[428]

---

[422] Vgl. den identischen Wortlaut des § 30 Abs. 1 EheG v. 1980 a.F.;
[423] So auch 王洪 (Wang Hong), a.a.O., S. 204; 周利民 / 罗水平 / 贺小电 (Zhou Limin / Luo Shuiping / He Xiaodian), a.a.O., S. 211 f.;
[424] Vgl. § 20 Abs. 3 S. 1 EheG v. 1950 a.F. sowie § 29 Abs. 3 S. 1 EheG v. 1980 a.F., der mit der gegenwärtigen Regelung in § 36 Abs. 3 S. 1 identisch ist;
[425] a.a.O., S. 195, engl. Übersetzung von M.J. Meijer, a.a.O., S. 281 f.;
[426] Zu den Einzelheiten s. auch Kapitel 1, III.1.1.1.2.;
[427] a.a.O., engl. Übersetzung von M.J. Meijer, a.a.O., S. 285 ff.;
[428] Zu den Einzelheiten s. Kapitel 1, IV.1.1.;

2.4.1.1. Das in der Stillzeit befindliche Kind

Das Ehegesetz der VR China konkretisiert das Alter der in der Stillzeit befindlichen Kinder nicht. Insoweit wurde jedoch bereits eine Auslegung anhand Ziff. 1 von *Einigen konkreten Ansichten des Obersten Volksgerichts über die Behandlung der Frage des Kindesunterhalts bei der gerichtlichen Verhandlung von Scheidungsfällen durch die Volksgerichte v. 3.11.1993*[429] vorgenommen.[430] Demnach sind in der Stillzeit befindliche Kinder solche, die das zweite Lebensjahr noch nicht vollendet haben.[431]

2.4.1.2. Ausnahmen vom Grundsatz gem. § 36 Abs. 3 S. 1

§ 36 Abs. 3 S. 1 sieht vor, dass in der Stillzeit befindliche Kinder *grundsätzlich* von der Mutter unterhalten werden. Die Bestimmung setzt demnach voraus, dass hiervon Ausnahmen möglich sind, ohne diese jedoch konkret zu benennen. Eine Ausnahme i.S.v. § 36 Abs. 3 S. 1 kann sowohl in Form einer vom Regelfall abweichenden einverständlichen Vereinbarung der Eltern oder aber durch eine Entscheidung des Volksgerichts getroffen werden.

Im Rahmen einer streitigen, gerichtlichen Scheidung sind die bereits erwähnten *Einigen konkreten Ansichten des Obersten Volksgerichts über die Behandlung der Frage des Kindesunterhalts bei der gerichtlichen Verhandlung von Scheidungsfällen durch die Volksgerichte v. 3.11.1993*[432] heranzuziehen. Insoweit ergibt sich aus Ziff. 2 der vorgenannten *Ansichten*[433], dass eine Vereinbarung der Eltern, der zufolge ein Kind unter zwei Jahren mit dem Vater zusammen lebt, erlaubt werden kann, wenn sich dies auf das gesunde Heranwachsen des Kindes nicht nachteilig auswirkt. Im Rahmen der gerichtlichen Behandlung von Scheidungsfällen ist demnach eine vom gesetzlichen Regelfall des § 36 Abs. 3 S. 1 abweichende Vereinbarung der Eltern zulässig, soweit diese dem Kindeswohl nicht zuwider läuft.

---

[429] 最高人民法院关于人民法院审理离婚案件处理子女抚养问题的若干具体意见 (Einige konkrete Ansichten des Obersten Volksgerichts über die Behandlung der Frage des Kindesunterhalts bei der gerichtlichen Verhandlung von Scheidungsfällen durch die Volksgerichte), a.a.O.;

[430] S. hierzu 2.3.1.;

[431] Teilweise wird in der Literatur – allerdings ohne Angabe von Fundstellen – auf eine uneinheitliche justizielle Praxis hingewiesen, der zufolge sich das Alter der Kinder in der Stillzeit auf 1 Jahr bzw. auch 1 ½ Jahre beschränken soll, vgl. insoweit etwa 周利民 / 罗水平 / 贺小电 (Zhou Limin / Luo Shuiping / He Xiaodian), a.a.O., S. 212;

[432] 最高人民法院关于人民法院审理离婚案件处理子女抚养问题的若干具体意见 , a.a.O.;

[433] S.o., a.a.O.;

Ferner kann gemäß Ziff. 6 der vorgenannten *Ansichten*[434] auch eine Vereinbarung der Eltern erlaubt werden, der zufolge das Kind abwechselnd mal von dem einen und mal von dem anderen Elternteil unterhalten wird,[435] wenn dies dem Schutz der Rechte und Interessen des Kindes dient. Mangels näherer Konkretisierungen des Kindesbegriffes gilt die vorgenannte Ziff. 6[436] auch für Kinder, die das zweite Lebensjahr noch nicht vollendet haben.[437]

Eine vom Grundsatz des § 36 Abs. 3 S. 1 abweichende Entscheidung betreffend den Kindesunterhalt kann aber auch durch das Volksgericht selbst getroffen werden. In diesem Zusammenhang wurden insbesondere durch Ziff. 1 der vorgenannten *Ansichten des Obersten Volksgerichts*[438] Ausnahmen von dem Grundsatz bestimmt, dass das in der Stillzeit befindliche Kind von der Mutter unmittelbar unterhalten wird.

Danach kann ein Kind vor Vollendung des zweiten Lebensjahres unmittelbar vom Vater unterhalten werden, wenn aufseiten der Mutter einer der folgenden Umstände vorliegt:

- Aufgrund einer ansteckenden Krankheit, die durch langfristige Behandlung nicht geheilt werden kann,[439] oder aufgrund einer sonstigen ernsthaften Krankheit[440] erscheint es nicht angemessen, dass das Kind mit der Mutter zusammen lebt;

- die Mutter verfügt zwar über die Voraussetzungen zum Kindesunterhalt, erfüllt aber die Unterhaltspflicht nicht, und der Vater verlangt, dass das Kind mit ihm zusammen lebt;

---

434 S.o., a.a.O.;

435 „轮流抚养";

436 S.o. 最高人民法院关于人民法院审理离婚案件处理子女抚养问题的若干具体意见 (Einige konkrete Ansichten des Obersten Volksgerichts über die Behandlung der Frage des Kindesunterhalts bei der gerichtlichen Verhandlung von Scheidungsfällen durch die Volksgerichte), a.a.O.;

437 In der Literatur wird Ziff. 6 der vorgenannten Ansichten des Obersten Volksgerichts teilweise ohne Begründung nur auf Kinder nach Vollendung des zweiten Lebensjahres angewandt, vgl. hierzu etwa 王洪 (Wang Hong), a.a.O., S. 205 f. (206) sowie 周利民 / 罗水平 / 贺小电 (Zhou Limin / Luo Shuiping / He Xiaodian), a.a.O., S. 213 ff. (215).

438 S.o. 最高人民法院关于人民法院审理离婚案件处理子女抚养问题的若干具体意见 (Einige konkrete Ansichten des Obersten Volksgerichts über die Behandlung der Frage des Kindesunterhalts bei der gerichtlichen Verhandlung von Scheidungsfällen durch die Volksgerichte), a.a.O.;

439 In der Literatur werden insoweit Lungentuberkulose und chronische Hepatitis als Beispiele genannt, vgl. 周利民 / 罗水平 / 贺小电 (Zhou Limin / Luo Shuiping / He Xiaodian), a.a.O., S. 212;

440 Z.B. Krebs, Lähmung oder Geisteskrankheit, s.o.;

- es ist aus einem anderen tatsächlichen Grund nicht möglich, dass das Kind mit der Mutter zusammen lebt.[441]

Neben der vorgenannten streitigen, gerichtlichen Scheidung sieht das Recht der VR China aber auch die Möglichkeit einer einverständlichen Scheidung der Eheleute vor. Für die einverständliche Scheidung ist ein administratives Verfahren vor den Zivilverwaltungsbehörden vorgesehen. Die einverständliche Scheidung setzt gemäß § 31 S. 3 EheG[442] i.V.m. § 11 Abs. 1 Ziff. 3 Eheregistrierungsbestimmungen[443] insbesondere eine Scheidungsvereinbarung voraus. Gegenstand der Scheidungsvereinbarung ist gemäß § 31 S. 3 auch eine *angemessene* Regelung betreffend die Kinder. Aus § 31 S. 3 ergibt sich damit zunächst die grundsätzliche Gestaltungsfreiheit der Eltern bezüglich des Kindesunterhalts, solange die Eltern eine *angemessene* Regelung treffen.
Dabei stellt sich die Frage, ob und gegebenenfalls anhand welcher Kriterien die Angemessenheit einer von den Eltern getroffenen Regelung des Kindesunterhalts überprüft wird.

Dem Ehegesetz selbst ist nicht ausdrücklich zu entnehmen, wann eine Unterhaltsregelung als *angemessen* anzusehen ist. Angemessen dürfte zunächst grundsätzlich eine § 36 Abs. 3 S. 1 entsprechende Vereinbarung sein. Dem Wortlaut dieser Bestimmung zufolge kann aber auch eine hiervon abweichende Regelung angemessen sein.

Aus den Eheregistrierungsbestimmungen[444] ergeben sich lediglich schwache Anhaltspunkte für eine – auch inhaltliche – Überprüfung der Scheidungsvereinbarung auf die im Ehegesetz geforderte Angemessenheit. In § 11 Abs. 3 Eheregistrierungsbestimmungen[445] wird lediglich gefordert, dass die Scheidungs-

---

441 Als Beispiele werden insoweit in der Literatur berufliche Gründe, vgl. 巫昌祯 (Wu Changzhen), a.a.O, S. 184, ein Studium der Mutter im Ausland, aber auch Drogenkonsum, Glücksspiel oder Prostitution sowie der unbekannte Aufenthaltsort der Mutter genannt, vgl. 王洪 (Wang Hong), a.a.O., S. 205, 周利民 / 罗水平 / 贺小电 (Zhou Limin / Luo Shuiping / He Xiaodian), a.a.O., S. 213;

442 Vgl. insoweit den identischen Wortlaut von § 24 S. 3 EheG v. 1980 a.F.;

443 „婚姻登记条例", vgl. für den chin. Text http://www.chinalaw114.com/chinafa/shownews.asp?id=7728, dt. Übersetzung von Stadtmann, FamRZ 2004, S. 1775 ff. Die aktuellen Eheregistrierungsbestimmungen sind am 1.10.2003 in Kraft getreten, vgl. dort § 22 S. 1. Die zuvor geltenden Bestimmungen über die Verwaltung der Eheregistrierung v. 12.1.1994 sind in diesem Zeitpunkt außer Kraft getreten, vgl. § 22 S. 2. Diese hatten zuvor die seit dem 15.3.1986 geltenden Methoden der Eheregistrierung ersetzt, vgl. hierzu die dt. Übersetzung von Borchard, VR China: Die neuen Verfahrensvorschriften für die Eheregistrierung v. 15.3.1986, Das Standesamt 1987, S. 86 ff.; vgl. ferner für die dt. Übersetzung der Eheregistrierungsbestimmungen v. 10.9.1980 a.F., Keßler, a.a.O.;

444 S.o.;

445 S.o.;

vereinbarung die einvernehmliche Regelung der Parteien betreffend den Kindesunterhalt eindeutig dokumentiert. Ferner nimmt die Registrierungsbehörde zwar die Scheidung nicht vor, wenn eine Scheidungsvereinbarung fehlt, vgl. § 12 Ziff. 1 Eheregistrierungsbestimmungen[446], nicht geregelt ist an dieser Stelle aber etwa eine Nichtvornahme der Scheidung im Falle einer nicht angemessenen Regelung betreffend den Kindesunterhalt. Daraus könnte man schließen, dass eine inhaltliche Überprüfung der Scheidungsvereinbarung nicht stattfindet. Allerdings ergeben sich aus § 13 Eheregistrierungsbestimmungen[447] bestimmte Prüfungs- und Erkundigungspflichten des Registrierungsorgans. Danach muss das Registrierungsorgan die von den Parteien vorgelegten Ausweise und Dokumente prüfen und sich nach den damit zusammenhängenden Umständen erkundigen. Dies spricht in gewissem Umfang für eine auch materielle Prüfungspflicht des Registrierungsorgans. Letztlich ergibt sich aber aus den Eheregistrierungsbestimmungen keine konkrete Pflicht zur Überprüfung der Angemessenheit der Kindesunterhaltsregelung.

Die entsprechende Prüfungspflicht bzw. Prüfungskompetenz des Registrierungsorgans könnte jedoch aus dem Ehegesetz selbst folgen. Gemäß § 31 S. 3 wird die Scheidungsurkunde ausgestellt, wenn das Registrierungsorgan das Vorliegen einer angemessenen Regelung betreffend die Kinder sowie betreffend Güterfragen „feststellt" (查明). Die geforderte Feststellung der Angemessenheit spricht für die entsprechende Pflicht bzw. Kompetenz des Registrierungsorgans zur Prüfung der Angemessenheit der Unterhaltsregelung.

Anhand des Ehegesetzes lässt sich somit zwar die Frage nach der Prüfungskompetenz, nicht jedoch diejenige nach den materiellen Kriterien einer solchen Angemessenheitsprüfung beantworten. Die Überprüfung der Angemessenheit der Unterhaltsvereinbarung betreffend die Kinder erscheint gerade auch im Hinblick auf das Kindeswohl als erforderlich. Eine administrative Interpretation liegt insoweit jedoch nicht vor. Aus der thematisch einschlägigen justiziellen Interpretation ergibt sich insbesondere, dass im Rahmen des gerichtlichen Scheidungsverfahrens auch einverständliche Regelungen der Eltern – etwa gemäß den Ziff. 2 und 6 der vorgenannten *Ansichten*[448] – vom Volksgericht daraufhin überprüft werden, ob diese dem *Kindeswohl* entsprechen. Allerdings entfaltet die entsprechende justizielle Interpretation[449] – streng genommen – nur

---

[446] S.o.;
[447] S.o.;
[448] 最高人民法院关于人民法院审理离婚案件处理子女抚养问题的若干具体意见 (Einige konkrete Ansichten des Obersten Volksgerichts über die Behandlung der Frage des Kindesunterhalts bei der gerichtlichen Verhandlung von Scheidungsfällen durch die Volksgerichte), a.a.O.;
[449] S.o.;

im justiziellen Bereich bindende Wirkung,[450] sie setzt also eine streitige gerichtliche Scheidung voraus und bindet nur die Volksgerichte. Auch wenn die vorgenannten *Ansichten des Obersten Volksgerichts*[451] für das Registrierungsorgan nicht unmittelbar verbindlich sind, erscheint es dennoch im Interesse der Rechtseinheitlichkeit und im Hinblick auf das Interesse des Kindes zweckmäßig, auch im Falle einer einverständlichen Scheidung die Kindesunterhaltsvereinbarung anhand des Kindeswohls zu überprüfen.[452] Hierfür spricht auch, dass die inhaltlichen Kriterien der Angemessenheit der Kindesunterhaltsregelung im Ergebnis nicht davon abhängen können, in welchem Verfahren die Ehe der Eltern geschieden wird.

2.4.2. Unmittelbarer Unterhalt des Kindes nach der Stillzeit

Der nacheheliche Unterhalt des Kindes nach der Stillzeit, d.h. konkret nach Vollendung des zweiten Lebensjahres,[453] ist im aktuellen Ehegesetz nicht geregelt. Die vorangegangenen Ehegesetze der VR China haben diesbezüglich ebenfalls keine Regelung enthalten. Im Gegensatz dazu hatten die eherechtlichen Bestimmungen der Sowjetrepublik auch für die älteren Kinder einen gesetzlichen Regelfall vorgesehen[454], während die Ehebestimmungen des Shan-Gan-Ning-Grenzgebietes v. 1939 lediglich bestimmten, dass bei der Regelung des Unterhalts eines Kindes nach Vollendung des fünften Lebensjahres der Wille des Kindes zu beachten sei.[455]

Das Ehegesetz der VR China gewährt den Eltern gerade auch bezüglich des unmittelbaren Unterhalts des älteren Kindes grundsätzliche Gestaltungsfreiheit. Wie bereits dargelegt[456] kann gemäß Ziff. 6 von *Einigen konkreten Ansichten*

---

[450] Vgl. von Senger in Bergmann / Ferid / Henrich, a.a.O., S. 11;

[451] 最高人民法院关于人民法院审理离婚案件处理子女抚养问题的若干具体意见 (Einige konkrete Ansichten des Obersten Volksgerichts über die Behandlung der Frage des Kindesunterhalts bei der gerichtlichen Verhandlung von Scheidungsfällen durch die Volksgerichte), a.a.O.;

[452] Auch Wang Chenguang / Zhang Xianchu, a.a.O., S. 21, weisen allgemein darauf hin, dass den justiziellen Auslegungen u.a. des Obersten Volksgerichts auch im administrativen Verfahren und im Schiedsverfahren praktische Bedeutung zukommt.

[453] S. hierzu 2.4.1.1.;

[454] Vgl. insoweit § 11 Ehebestimmungen d. chin. Sowjetrepublik v. 1.12.1931, a.a.O., engl. Übersetzung von M.J. Meijer, a.a.O., S. 281 f.; § 16 EheG d. chin. Sowjetrepublik v. 8.4.1934, engl. Übersetzung von M.J. Meijer, a.a.O., S. 283 f. (283); s. hierzu auch Kapitel 1, III.1.1.1.1., 2.2.1.;

[455] § 13 Ehebestimmungen d. Shan-Gan-Ning-Grenzgebietes v. 4.4.1939, a.a.O., engl. Übersetzung von M.J. Meijer, a.a.O., S. 285 ff.; s. hierzu auch Kapitel 1, IV.1.1.;

[456] S. hierzu 2.4.1.2.;

des Obersten Volksgerichts über die Behandlung der Frage des Kindesunterhalts bei der gerichtlichen Verhandlung von Scheidungsfällen durch die Volksgerichte v. 3.11.1993[457] insbesondere eine Vereinbarung der Eltern erlaubt werden, der zufolge das Kind abwechselnd mal von dem einen und mal von dem anderen Elternteil unterhalten wird, wenn dies dem Schutz der Rechte und Interessen des Kindes dient.

Sofern eine einverständliche Regelung von den Parteien jedoch nicht getroffen werden kann, entscheidet gemäß § 36 Abs. 3 S. 2[458] das Volksgericht die „Unterhaltsfragen"[459] unter Berücksichtigung der Rechte und Interessen des Kindes sowie der konkreten Situation der Eltern durch Urteil. Im Unterschied hierzu erwähnte § 20 Abs. 3 S. 2 EheG v. 1950 a.F. als Beurteilungsmaßstab lediglich die Interessen des Kindes.

Der Begriff der „Unterhaltsfragen" in § 36 Abs. 3 S. 2 ist dabei auslegungsbedürftig. Aus dem Kontext der Norm ergibt sich, dass damit lediglich die Regelung des unmittelbaren Unterhalts gemeint ist. Insbesondere ist auch der Kindesunterhalt durch die Mutter im Sinne des § 36 Abs. 3 S. 1 als unmittelbarer Unterhalt – allerdings des in der Stillzeit befindlichen Kindes – aufzufassen.[460] Demgegenüber bezieht sich § 36 Abs. 3 S. 2 auf Kinder nach der Stillzeit. Zudem spricht für die einheitliche Auslegung des § 36 Abs. 3 im Sinne des unmittelbaren Unterhalts, dass die Lebenshaltungs- und Erziehungskosten gesondert in § 37[461] geregelt werden.

Soweit die Parteien sich also nicht darauf einigen können, mit welchem Elternteil das Kind nach der Scheidung zusammen lebt, d.h. welcher Elternteil das Kind unmittelbar unterhält, hat das Volksgericht im Rahmen seiner Entscheidung die bereits mehrfach genannten *Einigen konkreten Ansichten des Obersten Volksgerichts über die Behandlung der Frage des Kindesunterhalts bei der gerichtlichen Verhandlung von Scheidungsfällen durch die Volksgerichte v. 3.11.1993*[462] zu beachten.

Wenn beide Elternteile verlangen, dass das mindestens zweijährige minderjährige Kind mit dem jeweiligen Elternteil zusammenlebt, kann gemäß Ziff. 3 der

---

457 最高人民法院关于人民法院审理离婚案件处理子女抚养问题的若干具体意见, a.a.O.;

458 Vgl. insoweit den identischen Wortlaut von § 29 Abs. 3 S. 2 EheG v. 1980 a.F.;

459 „抚养问题";

460 Vgl. auch 周利民 / 罗水平 / 贺小电 (Zhou Limin / Luo Shuiping / He Xiaodian), a.a.O., S. 211 f.; s. hierzu auch 2.4.1.;

461 S. hierzu auch 2.4.4.;

462 S.o. 最高人民法院关于人民法院审理离婚案件处理子女抚养问题的若干具体意见, a.a.O.;

vorgenannten *Ansichten*[463] diejenige Partei bevorzugt werden, die einen der folgenden Umstände erfüllt:

- Die Partei hat sich einem Eingriff der Sterilisation unterzogen oder aus einem anderen Grund die Fruchtbarkeit bzw. Zeugungsfähigkeit verloren;

- die Partei lebt bereits verhältnismäßig lange mit dem Kind zusammen und eine Veränderung der Lebensumstände wäre für das gesunde Heranwachsen des Kindes offensichtlich nachteilig;

- die Partei hat selbst – im Gegensatz zur anderen Partei – keine weiteren Kinder;

- für das Heranwachsen des Kindes ist es vorteilhaft, mit einer Partei zusammen zu leben, während ein Zusammenleben mit der anderen Partei aus Gründen einer ansteckenden oder sonstigen ernsten Krankheit dieser Partei oder aus anderen Gründen, die für die körperliche und seelische Gesundheit des Kindes nachteilig sind, nicht geeignet ist.[464]

Erfüllt ein Elternteil einen der vorgenannten Umstände, der diesen im Vergleich mit dem anderen Elternteil als vorzugswürdig im Hinblick auf den unmittelbaren Kindesunterhalt erscheinen lässt, wird dies in der neueren Literatur auch als „Vorrecht zum unmittelbaren Unterhalt" (优先直接抚养权) bezeichnet.[465] Dies hat zur Folge, dass dem Volksgericht in diesem Zusammenhang nach Ansicht der Literatur[466] trotz der Formulierung „kann" in Ziff. 3 der entsprechenden *Ansichten des Obersten Volksgerichts*[467] kein Ermessensspielraum verbleibt.

Liegt in Bezug auf beide Elternteile einer der vorgenannten Umstände vor, dann ist nach Ansicht der Literatur anhand der konkreten Situation zu bestimmen, welchem Elternteil das Recht zum unmittelbaren Unterhalt zusteht.[468]

---

[463] S.o.;

[464] Als Beispiele hierfür werden in der Literatur Immoralität, schlechte Gewohnheiten wie Glücksspiel, Drogenkonsum, Bordellbesuche oder die Tätigkeit als Prostituierte, Alkoholmissbrauch, Jähzorn sowie Misshandlungen oder ein böswilliges Verlassen des Kindes angeführt, vgl. 巫昌祯 (Wu Changzhen), a.a.O, S. 184 sowie 周利民 / 罗水平 / 贺小电 (Zhou Limin / Luo Shuiping / He Xiaodian) a.a.O., S. 214;

[465] Vgl. 王洪 (Wang Hong), a.a.O., S. 205; 周利民 / 罗水平 / 贺小电 (Zhou Limin / Luo Shuiping / He Xiaodian), a.a.O.;

[466] S.o.;

[467] S.o. 最高人民法院关于人民法院审理离婚案件处理子女抚养问题的若干具体意见, a.a.O.;

[468] Vgl. etwa 王洪 (Wang Hong), a.a.O., S. 206; 周利民 / 罗水平 / 贺小电 (Zhou Limin / Luo Shuiping / He Xiaodian), a.a.O.;

Aus den vorstehend geschilderten Umständen ist ersichtlich, dass sich die Frage des unmittelbaren Unterhalts des Kindes zum einen nach dem Kindeswohl, zum anderen aber auch nach den Interessen der Eltern richtet, vgl. auch § 36 Abs. 3 S. 2. Bei der gerichtlichen Entscheidung ist insbesondere der Verlust der Fruchtbarkeit bzw. Zeugungsfähigkeit oder das Fehlen weiterer Kinder zu berücksichtigen, wenn die andere Partei keinen entsprechenden Verlust aufweist, bzw. aufseiten der anderen Partei weitere Kinder vorhanden sind. Auch in diesem Zusammenhang tritt daher die weiterhin bestehende Bedeutung der Kinder für die Alterssicherung hervor. Die Unterhaltspflicht des Kindes gegenüber seinen leiblichen Eltern ist zwar von einem Zusammenleben unabhängig, vgl. § 21 Abs. 1 HS. 2. Neben dem Unterhalt sind die Kinder den Eltern aber auch zu anderen Beistandsleistungen verpflichtet,[469] deren Erbringung durch ein räumliches Näheverhältnis begünstigt werden dürfte.

Entsprechen die Unterhaltsvoraussetzungen beider Elternteile einander im Wesentlichen und wollen beide mit dem Kind zusammen leben, kann gemäß Ziff. 4 von *Einigen konkreten Ansichten des Obersten Volksgerichts über die Behandlung der Frage des Kindesunterhalts bei der gerichtlichen Verhandlung von Scheidungsfällen durch die Volksgerichte v. 3.11.1993*[470] bei der Entscheidung für einen Elternteil ausschlaggebend sein, dass das Kind bereits mehrere Jahre allein mit den Großeltern, d.h. Eltern dieses Elternteiles, zusammen gelebt hat und die Großeltern willens und in der Lage sind,[471] den Elternteil bei der Pflege und Erziehung des Kindes zu unterstützen.[472] Die Beziehung zwischen Großeltern und Enkeln wird im chinesischen Recht auch noch an anderer Stelle

---

[469] Vgl. § 21 Abs. 1 HS. 2: 子女对父母有赡养扶助的义务;

[470] 最高人民法院关于人民法院审理离婚案件处理子女抚养问题的若干具体意见, a.a.O.;

[471] Hierbei sind gemäß der Literatur neben der körperlichen Verfassung und der wirtschaftlichen Verhältnisse der Großeltern insbesondere auch deren „moralischer Charakter" (道德品质) und Bildung von Bedeutung, vgl. 周利民 / 罗水平 / 贺小电 (Zhou Limin / Luo Shuiping / He Xiaodian), a.a.O., S. 214;

[472] Zu unterscheiden ist diese freiwillige Leistung der Großeltern von deren gesetzlicher Unterhaltspflicht gegenüber ihren Enkeln gemäß § 28 S. 1. Gemäß dieser Bestimmung sind leistungsfähige Großeltern väterlicher- und mütterlicherseits ihren minderjährigen Enkeln zum Unterhalt verpflichtet, wenn deren Eltern vorverstorben oder zum Kindesunterhalt nicht in der Lage sind. Demgegenüber war gemäß § 22 S. 1 EheG v. 1980 a.F. die Unterhaltspflicht der Großeltern nur für den Fall des Vorversterbens beider Elternteile bestimmt. Im Interesse des Kindeswohls hatte das Oberste Volksgericht diese Unterhaltspflicht jedoch bereits vor der Revision des Ehegesetzes im Jahr 2001 in zweifacher Weise erweitert: Zum einen wurde die Unterhaltspflicht der Großeltern auf die Fälle erstreckt, in denen ein Elternteil verstorben und der überlebende zum Kindesunterhalt nicht in der Lage war. Zum anderen wurden auch die Fälle einbezogen, in denen beide Elternteile nicht zum Kindesunterhalt in der Lage waren, vgl. hierzu Ziff. 24 f. der *Ansichten des Obersten Volksgerichts betreffend einige Fragen des Vollzugs ziviler Politik und Gesetze* (最高人民法院关于贯彻执行民事政策法律若干问题的意见) v. 30.8.1984, a.a.O.;

besonders geschützt. So sieht § 18 AdoptG ein sogenanntes „Unterhaltsvorrecht“ (优先抚养的权利) der Großeltern, d.h. der Eltern eines verstorbenen Elternteiles, vor. Danach ist die Freigabe eines Kindes zur Adoption durch den überlebenden Elternteil grundsätzlich nur möglich, wenn die Großeltern, d.h. Eltern des verstorbenen Elternteiles, ihr Unterhaltsvorrecht nicht ausüben.[473]

Eine andere Frage im Zusammenhang mit der Regelung des nachehelichen unmittelbaren Kindesunterhalts ist die Beachtlichkeit des Kindeswillens. Dies ist gegenwärtig im Ehegesetz nicht geregelt.

Gemäß Ziff. 5 von *Einigen konkreten Ansichten des Obersten Volksgerichts über die Behandlung der Frage des Kindesunterhalts bei der gerichtlichen Verhandlung von Scheidungsfällen durch die Volksgerichte v. 3.11.1993*[474] soll der Wille des Kindes nach Vollendung des 10. Lebensjahres berücksichtigt werden, wenn die Eltern über den nachehelichen unmittelbaren Kindesunterhalt streiten. Dadurch wird der Einsichtsfähigkeit des über 10-jährigen Kindes Rechnung getragen.[475] Dies steht zudem in Einklang mit der beschränkten Zivilgeschäftsfähigkeit des Minderjährigen nach Vollendung des 10. Lebensjahres gemäß § 12 Abs. 1 HS. 1 AGZR. Ziff. 5 der vorgenannten *Ansichten des Obersten Volksgerichts*[476] dient somit auch dem Schutz der Rechte und Interessen des Kindes. Die Berücksichtigung des Willens des Kindes ist aufgrund des Wortlauts „soll“ in Ziff. 5 jedoch nicht dahingehend zu verstehen, dass der Wille des Kindes zwingend zu beachten wäre.[477]

Der unmittelbare Unterhalt des ehelichen Kindes nach der Scheidung der Eltern ist im Falle der einverständlichen Scheidung auch in Bezug auf das ältere Kind grundsätzlich der freien Vereinbarung der Eltern zugänglich. Voraussetzung ist gemäß § 31 S. 3 lediglich, dass die Eltern insoweit eine angemessene Regelung treffen.[478]

---

[473] Vgl. zur Adoption auch allgemein Kapitel 3, II.4.;

[474] 最高人民法院关于人民法院审理离婚案件处理子女抚养问题的若干具体意见, a.a.O.;

[475] So auch 王洪 (Wang Hong), a.a.O., S. 206; 周利民 / 罗水平 / 贺小电 (Zhou Limin / Luo Shuiping / He Xiaodian), a.a.O., S. 215;

[476] S.o. 最高人民法院关于人民法院审理离婚案件处理子女抚养问题的若干具体意见, a.a.O.;

[477] So auch 王洪 (Wang Hong), a.a.O.; 周利民 / 罗水平 / 贺小电 (Zhou Limin / Luo Shuiping / He Xiaodian), a.a.O.,

[478] S. hierzu, insbesondere zur Überprüfung der Angemessenheit einer von den Eltern getroffenen Unterhaltsregelung, bereits 2.4.1.2.;

2.4.3. Vorübergehende Regelung des unmittelbaren Unterhalts

Gemäß Ziff. 20 der vorgenannten *Ansichten des Obersten Volksgerichts*[479] kann das Volksgericht auch eine vorläufige Regelung betreffend den unmittelbaren Kindesunterhalt treffen. Dies gilt für den Fall, dass sich während des Scheidungsverfahrens beide Eltern weigern, das Kind unmittelbar zu unterhalten. Eine solche vorläufige gerichtliche Unterhaltsregelung soll über den Wortlaut hinaus auch für den Fall möglich sein, dass die Eltern während des Scheidungsverfahrens um den unmittelbaren Kindesunterhalt streiten.[480]

2.4.4. Die Lebenshaltungs- und Erziehungskosten des Kindes gemäß § 37 Abs. 1

Neben der Frage des unmittelbaren Unterhalts ist ferner die Übernahme der Lebenshaltungs- und Erziehungskosten des Kindes zu regeln. Gemäß § 37 Abs. 1[481] soll derjenige Elternteil, der das Kind nach der Scheidung nicht unmittelbar, d.h. im Sinne der Pflege und Erziehung, unterhält, einen Teil der oder die gesamten notwendigen[482] Lebenshaltungs- und Erziehungs-kosten des Kindes übernehmen. Die Höhe und die Dauer der Unterhaltszahlungen können dabei von den Parteien zwar frei vereinbart werden. Insoweit ist im Rahmen einer einverständlichen Scheidung jedoch zu beachten, dass die Eltern hinsichtlich der Kinder eine angemessene Regelung treffen müssen, vgl. § 31 S. 3. Dazu gehört insbesondere auch die Regelung der Übernahme der Lebenshaltungs- und Erziehungskosten. Kommt eine solche Vereinbarung nicht zustande, entscheidet das Volksgericht durch Urteil, vgl. § 37 Abs. 1.

2.4.4.1. Das Maß des Unterhalts

Gemäß § 1119 ZGB richtete sich in der Republik China das Maß des Unterhalts nach den Bedürfnissen des Unterhaltsberechtigten und der wirtschaftlichen Leistungsfähigkeit des Unterhaltsverpflichteten.[483]

---

[479] S.o. 最高人民法院关于人民法院审理离婚案件处理子女抚养问题的若干具体意见, a.a.O.;

[480] So 王洪 (Wang Hong), a.a.O., S. 206 sowie 周利民 / 罗水平 / 贺小电 (Zhou Limin / Luo Shuiping / He Xiaodian), a.a.O., S. 216;

[481] Vgl. insoweit den identischen Wortlaut von § 30 Abs. 1 EheG v. 1980 a.F.;

[482] Abweichend hiervon ist etwa in § 25 Abs. 2 nicht von den „notwendigen“, sondern ganz allgemein von den Lebenshaltungs- und Erziehungskosten die Rede. Ein sachlicher Unterschied beider Normen ist aber aufgrund der gesetzlich intendierten Gleichbehandlung von ehelichen und nichtehelichen Kindern auszuschließen.

[483] Vgl. Codex Juris Civilis Reipublicae Sinicae, S. 168;

Gemäß § 1610 Abs. 1 des deutschen BGB bestimmt sich das Maß des zu gewährenden Unterhalts nach der Lebensstellung des Bedürftigen, wobei sich die Lebensstellung des minderjährigen und die des in Ausbildung befindlichen volljährigen Kindes von derjenigen der Eltern ableiten.[484] Gemäß § 1610 Abs. 2 BGB umfasst der Barunterhalt den gesamten Lebensbedarf einschließlich der Kosten einer angemessenen Vorbildung zu einem Beruf, bei einer der Erziehung bedürftigen Person auch die Kosten der Erziehung. Der Unterhaltsbedarf des Kindes kann konkret nachgewiesen werden, in der Praxis haben sich insoweit aber konkrete Bedarfstabellen durchgesetzt.[485] Die Unterhaltspflicht wird auch nach dem deutschen Recht durch die Leistungsfähigkeit des Unterhaltspflichtigen begrenzt: Gemäß § 1603 BGB ist nicht unterhaltspflichtig, wer bei Berücksichtigung seiner sonstigen Verpflichtungen außerstande ist, ohne Gefährdung seines angemessenen Unterhalts den Unterhalt zu gewähren.

Das Maß des Unterhalts ist gegenwärtig in der VR China nicht gesetzlich bestimmt. Insbesondere gibt es keine den Bedarfstabellen gemäß dem deutschen Recht entsprechende Regulierung der Unterhaltsbeträge. Dies dürfte auch damit zusammenhängen, dass es in der VR China gegenwärtig noch an einer entsprechenden Vergleichbarkeit der Lebensverhältnisse mangelt.

In der justiziellen Praxis der VR China sind jedoch betreffend das Maß des Kindesunterhalts ebenfalls *Einige konkrete Ansichten des Obersten Volksgerichts über die Behandlung der Frage des Kindesunterhalts bei der gerichtlichen Verhandlung von Scheidungsfällen durch die Volksgerichte v. 3.11.1993*[486] zu beachten. Gemäß Ziff. 7[487] wird die Höhe des Unterhaltsbetrages unter Berücksichtigung der praktischen Bedürfnisse des Kindes, der Leistungsfähigkeit der Eltern sowie dem örtlichen realen Lebensstandard festgelegt.

Im einzelnen ergibt sich aus Ziff. 7[488] Folgendes:

- Verfügt der (barunterhaltspflichtige) Elternteil über ein festes monatliches Einkommen, dann kann der Unterhaltsbetrag im Allgemeinen bei 20% - 30% des monatlichen Gesamteinkommens liegen. Wenn die Unterhaltskosten von mehr als zwei Kindern übernommen werden, kann der Anteil angemessen

---

[484] Vgl. Diederichsen in Palandt, § 1610, Rdnr. 2;

[485] S.o., Rdnr. 1; s. ferner zu einer Zusammenstellung der unterhaltsrechtlichen Leitlinien und Tabellen der Oberlandesgerichte ders. in Palandt, Einf v § 1601, Rdnr. 14 ff.;

[486] S.o. 最高人民法院关于人民法院审理离婚案件处理子女抚养问题的若干具体意见, a.a.O.;

[487] S.o.;

[488] S.o.;

erhöht werden, darf aber grundsätzlich 50% des monatlichen Gesamteinkommens nicht überschreiten;

- liegt kein festes monatliches Einkommen vor, kann der Unterhaltsbetrag anhand des jeweiligen Jahresgesamteinkommens oder des Durchschnittseinkommens der jeweiligen Branche gemäß der vorgenannten Prozentsätze bestimmt werden;

- unter besonderen Umständen können sich die vorgenannten Prozentsätze angemessen erhöhen oder verringern.

2.4.4.2. Modalitäten der Unterhaltsgewährung

Nach dem deutschen Recht ist gemäß § 1612 Abs. 1 S. 1 i.V.m. Abs. 3 S. 1 BGB der Barunterhalt grundsätzlich durch eine monatlich im voraus zu entrichtende Geldrente zu leisten. Gemäß § 1612 Abs. 1 S. 2 BGB kann der Unterhaltsverpflichtete jedoch verlangen, dass ihm bei Vorliegen besonderer Gründe die Gewährung des Unterhalts in anderer Art gestattet wird. Diese Modifikationen können sich sowohl auf die Substitution des Barunterhalts durch Naturalleistungen als auch z.B. auf eine längere Zahlungsperiode beziehen. Einen besonders geregelten Fall stellt das Unterhaltsbestimmungsrecht der Eltern gemäß § 1612 Abs. 2 S.1 BGB dar. Danach können die Eltern, die einem unverheirateten Kind Unterhalt zu gewähren haben, bestimmen, in welcher Art und für welche Zeit im voraus der Unterhalt gewährt werden soll, wobei auf die Belange des Kindes die gebotene Rücksicht zu nehmen ist.

Das Ehegesetz der VR China enthält keine entsprechenden Bestimmungen. Aus Ziff. 8 der vorgenannten *Ansichten des Obersten Volksgerichts*[489] ergibt sich jedoch, dass der Unterhalts- und Erziehungsbetrag grundsätzlich in regelmäßigen Intervallen (z.B. monatlich, quartalsweise, halbjährlich, jährlich) geleistet werden soll. Nach Ansicht der Literatur ist der Unterhaltsbetrag bei Vorliegen eines monatlichen Einkommens ebenfalls monatlich zu leisten.[490] Vor allem in ländlichen Gebieten kann dagegen je nach dem turnusmäßigen Verdienst auch eine quartalsweise, halbjährliche oder jährliche Zahlung erfolgen.[491] Unter Umständen, d.h. bei entsprechender wirtschaftlicher Leistungsfähigkeit, kann der bis zur

---

[489] S.o.;

[490] Vgl. 王洪 (Wang Hong), a.a.O., S. 212;

[491] Vgl. 王丽萍，婚姻家庭继承法学 (Wang Liping, Studium des Ehe-, Familien- und Erbrechts), S. 164;

Volljährigkeit des Kindes voraussichtlich geschuldete Unterhalts- und Erziehungsbetrag aber auch in Form einer einmaligen Zahlung geleistet werden.[492]

Dem steht jedoch gemäß § 37 Abs. 2 nicht entgegen, dass das Kind im Bedarfsfall einen angemessenen Anspruch geltend macht, der den in der Unterhaltsvereinbarung oder in dem Urteil festgelegten ursprünglichen Betrag übersteigt.[493] Dies umfasst dem Wortlaut nach sowohl den Fall einer in bestimmten Intervallen zu leistenden Geldrente als auch die Einmalleistung (Abfindung).

Ist ein Elternteil ohne wirtschaftliches Einkommen oder ist der Aufenthalt eines Elternteiles unbekannt, dann kann gemäß Ziff. 9 der vorgenannten *Ansichten*[494] das Vermögen dieses Elternteiles auf die Unterhalts- und Erziehungskosten des Kindes angerechnet werden.

2.4.4.3. Die Übernahme der vollständigen Lebenshaltungs- und Erziehungskosten durch den Elternteil, der das Kind auch unmittelbar unterhält

Die Übernahme (zumindest) eines Teiles der Lebenshaltungskosten des Kindes durch den nicht unmittelbaren Unterhalt leistenden Elternteil war bereits in den eherechtlichen Bestimmungen der chinesischen Sowjetrepublik geregelt.[495]

In der Praxis kommt in der VR China im Zusammenhang mit der Regelung des Kindesunterhalts jedoch häufig eine Vereinbarung vor, der gemäß der Elternteil, der das Kind unmittelbar unterhält, auch die gesamten Lebenshaltungs- und Erziehungskosten übernimmt.[496] Als Motiv für eine solche Vereinbarung wird der Wunsch eines Elternteiles genannt, unter allen Umständen ein Zusammenleben mit dem Kind zu erreichen und daher dem anderen Elternteil mit der Übernahme der Lebenshaltungs- und Erziehungskosten entgegen zu kommen.[497]

---

[492] Vgl. hierzu Ziff. 8 der vorgenannten Ansichten des Obersten Volksgerichts, a.a.O., sowie 王洪 (Wang Hong), a.a.O., S. 213;

[493] S. hierzu auch VII.2.1.;

[494] S.o. 最高人民法院关于人民法院审理离婚案件处理子女抚养问题的若干具体意见, a.a.O.;

[495] Vgl. hierzu §§ 14, 21 Ehebestimmungen d. chin. Sowjetrepublik v. 1.12.1931, a.a.O., S. 195 f., engl. Übersetzung von M.J. Meijer, a.a.O., S. 281 f.; vgl. ferner § 17 EheG d. chin. Sowjetrepublik v. 8.4.1934, engl. Übersetzung von M.J. Meijer, a.a.O., S. 283 f.; s. hierzu auch Kapitel 1, III.1.1.1.2.3.;

[496] Vgl. 梁书文 / 黄赤东 (Liang Shuwen / Huang Chidong), a.a.O., S. 484 f.;

[497] S.o.;

Im Rahmen eines gerichtlichen Scheidungsverfahrens sind in diesem Zusammenhang wiederum die vorgenannten *Ansichten des Obersten Volksgerichts*[498] zu beachten. Gemäß deren Ziff. 10 S. 1[499] können die Eltern zwar grundsätzlich eine Vereinbarung im vorgenannten Sinne treffen. Jedoch wird das Volksgericht eine solche Vereinbarung gemäß Ziff. 10 S. 2[500] nicht erlauben, wenn sich bei Überprüfung der Tatsachen ergibt, dass die Leistungsfähigkeit desjenigen Elternteiles offensichtlich nicht zur Gewährleistung der notwendigen Kosten des Kindes ausreicht, und wenn das gesunde Heranwachsen des Kindes beeinträchtigt würde. Das Volksgericht überprüft die von den Eltern getroffene Vereinbarung also auf ihre Vereinbarkeit mit den Rechten und Interessen des Kindes. Die Gestaltungsfreiheit der Eltern wird damit auch insoweit durch das Wohl des Kindes begrenzt.

Eine Kindesunterhaltsvereinbarung im vorgenannten Sinne kann von den Eltern grundsätzlich auch im Rahmen einer einverständlichen Scheidung im administrativen Verfahren getroffen werden. In diesem Fall wird die Unterhaltsregelung vom Registrierungsorgan auf die Angemessenheit hin überprüft, vgl. § 31 S. 3. Überprüft wird dabei insbesondere, dass durch die Unterhaltsvereinbarung das Kindeswohl nicht beeinträchtigt wird.[501] Wie bereits dargelegt,[502] ergibt sich die entsprechende Prüfungspflicht, respektive Prüfungskompetenz, des Registrierungsorgans unmittelbar aus § 31 S. 3.[503]

2.4.4.4. Zusammenfassung und Fazit

Gemäß § 37 Abs. 1 soll der Elternteil, der das Kind nach der Scheidung nicht unmittelbar unterhält, einen Teil der oder die gesamten notwendigen Lebenshaltungs- und Erziehungskosten übernehmen. Im Unterschied dazu bestimmt § 25 Abs. 2 im Hinblick auf den Unterhalt des nichtehelichen Kindes im Regelfall die vollständige Kostenübernahme des Elternteiles, der das Kind nicht unmittelbar unterhält. In Bezug auf eheliche Kinder ergibt sich somit aus § 37 Abs. 1 keine gesetzlich zugrunde gelegte Gleichwertigkeit des unmittelbaren Unterhalts und der Übernahme der Unterhaltskosten. In beiden Fällen ist jedoch die konkrete Ausgestaltung des Kindesunterhalts – insbesondere betreffend die Person desjenigen, der die Lebenshaltungs- und Erziehungskosten über-

---

498 S.o. 最高人民法院关于人民法院审理离婚案件处理子女抚养问题的若干具体意见, a.a.O.;

499 S.o.;

500 S.o.;

501 S. hierzu auch bereits 2.4.1.2.;

502 S.o.;

503 So im Ergebnis auch 王洪 (Wang Hong), a.a.O., S. 211;

nimmt, das Maß und die Modalitäten der Unterhaltsleistung – grundsätzlich einer Vereinbarung der Eltern zugänglich. Sollte eine einvernehmliche und insbesondere angemessene Unterhaltsregelung von den Eltern nicht getroffen werden können, trifft das Volksgericht eine Entscheidung.

Weder das Maß des Unterhalts noch die konkreten Modalitäten der Unterhaltsgewährung sind gegenwärtig in der VR China gesetzlich geregelt. In der justiziellen Praxis sind insoweit jedoch insbesondere die einschlägigen Ansichten des Obersten Volksgerichts zu beachten. Die darin enthaltenen Konkretisierungen des Maßes des Kindesunterhalts entsprechen inhaltlich teilweise den Regelungen des ZGB bzw. des deutschen BGB. Ausgangspunkt sind jeweils der angemessene Bedarf bzw. die praktischen Bedürfnisse des Kindes. Begrenzt wird die Unterhaltspflicht auch jeweils durch die Leistungsfähigkeit der Eltern.

Der Bedarf des Kindes wird gemäß deutscher Rechtspraxis grundsätzlich anhand von Unterhaltstabellen festgestellt und weist somit jeweils einen konkreten Bezug zum Einkommen des barunterhaltspflichtigen Elternteiles auf. Demgegenüber wird bei der Festlegung des Unterhaltsbedarfs des Kindes in der VR China insbesondere auch der örtliche Lebensstandard herangezogen.

Ähnlichkeiten ergeben sich wiederum im Hinblick auf die Modalitäten der Unterhaltsgewährung. Sowohl nach deutschem Recht als auch nach der justiziellen Praxis in der VR China ist grundsätzlich die Unterhaltsleistung in regelmäßigen Intervallen vorgesehen, wobei ein längerer Unterhaltsintervall als ein Monat nur aus besonderen Gründen, d.h. bei einer entsprechenden Verdienstsituation des Unterhaltspflichtigen in Betracht kommt. Im Übrigen verbleibt den Eltern jeweils grundsätzlich ein erheblicher Gestaltungsspielraum.

3. Zusammenfassung und Fazit

Während das ZGB keine besonderen Bestimmungen betreffend die Art des Kindesunterhalts nach der Scheidung vorsah, lag in der Ausgestaltung des nachehelichen Kindesunterhalts bzw. des Unterhalts nichtehelicher Kinder ein Schwerpunkt der eherechtlichen Bestimmungen der chinesischen Sowjetrepublik und der Ehebestimmungen des Shan-Gan-Ning-Grenzgebietes v. 1939. Dies gilt auch noch für die Ehegesetze der VR China.

Das aktuelle Ehegesetz der VR China unterscheidet insbesondere im Hinblick auf die Frage, bei welchem Elternteil das Kind (nach der Scheidung) leben soll, grundsätzlich weiterhin zwischen Kindern, die sich noch in der Stillzeit befinden, und älteren Kindern. Es gilt insoweit der auch schon in der chinesischen

Sowjetrepublik praktizierte Grundsatz, dass Kinder in der Stillzeit von der Mutter unmittelbar unterhalten werden. Zugleich räumt jedoch gerade auch das aktuelle Ehegesetz den Eltern betreffend die Ausgestaltung des Kindesunterhalts – und insbesondere die Art der Unterhaltsgewährung gegenüber dem minderjährigen bzw. dem volljährigen unterhaltsbedürftigen Kind – weitgehenden Gestaltungsspielraum ein.

Treffen die Eltern anlässlich der Scheidung oder im Hinblick auf den Unterhalt des nichtehelichen Kindes keine einvernehmliche Regelung, entscheidet das Volksgericht. Das Volksgericht ist dabei im Vergleich mit dem ZGB an die Stelle der Familienversammlung getreten. Das Oberste Volksgericht hat betreffend den Kindesunterhalt konkrete Ansichten geäußert, die bei der Unterhaltsgestaltung, etwa der Frage, welcher Elternteil nach der Scheidung mit dem Kind zusammen lebt, zu beachten sind. Aus den vorgenannten Ansichten ergeben sich dabei Einschränkungen der elterlichen Gestaltungsfreiheit durch das Kindeswohl und insbesondere die Berücksichtigung des Kindeswillens bei der Entscheidung darüber, von wem das Kind unmittelbar unterhalten wird. In diesem Zusammenhang sind jedoch auch besondere Umstände aufseiten eines Elternteiles zu berücksichtigen.

VI. Leistungsfähigkeit des Unterhaltspflichtigen

1. Rechtslage vor Gründung der VR China

Gemäß § 1118 ZGB[504] ist derjenige von der Unterhaltspflicht frei geworden, der nicht zum eigenen Lebensunterhalt in der Lage war.

Die eherechtlichen Bestimmungen der chinesischen Sowjetrepublik enthielten ebenfalls – wenn auch nur vereinzelt – Bestimmungen, wonach die Leistungsfähigkeit des Unterhaltspflichtigen die Unterhaltspflicht beschränkte.[505]

---

[504] Vgl. Codex Juris Civilis Reipublicae Sinicae, S. 168;
[505] S. hierzu Kapitel 1, III.2.1. sowie IV.1.2.2.;

2. Gegenwärtige Rechtslage in der VR China

2.1. Die Leistungsfähigkeit der Eltern

Die Leistungsfähigkeit des Unterhaltspflichtigen ist im deutschen Recht in § 1603 BGB geregelt. Insoweit wird zwischen der allgemeinen Leistungspflicht gemäß § 1603 Abs. 1 BGB und der grundsätzlich bestehenden erhöhten Leistungspflicht gegenüber minderjährigen unverheirateten Kindern gemäß § 1603 Abs. 2 S. 1 BGB unterschieden. Nach der erhöhten Leistungsverpflichtung müssen alle zur Verfügung stehenden Mittel gleichmäßig zwischen dem Berechtigten und dem Verpflichteten verteilt werden. Nach der im Übrigen geltenden allgemeinen Leistungsverpflichtung muss der Verpflichtete nur solche Mittel aufwenden, die seinen angemessenen Unterhalt nicht gefährden.

Die Leistungsfähigkeit des Unterhaltspflichtigen ist gegenwärtig im Ehegesetz der VR China weiterhin zwar nicht allgemein, teilweise jedoch ausdrücklich als Voraussetzung der Unterhaltspflicht bestimmt. Dies gilt für die Unterhaltspflicht der Großeltern gemäß § 28 Abs. 1, die der Enkel gemäß § 28 Abs. 2 sowie gemäß § 29 Abs. 1 für die Unterhaltspflicht der älteren und gemäß § 29 Abs. 2 diejenige der jüngeren Geschwister. Demgegenüber erwähnt das Ehegesetz in Bezug auf die Unterhaltspflicht der Eltern, vgl. § 21 Abs. 1 HS. 1, deren Leistungsfähigkeit nicht. Daraus könnte man schließen, dass die Eltern den unterhaltsbedürftigen Kindern in jedem Fall, d.h. ohne Rücksicht auf die eigene Leistungsfähigkeit zum Unterhalt verpflichtet sind.[506]

Aus Ziff. 12 von *Einigen konkreten Ansichten des Obersten Volksgerichts über die Behandlung der Frage des Kindesunterhalts bei der gerichtlichen Verhandlung von Scheidungsfällen durch die Volksgerichte v. 3.11.1993*[507] ergibt sich jedoch, dass gegenwärtig auch gemäß dem Recht der VR China zwischen minderjährigen Kindern einerseits und volljährigen unterhaltsbedürftigen Kindern andererseits unterschieden wird. Die Unterhaltspflicht gegenüber dem volljährigen, zum selbständigen Leben unfähigen Kind setzt gemäß Ziff. 12 der vorgenannten *Ansichten* ausdrücklich die Leistungsfähigkeit der Eltern voraus, während im Falle des minderjährigen Kindes[508] keine entsprechende Einschränkung erfolgt. Weitere Einzelheiten sind insoweit jedoch weder dem Ehegesetz

---

[506] So auch 王丽萍，婚姻家庭继承法学 (Wang Liping, Studium des Ehe-, Familien- und Erbrechts), S. 255;
[507] 最高人民法院关于人民法院审理离婚案件处理子女抚养问题的若干具体意见, a.a.O.;
[508] S.o., dort Ziff. 11;

noch den vorgenannten *Ansichten des Obersten Volksgerichts*[509] zu entnehmen. Daraus ist allgemein lediglich zu schließen, dass in Bezug auf den Unterhalt des minderjährigen Kindes betreffend die Leistungsfähigkeit der Eltern strengere Voraussetzungen gelten sollen als in Bezug auf das volljährige, zum selbständigen Leben unfähige Kind.

2.2. Rechtsfolgen mangelnder Leistungsfähigkeit der Eltern

Die Eltern sind ihren minderjährigen Kindern gegenüber grundsätzlich ohne Rücksicht auf die eigene Leistungsfähigkeit zum Unterhalt verpflichtet.

Die mangelnde Leistungsfähigkeit der Eltern bzw. eines Elternteiles und der damit verbundene Mangelfall führt bei Vorliegen der übrigen Voraussetzungen gemäß § 28 Abs. 1 bzw. § 29 Abs. 1 aber zum Eingreifen der Unterhaltspflicht der Großeltern bzw. der älteren Geschwister.

Im Hinblick auf die gegenseitige Unterhaltspflicht von Großeltern und Enkeln wurde der Unterhaltstatbestand durch die Revision des Ehegesetzes v. 2001 dahin gehend erweitert, dass eine Unterhaltspflicht der Großeltern gegenüber minderjährigen Enkeln – außer im Falle des Vorversterbens der Eltern – auch dann besteht, wenn die primär Unterhaltspflichtigen, d.h. die Eltern des minderjährigen Enkelkindes, nicht zum Unterhalt in der Lage sind. Entsprechendes gilt für die Unterhaltspflicht der Enkel für den Fall, dass die Kinder der unterhaltsbedürftigen Großeltern nicht zum Unterhalt in der Lage sind. Durch die vorgenannten Erweiterungen der jeweiligen Unterhaltstatbestände wurden die Ziff. 24, 25 der *Ansichten des Obersten Volksgerichts betreffend einige Fragen des Vollzugs ziviler Politik und Gesetze v. 30.8.1984*[510] zum Teil gesetzlich umgesetzt. Dabei ist jedoch zu beachten, dass gemäß Ziff. 24 der vorgenannten *Ansichten*[511] eine Unterhaltspflicht der Großeltern ausdrücklich auch dann gegeben ist, wenn *ein* Elternteil vorverstorben und der *andere* Elternteil nicht zum Unterhalt in der Lage ist. Dies ist bei der Auslegung des § 28 EheG zu beachten.[512] Hilfsweise dürfte Ziff. 24 der vorgenannten *Ansichten*[513] weiterhin anwendbar sein, sofern man zu der Auffassung gelangt, dass der Gesetzestext nicht dahingehend ausgelegt werden kann, dass er auch die Konstellation, wo-

---

509 S.o. 最高人民法院关于人民法院审理离婚案件处理子女抚养问题的若干具体意见, a.a.O.;

510 最高人民法院关于贯彻执行民事政策法律若干问题的意见, a.a.O.;

511 S.o.;

512 So im Ergebnis auch 王洪 (Wang Hong), a.a.O., S. 300;

513 最高人民法院关于贯彻执行民事政策法律若干问题的意见, a.a.O.;

nach ein Elternteil vorverstorben und der Überlebende zum Kindesunterhalt nicht in der Lage ist, umfasst.

Systematisch handelt es sich bei §§ 28 Abs. 1, bzw. 29 Abs. 1 also zugleich um eine implizite Regelung des Ranges verschiedener Unterhaltspflichtiger. Demnach sind die Eltern im Verhältnis zu ihren minderjährigen Kindern vor den Großeltern und vor den älteren Geschwistern zum Unterhalt verpflichtet. Die Vorgenannten gehören somit zu den Unterhaltspflichtigen zweiten Ranges.[514] Eine ausdrückliche und allgemeine Rangfolge der Unterhaltspflichtigen bestimmt das Ehegesetz v. 2001 jedoch – ebenso wie die vorangegangenen Ehegesetze der VR China – nicht.

Die Pflicht der Eltern zum Unterhalt des volljährigen, zum selbständigen Leben unfähigen Kindes setzt die darüber hinaus bestehende Fähigkeit der Eltern zum eigenen Unterhalt voraus.[515] Dies ergibt sich aus Ziff. 12 von *Einigen konkreten Ansichten des Obersten Volksgerichts über die Behandlung der Frage des Kindesunterhalts bei der gerichtlichen Verhandlung von Scheidungsfällen durch die Volksgerichte v. 3.11.1993.*[516] Demnach ist die Unterhaltspflicht der Eltern gegenüber dem volljährigen Kind also von vornherein in diesem Sinne begrenzt. Die Unterhaltspflicht von Großeltern gegenüber volljährigen Enkeln sieht das Ehegesetz nicht vor. In Betracht kommt insoweit lediglich das Eingreifen einer Unterhaltspflicht gemäß § 29 Abs. 2, wonach jüngere Geschwister, die zuvor von älteren Geschwistern unterhalten worden sind, auf der Basis der Gegenseitigkeit nunmehr ihrerseits zum Unterhalt arbeitsunfähiger oder aus sonstigen Gründen bedürftiger älterer Geschwister verpflichtet sind.

VII. Abänderung des Unterhalts

Eine von den Eltern einverständlich oder durch das Volksgericht getroffene Regelung bezüglich des Kindesunterhalts kann im Nachhinein abgeändert werden.

1. Rechtslage vor Gründung der VR China

§ 1121 ZGB[517] bestimmte, dass die Parteien aufgrund veränderter tatsächlicher Umstände eine Abänderung des Maßes und der Art des Unterhalts verlangen

---

[514] Vgl. auch 王歌雅 (Wang Geya), a.a.O., S. 18; 王丽萍，婚姻家庭继承法学 (Wang Liping, Studium des Ehe-, Familien- und Erbrechts), S. 254, 264 f.;
[515] So auch 王洪 (Wang Hong), a.a.O., S. 299;
[516] 最高人民法院关于人民法院审理离婚案件处理子女抚养问题的若干具体意见, a.a.O.;
[517] Vgl. Codex Juris Civilis Reipublicae Sinicae, S. 168;

konnten. Dadurch wurde die *clausula rebus sic stantibus*[518] allgemein ins chinesische Recht eingeführt.[519]

2. Gegenwärtige Rechtslage in der VR China

2.1. Anspruch des Kindes auf Erhöhung des Unterhaltsbetrages

Aus § 37 Abs. 2[520] ergibt sich ausdrücklich der Anspruch des Kindes auf eine angemessene Erhöhung des in der Vereinbarung oder in dem Urteil festgelegten Unterhaltsbetrages, sofern dies erforderlich ist.[521] Hierbei handelt es sich um gesetzlich konkretisierte Anwendungsfälle der *clausula rebus sic stantibus*.

Voraussetzung ist gemäß § 37 Abs. 2 ein erhöhter Unterhaltsbedarf des Kindes. Zur Konkretisierung eines solchen erhöhten Unterhaltsbedarfs ist auf Ziff. 18 von *Einigen konkreten Ansichten des Obersten Volksgerichts über die Behandlung der Frage des Kindesunterhalts bei der gerichtlichen Verhandlung von Scheidungsfällen durch die Volksgerichte v. 3.11.1993*[522] zurück zu greifen.

Aus Ziff. 18 der vorgenannten *Ansichten*[523] ergeben sich Umstände, bei deren Vorliegen dem Verlangen des Kindes auf Erhöhung des Unterhaltsbetrages statt gegeben werden soll, wenn der jeweilige Elternteil entsprechend leistungsfähig ist:

- Der ursprünglich festgesetzte Unterhaltsbetrag reicht zur Aufrechterhaltung des örtlichen realen Lebensstandards nicht aus;

- der tatsächliche Bedarf des Kindes überschreitet aufgrund einer Erkrankung oder eines Schulbesuchs die ursprünglich festgesetzte Summe;

- aus einem anderen berechtigten Grund sollte eine Erhöhung erfolgen.

---

[518] Vgl. § 323 dt. ZPO;
[519] Vgl. Bünger, Zivil- und Handelsgesetzbuch sowie Wechsel- und Scheckgesetz von China, S. 88;
[520] Vgl. insoweit bereits den identischen Wortlaut von § 30 Abs. 2 EheG v. 1980 a.F.;
[521] Vgl. hierzu auch Ziff. 15 Alt. 2 von *Einigen konkrete Ansichten des Obersten Volksgerichts über die Behandlung der Frage des Kindesunterhalts bei der gerichtlichen Verhandlung von Scheidungsfällen durch die Volksgerichte* (最高人民法院关于人民法院审理离婚案件处理子女抚养问题的若干具体意见) v. 3.11.1993, a.a.O.;
[522] S.o.;
[523] S.o.;

Die vorgenannte Aufzählung der Umstände, die zu einer Erhöhung des ursprünglich festgesetzten Unterhaltsbetrages führen, ist nicht abschließend. Als ein weiterer berechtigter Grund im Sinne der Ziff. 18 der vorgenannten *Ansichten des Obersten Volksgerichts*[524] wird in der Literatur etwa eine Einkommenserhöhung des zur Übernahme der Lebenshaltungs- und Erziehungskosten verpflichteten Elternteiles genannt, wenn diese zu einem abweichenden Lebensstandard des Kindes und des jeweiligen Elternteiles führt.[525]

2.2. Verlangen einer Partei auf Abänderung der Unterhaltsbeziehungen zu dem Kind

Darüber hinaus regelt das Ehegesetz selbst keinen weiteren Fall der Abänderung des Unterhalts.

Gemäß Ziff. 17 der vorgenannten *Ansichten des Obersten Volksgerichts*[526] soll die Abänderung der Kindesunterhaltsbeziehungen (子女抚养关系) durch Vereinbarung der Eltern erlaubt werden. Der Begriff der „Unterhaltsbeziehung" bezeichnet dabei das Verhältnis des Kindes zu dem Elternteil, der das Kind unmittelbar unterhält.[527] Die Möglichkeit einer einverständlichen Abänderung der Regelung des unmittelbaren Kindesunterhalts bezieht sich dabei sowohl auf eine vorangegangene einverständliche Regelung durch die Eltern als auch eine gerichtliche Regelung.[528] Obwohl sich dies nicht unmittelbar aus Ziff. 17 der vorgenannten *Ansichten des Obersten Volksgerichts* ergibt, setzt eine Abänderung des Kindesunterhalts gleichwohl die Veränderung von Voraussetzungen aufseiten der Eltern voraus.

Entsteht nach durchgeführter gerichtlicher Scheidung über die Regelung des unmittelbaren Kindesunterhalts Streit und kann diesbezüglich keine einverständliche Vereinbarung von den Eltern getroffen werden, ist in der justiziellen Praxis[529] und in der Literatur[530] anerkannt, dass ein Elternteil unter bestimmten

---

[524] S.o.;

[525] Vgl. 梁书文 / 黄赤东 (Liang Shuwen / Huang Chidong), a.a.O., S. 488;

[526] S.o. 最高人民法院关于人民法院审理离婚案件处理子女抚养问题的若干具体意见 (Einige konkrete Ansichten des Obersten Volksgerichts über die Behandlung der Frage des Kindesunterhalts bei der gerichtlichen Verhandlung von Scheidungsfällen durch die Volksgerichte) v. 3.11.1993, a.a.O.;

[527] So auch 周利民 / 罗水平 / 贺小电 (Zhou Limin / Luo Shuiping / He Xiaodian), a.a.O., S. 216;

[528] S.o.;

[529] Vgl. hierzu auch Ziff. 15 Alt.1 der vorgenannten Ansichten des Obersten Volksgerichts, a.a.O.: „离婚后，一方要求变更子女抚养关系的，(...)，应另行起诉."

Voraussetzungen beim Volksgericht Klage auf Abänderung der Unterhaltsbeziehung zu dem Kind erheben kann. Dabei ist zunächst ein Schlichtungsverfahren durchzuführen. Erst wenn dieses erfolglos geblieben ist, ergeht eine Entscheidung durch Urteil.

Gemäß Ziff. 16 der vorgenannten *Ansichten*[531] soll dem Antrag einer Partei auf Abänderung der Unterhaltsbeziehungen statt gegeben werden, wenn einer der folgenden Umstände vorliegt:

- Die Partei, die mit dem Kind zusammenlebt, kann den Unterhalt des Kindes nicht fortsetzen, weil sie an einer schweren Krankheit leidet oder infolge einer Behinderung dazu außerstande ist;

- die Partei, die mit dem Kind zusammenlebt, erfüllt die Unterhaltspflicht nicht[532], misshandelt das Kind, oder das Zusammenleben des Kindes mit ihr beeinflusst die körperliche und seelische Gesundheit des Kindes tatsächlich nachteilig;

- ein minderjähriges Kind nach Vollendung des 10. Lebensjahres möchte mit dem anderen Elternteil zusammenleben, der wiederum zum Kindesunterhalt in der Lage ist;
- eine Veränderung ist aus einem anderen berechtigten Grund erforderlich.[533]

Aus den vorgenannten Ansichten ergibt sich eine beispielhafte Aufzählung von Gründen zur Abänderung der bisherigen Unterhaltsbeziehungen. Im Mittelpunkt der Aufzählung steht dabei das Wohl des Kindes. Demnach setzt eine Abänderung der Unterhaltsbeziehungen grundsätzlich voraus, dass der den unmittelbaren Unterhalt leistende Elternteil seiner Verpflichtung nicht oder nicht ordnungsgemäß nachkommt. Auch wird der mit zunehmendem Alter fortschreiten-

---

[530] Vgl. etwa 周利民 / 罗水平 / 贺小电 (Zhou Limin / Luo Shuiping / He Xiaodian), a.a.O., S. 216 f.;

[531] S.o. 最高人民法院关于人民法院审理离婚案件处理子女抚养问题的若干具体意见, a.a.O.;

[532] Vgl. insoweit aus der älteren justiziellen Praxis bereits 最高人民法院关于郭修已与王曹氏争儿子案应如何处理的批复 (Schriftliche Antwort des Obersten Volksgerichts betreffend die Frage der Behandlung des Falles von Guo Xiuyi und Wang geb. Cao, die um den Sohn streiten) v. 20.7.1953, 中华人民共和国最高人民法院司法解释全集 (Gesamtausgabe der justiziellen Erläuterungen des Obersten Volksgerichts der Volksrepublik China), S. 1139;

[533] Als Beispiele werden insoweit das Unvermögen zum unmittelbaren Unterhalt aufgrund einer Haft oder eines langfristigen Auslandsaufenthaltes sowie die Abwesenheit zwecks Umerziehung durch körperliche Arbeit genannt, vgl. 周利民 / 罗水平 / 贺小电 (Zhou Limin / Luo Shuiping / He Xiaodian), a.a.O., S. 217;

den Selbständigkeit des Kindes Rechnung getragen, indem nach Vollendung des 10. Lebensjahres der Wille des Kindes zu berücksichtigen ist.[534]

2.3. Verlangen der unterhaltspflichtigen Partei auf Ermäßigung oder Erlass des Unterhaltsbetrages

Eine Ermäßigung bzw. der vollständige Erlass des von einem Elternteil ursprünglich geschuldeten Unterhaltsbetrages kann sich etwa im Zusammenhang mit der Wiederverheiratung des Elternteils ergeben, der das Kind unmittelbar unterhält. Dies setzt voraus, dass der Stiefelternteil für die Lebenshaltungs- und Erziehungskosten des Stiefkindes aufkommt. Die Möglichkeit der Begründung eines Unterhaltsverhältnisses zwischen Stiefkind und Stiefelternteil ergibt sich aus § 27 Abs. 2. Der Stiefelternteil ist dabei vor der Begründung eines solchen Unterhaltsverhältnisses nicht zum Unterhalt des Stiefkindes verpflichtet.[535] Übernimmt der Stiefelternteil jedoch ganz oder teilweise die Kosten für die Lebenshaltung und Erziehung des Kindes, so kann die entsprechende Verpflichtung des leiblichen Elternteiles ganz oder teilweise aufgehoben werden. Dies war in § 22 EheG v. 1950 a.F. noch ausdrücklich geregelt, gilt aber auch noch nach gegenwärtigem Recht.[536]

---

[534] Vgl. hierzu auch 周利民 / 罗水平 / 贺小电 (Zhou Limin / Luo Shuiping / He Xiaodian), a.a.O., S. 216 f.;

[535] Vgl. hierzu Kapitel 3;

[536] 梁书文 / 黄赤东 (Liang Shuwen / Huang Chidong), a.a.O., S. 489;

Kapitel 3: Stiefverhältnis und Unterhaltsverhältnis zwischen Stiefelternteil und Stiefkind

I. Das Stiefverhältnis

Das Stiefverhältnis ist in der Rechtsordnung der VR China eine Fallgruppe der schwägerschaftlichen Verhältnisse.[537] Die Schwägerschaft (婚亲) ist im Recht der VR China bisher nicht legal definiert.[538] Nach Definitionen in der Literatur werden durch die Eheschließung zwischen einem Ehegatten und den Verwandten des anderen Ehegatten in bestimmtem Umfang schwägerschaftliche Beziehungen begründet.[539] Zu den Verschwägerten gehören dabei neben den Ehegatten der Blutsverwandten und den Ehegatten der Blutsverwandten der Ehegatten insbesondere die Blutsverwandten der Ehegatten.[540]

Ein Stiefverhältnis entsteht, wenn nach dem Vorversterben eines Elternteils der überlebende oder nach der Scheidung ein Elternteil erneut heiratet, zwischen dem leiblichen Kind dieses Ehegatten als Stiefkind und dem neuen Ehegatten als Stiefelternteil.[541] In der chinesischen Literatur – soweit ersichtlich – nicht ausdrücklich erwähnt ist der Fall, dass ein lediger Elternteil erstmals mit einem anderen als dem anderen leiblichen Elternteil die Ehe schließt. Auch in diesem Fall wird jedoch per definitionem zwischen dem Kind und dem angeheirateten Ehegatten ein Stiefverhältnis begründet.[542] An dem Stiefverhältnis sind das Kind als Stiefkind und der angeheiratete Ehegatte des leiblichen Elternteils als Stiefelternteil beteiligt.[543] Im Stiefverhältnis besteht gemäß § 27 Abs. 1[544] ein gegenseitiges Misshandlungs- und Diskriminierungsverbot.[545]

---

[537] 张贤钰 (Zhang Xianyu), a.a.O., S. 142; 夏吟兰 / 何俊萍，婚姻家庭法教程 (Xia Yinlan / He Junping, Lehrbuch des Ehe- und Familienrechts), S. 153;

[538] Vgl. dagegen § 1590 BGB;

[539] 杨大文 (Yang Dawen), a.a.O., S. 51;

[540] 巫昌祯 (Wu Changzhen), a.a.O., S. 81; 夏吟兰 / 何俊萍 (Xia Yinlan / He Junping), a.a.O., S. 66; 杨大文 (Yang Dawen), a.a.O., S. 51 f.; 张贤钰 (Zhang Xianyu), a.a.O., S. 68;

[541] 梁书文 / 黄赤东 (Liang Shuwen / Huang Chidong), a.a.O., S. 259; 王丽萍，婚姻家庭继承法学 (Wang Liping, Studium des Ehe-, Familien- und Erbrechts), S. 201 f.; 杨大文 (Yang Dawen), a.a.O., S. 259; 于静，家庭法新论 (Yu Jing, Neue Abhandlung über das Familienrecht), S. 251; 周利民 / 罗水平 / 贺小电 (Zhou Limin / Luo Shuiping / He Xiaodian), a.a.O., S. 298;

[542] So auch von Senger in Bergmann / Ferid / Henrich, a.a.O., S. 95;

[543] Während in § 22 EheG v. 1950 a.F. noch von dem „neuen Ehemann“ und den „von der Frau früher geborenen Kindern“ die Rede war, verwenden § 21 EheG v. 1980 a.F. und

Die Verschwägerten gehören nach dem Recht der VR China zu den Verwandten (亲属).[546] Da die gegenseitigen Rechte und Pflichten, insbesondere die gegenseitige Unterhaltspflicht, jedoch nicht allgemein an das Kriterium der Verwandtschaft anknüpft, sondern auf bestimmte im Ehegesetz ausdrücklich geregelte Verwandtschaftsverhältnisse beschränkt ist,[547] folgen aus der Schwägerschaft als solcher auch unter dem Aspekt der Verwandtschaft noch keine gegenseitigen Rechte und Pflichten, insbesondere keine Unterhaltspflichten.

II. Das Unterhaltsverhältnis

Im Rahmen des Stiefverhältnisses können jedoch gegenseitige Rechte und Pflichten begründet werden, darunter insbesondere die gegenseitige Unterhaltspflicht von Stiefelternteil und Stiefkind. Voraussetzung hierzu ist die Begründung eines *Unterhaltsverhältnisses*.

Das Unterhaltsverhältnis zwischen Stiefelternteil und Stiefkind weist – wie im Folgenden dargelegt wird – Besonderheiten im Vergleich mit solchen Unterhaltsverhältnissen auf, bei denen die gegenseitigen Rechte und Pflichten, und damit insbesondere die gegenseitigen Unterhaltspflichten, auf Abstammung[548] oder Adoption[549] beruhen. In den zuletzt genannten Fällen begründet nämlich allein das Bestehen des natürlichen verwandtschaftlichen Verhältnisses bzw. des Adoptionsverhältnisses insbesondere auch die wechselseitige Unterhaltspflicht.

1. Der Begriff des Unterhaltsverhältnisses

Der Begriff des Unterhaltsverhältnisses ergibt sich nicht unmittelbar aus dem Gesetz, geht aber auf den Wortlaut des § 27 Abs. 2[550] zurück, dem gemäß auf

---

§ 27 EheG v. 2001 die Begriffe 继父母，继子女，also Stiefeltern, bzw. Stiefelternteil und Stiefkinder.

544 Alle §§ ohne abweichende Bezeichnung sind solche des Ehegesetzes der VR China v. 2001.

545 § 16 EheG v. 1950 a.F. enthielt auch bereits ein Misshandlungs- und Diskriminierungsverbot, dem Wortlaut nach allerdings nur zugunsten der Stiefkinder.

546 王洪 (Wang Hong), a.a.O., S. 43 f.; 巫昌祯 (Wu Changzhen), a.a.O., S. 80 ff.; 夏吟兰 / 何俊萍 (Xia Yinlan / He Junping), a.a.O., S. 65 f.; 杨大文 (Yang Dawen), a.a.O., S. 47 ff. (48); 张贤钰 (Zhang Xianyu), a.a.O., S. 67 f.;

547 Vgl. hierzu §§ 20, 21, 28 Abs. 1, Abs. 2 sowie § 29 Abs. 1, Abs. 2;

548 Vgl. hierzu auch Kapitel 2, III;

549 S.u. 4.;

550 Vgl. bereits den identischen Wortlaut von § 21 Abs. 2 EheG v. 1980 a.F.;

die Rechte und Pflichten zwischen dem Stiefelternteil und dem von diesem *unterhaltenen* (抚养) *und erzogenen* (教育) Stiefkind die entsprechenden Bestimmungen über die Beziehung zwischen Eltern und Kindern Anwendung finden. In der Literatur wird dieses Verhältnis zwischen Stiefelternteil und Stiefkind überwiegend sowohl als „Unterhalts- und Erziehungsverhältnis“[551] als auch schlicht als „Unterhaltsverhältnis“[552] bezeichnet.[553] Ein Teil der Literatur[554] verwendet insoweit ausschließlich den Begriff des Unterhaltsverhältnisses im Sinne von „扶养关系“.[555] Da der Begriff der Erziehung bereits in dem Unterhaltsbegriff im Sinne von „抚养“ enthalten ist,[556] wird das Verhältnis zwischen Stiefelternteil und Stiefkind im Folgenden einheitlich als Unterhaltsverhältnis bezeichnet. Die aus diesem Verhältnis resultierenden gegenseitigen Rechte und Pflichten beschränken sich jedoch nicht auf den Unterhalt, sondern umfassen insbesondere auch ein gegenseitiges Erbrecht.[557]

Der Begriff des Unterhaltsverhältnisses im gegenwärtigen Sinne hat sich im Laufe der Rechtsentwicklung in der VR China heraus gebildet. Er ist gekennzeichnet durch das Bestehen gegenseitiger Rechte und Pflichten im Verhältnis von Stiefelternteil und Stiefkind. Demgegenüber betrafen eherechtliche Bestimmungen vor Gründung der VR China lediglich einseitig den Unterhalt des Stiefkindes.[558] Der Unterhalt des Stiefkindes durch einen Stiefelternteil, bzw. durch den Stiefvater[559], war in den Dreißiger Jahren des 20. Jahrhunderts dabei insbesondere im Hinblick auf die Freiwilligkeit der Erbringung von Unterhaltsleistungen nicht einheitlich geregelt. Die Ehebestimmungen[560] sowie das Ehe-

---

[551] „抚育关系", bzw. „抚养教育关系“;

[552] „抚养关系"

[553] 梁书文 / 黄赤东 (Liang Shuwen / Huang Chidong), a.a.O., S. 260 ff.; 巫昌祯 (Wu Changzhen), a.a.O., S. 233 ff.; 于静 (Yu Jing), a.a.O., S. 252; 张贤钰 (Zhang Xianyu), a.a.O., S. 143; 周利民 / 罗水平 / 贺小电 (Zhou Limin / Luo Shuiping / He Xiaodian), a.a.O., S. 299;

[554] 杨大文 (Yang Dawen), a.a.O., S. 260 f.;

[555] „扶养“ bezeichnet nach chinesischer Terminologie im engeren Sinne den Unterhalt, den Angehörige einer Generation einander leisten, etwa Ehegatten oder Geschwister, vgl. § 20 S. 1, § 29. Im weiteren Sinne handelt es sich hierbei um den Oberbegriff des Unterhalts in bestimmten Verwandtschaftsverhältnissen, aber auch etwa im Rahmen eines Vermächtnis-Unterhaltsvertrages (遗赠扶养协议), vgl. insoweit 法学大辞典 (Großes Wörterbuch der Rechtswissenschaft), S. 708;

[556] 法学大辞典 (Großes Wörterbuch der Rechtswissenschaft) S. 708;

[557] Vgl. § 27 Abs. 2 i.V.m. § 24 S. 2;

[558] Vgl. hierzu Kapitel 1, III.1.1.2.; 2.2.3. sowie IV.2.;

[559] Beachte insoweit, dass erst § 21 Abs. 2 EheG v. 1980 a.F. neben dem Unterhalt durch den Stiefvater auch Unterhaltsleistungen der Stiefmutter vorsah;

[560] § 15 Ehebestimmungen d. chin. Sowjetrepublik v. 1.12.1931, a.a.O., engl. Übersetzung von M.J. Meijer, a.a.O., S. 281 f.;

gesetz[561] der chinesischen Sowjetrepublik sahen zunächst die freiwillige Begründung der Unterhaltspflicht durch den Stiefvater vor.[562] Die Ehebestimmungen des Shan-Gan-Ning-Grenzgebietes v. 4.4.1939 normierten demgegenüber eine Pflicht des Stiefvaters zum Unterhalt der von der Ehefrau mit in die Ehe eingebrachten Stiefkinder.[563] Nach Gründung der VR China erfolgte in § 22 EheG v. 1950 a.F.[564] die Rückkehr zum Prinzip der Freiwilligkeit des Unterhalts des Stiefkindes durch den Stiefvater.

Aus § 27 Abs. 2 ergibt sich, dass die Begründung eines Unterhaltsverhältnisses zwischen Stiefelternteil und Stiefkind faktische Unterhaltsleistungen des Stiefelternteiles voraussetzt. Im Unterschied zum Ehegesetz v. 1950 a.F.[565] enthält der aktuelle gesetzliche Wortlaut zwar keinen ausdrücklichen Hinweis auf die Freiwilligkeit der Unterhaltsleistungen. Es kommt jedoch weiterhin auf die Freiwilligkeit der Erbringung von Unterhaltsleistungen und damit die Bereitschaft zur Begründung eines Unterhaltsverhältnisses an. Dies ergibt sich daraus, dass das Unterhaltsverhältnis an faktische Unterhaltsleistungen anknüpft, die vom Stiefelternteil ohne Bestehen einer entsprechenden Rechtspflicht erbracht werden.[566] Eine Pflicht zur Begründung eines Unterhaltsverhältnisses oder auch nur zur Erbringung von Unterhaltsleistungen überhaupt ist dem Gesetz gerade nicht zu entnehmen. Die vorgenannte Rechtslage entspricht dabei den Interessen der Beteiligten. Insbesondere wird durch die freiwillige Begründung des Unterhaltsverhältnisses durch den Stiefelternteil vermieden, dass eine eventuell unerwünschte Unterhaltspflicht dem Stiefkind gegenüber der Eheschließung von Stiefelternteil und leiblichem Elternteil entgegen steht. Auch wenn in der Literatur vertreten wird, dass der Stiefelternteil unter bestimmten Umständen das minderjährige oder trotz Volljährigkeit bedürftige Stiefkind unterhalten „soll",[567] handelt es sich hierbei um einen sittlich-moralischen Appell, der jedoch nichts daran ändert, dass eine entsprechende Pflicht zur Erbringung von

---

561 § 18 EheG d. chin. Sowjetrepublik v. 1934, engl. Übersetzung von M.J. Meijer, a.a.O., S. 283 f.;

562 S. hierzu Kapitel 1, III.1.1.2.1., 2.2.3. Nach der Registrierung der Bereitschaft zum Unterhalt des Stiefkindes war der Stiefvater allerdings zum Unterhalt des Stiefkindes bis zu dessen Volljährigkeit verpflichtet, vgl. § 16 Ehebestimmungen d. chin. Sowjetrepublik v. 1.12.1931, a.a.O.; § 18 S. 3 EheG d. chin. Sowjetrepublik v. 1934, engl. Übersetzung von M.J. Meijer, a.a.O.;

563 § 15 Ehebestimmungen des Shan-Gan-Ning-Grenzgebietes v. 4.4.1939, a.a.O., engl. Übersetzung von M.J. Meijer, a.a.O., S. 285 ff. (286), s. hierzu auch Kapitel 1, IV.2.1.;

564 Vgl. die dt. Übersetzung von Bünger in RabelsZ 16 (1951), S. 125;

565 S.o.;

566 So auch 巫昌祯 (Wu Changzhen), a.a.O., S. 254;

567 Vgl. 梁书文 / 黄赤东 (Liang Shuwen / Huang Chidong), a.a.O., S. 261 sowie 杨大文，婚姻法学 (Yang Dawen, Studium des Eherechts), S. 216 jeweils für den Fall des Versterbens des leiblichen Elternteiles;

Unterhaltsleistungen und damit auch eine Pflicht zur Begründung eines Unterhaltsverhältnisses im Rechtssinne nicht besteht.

Insgesamt lässt sich daher sagen, dass die im Rahmen des § 27 Abs. 2 erbrachten Unterhalts- und Erziehungsleistungen durch den Stiefelternteil auf Freiwilligkeit basieren, und dass der Wille gegebenenfalls auch die Begründung eines Unterhaltsverhältnisses umfasst. An der Freiwilligkeit ändert sich dabei auch dadurch nichts, dass die vorgenannten Leistungen regelmäßig zumindest auch mit Rücksicht auf den anderen Ehegatten und die familiäre Gesamtsituation erbracht werden.[568]

2. Unterhaltsverhältnis und sonstige Unterhaltsleistungen

§ 27 Abs. 2 trifft eine Regelung für das Verhältnis des Stiefelternteiles und des von diesem unterhaltenen und erzogenen Stiefkindes. Dieses Verhältnis wird allgemein im Sinne eines Unterhaltsverhältnisses aufgefasst.[569] Nur bei dessen Vorliegen finden die entsprechenden Regelungen des Ehegesetzes über die Rechte und Pflichten im Verhältnis von Eltern und Kindern Anwendung. Abzugrenzen ist das Unterhaltsverhältnis demnach von einzelnen oder kurzfristigen Unterhaltsleistungen, die aufgrund mangelnder Nachhaltigkeit bzw. Dauer nicht zur Begründung eines Unterhaltsverhältnisses führen. Die Auslegung des § 27 Abs. 2 im Sinne der Begründung eines Unterhaltsverhältnisses zwischen Stiefelternteil und Stiefkind ist geboten, weil diese Norm für die gegenseitigen Rechte und Pflichten von Stiefelternteil und Stiefkind auf die Bestimmungen zwischen Eltern und Kindern verweist und damit eine entsprechende Gleichstellung bewirkt.

3. Unterhaltsverhältnis und Stiefverhältnis

Das Unterhaltsverhältnis gemäß § 27 Abs. 2 ist vom einfachen Stiefverhältnis gemäß § 27 Abs. 1 zu unterscheiden. Der Wortlaut des § 27 Abs. 2 stellt dabei insbesondere klar, dass die Begründung des Stiefverhältnisses als solches nicht

---

[568] Dieser familiäre Kontext wird anlässlich der Scheidung von Stiefelternteil und leiblichem Elternteil insoweit berücksichtigt, als zur Fortsetzung des Unterhaltsverhältnisses mit dem bedürftigen Stiefkind nach der Scheidung jedenfalls die entsprechende Bereitschaft des Stiefelternteiles erforderlich ist, vgl. hierzu IV.2.4.2.;

[569] 梁书文 / 黄赤东 (Liang Shuwen / Huang Chidong), a.a.O., S. 260; 王洪 (Wang Hong), a.a.O., S. 240 f.; 巫昌祯 (Wu Changzhen), a.a.O., S. 234.; 于静 (Yu Jing), a.a.O., S. 252; 张贤钰 (Zhang Xianyu), a.a.O., S. 143;

ipso iure auch zur Begründung eines Unterhaltsverhältnisses und damit insbesondere zur Begründung gegenseitiger Unterhaltspflichten führt.[570]

4. Unterhaltsverhältnis und Adoptionsverhältnis

Nach weit überwiegender Ansicht der Literatur zählt das Unterhaltsverhältnis zwischen Stiefelternteil und Stiefkind – wie auch das Adoptionsverhältnis – zu den Fällen der gesetzlich fingierten Blutsverwandtschaft (法律拟制血亲).[571] Nur vereinzelt wird die Verwendung dieses Begriffes ausdrücklich abgelehnt und statt dessen auf die Bezeichnung als Unterhaltsstiefverhältnis zurück gegriffen.[572] Die unterschiedliche Begriffsverwendung bedeutet jedoch inhaltlich keinen Unterschied. Einigkeit besteht insbesondere darüber, dass die Begründung des Unterhaltsverhältnisses zwischen Stiefelternteil und Stiefkind zur Begründung von Rechten und Pflichten führt, wie sie zwischen Eltern und ihren leiblichen Kindern sowie gleichermaßen zwischen Adoptiveltern und dem Adoptivkind bestehen, vgl. § 27 Abs. 2, § 26 Abs. 1 S. 2. Unter der Adoption versteht man dabei die Annahme eines fremden Kindes gemäß dem Gesetz als eigenes.[573] Daher wird im Folgenden der Begriff der gesetzlich fingierten Blutsverwandtschaft sowohl für das Adoptionsverhältnis als auch für das Unterhaltsverhältnis zwischen Stiefelternteil und Stiefkind verwandt.

---

[570] Zumindest missverständlich ist insoweit Chen Hwei-Syin, a.a.O., S. 108, wo es heißt: „Nach der Heirat der ne. Mutter bekommt das ne. Kind gegenüber dem Ehemann der Mutter in der Familie die Stellung des Stiefkindes, wenn der Ehemann der Mutter es aufziehen möchte." Die Stellung eines Stiefkindes erlangt das Kind jedoch bereits infolge der Eheschließung der Mutter. Gemeint ist hier vielmehr darüber hinaus die Begründung eines Unterhaltsverhältnisses. Hingewiesen wird darauf, dass § 21 Abs. 2 EheG v. 1980 a.F. – im Gegensatz zu § 22 EheG v. 1950 a.F. – dem Wortlaut nach nicht mehr auf die bloße Bereitschaft des Stiefvaters, sondern gleich dem gegenwärtigen Recht auf die faktische Erbringung von Unterhalts- und Erziehungsleistungen abgestellt hat.

[571] 梁书文 / 黄赤东 (Liang Shuwen / Huang Chidong), a.a.O., S. 205; 王洪 (Wang Hong), a.a.O., S. 240; 巫昌祯 (Wu Changzhen), a.a.O., S. 80 f.; 杨大文 (Yang Dawen), a.a.O., S. 50 f. 杨大文 (Yang Dawen) bezeichnet dabei das Adoptionsverhältnis als vollkommene, das Unterhaltsverhältnis zwischen Stiefelternteil und Stiefkind als unvollkommene gesetzlich fingierte Blutsverwandtschaft, weil letzteren Falles die Rechte und Pflichten des Kindes im Verhältnis zu den leiblichen Eltern von der Begründung des Unterhaltsverhältnisses unberührt bleiben. Vgl. ferner 张贤钰 (Zhang Xianyu), a.a.O., S. 142 sowie 周利民 / 罗水平 / 贺小电 (Zhou Limin / Luo Shuiping / He Xiaodian), a.a.O., S. 298;

[572] 王丽萍，婚姻家庭法律制度研究 (Wang Liping, Studium des Ehe- und Familienrechtssystems), S. 223 f.;

[573] Vgl. zum deutschen Recht §1754 Abs. 1, 2 BGB, wonach das adoptierte Kind die „rechtliche Stellung" eines gemeinschaftlichen Kindes der Ehegatten bzw. eines Kindes des Annehmenden erhält;

Im Unterschied zum Unterhaltsverhältnis zwischen Stiefelternteil und Stiefkind ist das Adoptionsverhältnis in der VR China gesetzlich ausführlich geregelt. Durch die Verabschiedung des Adoptionsgesetzes der VR China am 29.12.1991[574], geändert am 4.11.1998 durch den Ständigen Ausschuss des Nationalen Volkskongresses,[575] ist die Adoption erstmals auf eine eigenständige gesetzliche Grundlage gestellt worden. Die Adoption soll gemäß § 2 AdoptG dem Unterhalt und dem Aufwachsen des minderjährigen Anzunehmenden dienen und dessen wie auch die Rechte und Interessen des oder der Annehmenden gewährleisten. Nach gegenwärtiger Rechtslage dient die Adoption in der VR China daher zum einen dem Wohl des Anzunehmenden, d.h. dem Kindeswohl, zum anderen aber auch den gesetzmäßigen Rechten und Interessen des oder der Annehmenden.[576]

Zwischen dem Unterhaltsverhältnis und dem Adoptionsverhältnis bestehen zwar auch wesentliche Unterschiede. Diese betreffen jedoch insbesondere das jeweilige Verhältnis des Kindes zu seinen leiblichen Eltern. Während die Rechte und Pflichten des Kindes im Verhältnis zu den leiblichen Eltern im Falle einer Adoption nämlich gemäß § 26 Abs. 2 EheG, § 23 Abs. 2 AdoptG eo ipso erlö-

---

574 „中华人民共和国收养法“; vgl. 人民日报 (Volkstageszeitung) v. 2.1.1992, S. 3; dt. Übersetzung von Wohlgemuth, Volksrepublik China: Adoptionsgesetz, StAZ 1992, S. 253 ff.;

575 Vgl. für die chin. Fassung auch 常用婚姻家庭法律法规 (Gebräuchliche Gesetze und Bestimmungen des Ehe- und Familienrechts), S. 359 ff., dt. Übersetzung von Münzel, Chinas Recht, 4.11.98/1;

576 Vgl. hierzu nach deutschem Recht § 1741 Abs. 1 S. 1 BGB, wonach die Annahme als Kind zulässig ist, wenn sie dem Wohl des Kindes dient und zu erwarten ist, dass zwischen dem Annehmenden und dem Kind ein Eltern-Kind-Verhältnis entsteht. Nach gegenwärtigem Recht in der VR China unterscheidet insbesondere die Betonung des Kindeswohls die Adoption nach der Konzeption des Adoptionsgesetzes deutlich von dem traditionellen Verständnis der Adoption im chinesischen Recht. Nach traditionellem Recht erfolgte die Adoption eines männlichen Verwandten bei fehlendem Nachfolger für die Ahnenverehrung, d.h. zum Zwecke der Fortführung des Ahnenkultes, vgl. Mäding, a.a.O., S. 42: Die Adoption konnte zu Lebzeiten oder nach dem Tode des Annehmenden erfolgen. Vgl. hierzu sowie allgemein zur Adoption des traditionellen chinesischen Rechts auch Wang Hai-nan, Das chinesische Adoptionsrecht, S. 20 ff. (23); vgl. zu der traditionellen Bedeutung der Adoption ferner 于静 (Yu Jing), a.a.O., S. 262, 264. Andere Zwecke – wie etwa das Wohl des Anzunehmenden – standen dagegen im Hintergrund. Gleichwohl gab es bereits nach traditionellem Recht neben der Adoption eines männlichen Verwandten zur Fortsetzung der Familie auch die Adoption von Nichtverwandten aus Wohltätigkeitsgründen, d.h. zur Sicherung des Unterhalts des Adoptivkindes. Dies ergibt sich insbesondere aus Art. 78 DQLL, wonach ein verlassenes Kind unter drei Jahren auch dann adoptiert werden konnte, wenn es einen anderen Nachnamen führte, vgl. die engl. Übersetzung von Jones, a.a.O., S. 106 f.
Das ZGB regelte das Adoptionsverhältnis insbesondere in den §§ 1072 – 1083, vgl. Codex Juris Civilis Reipublicae Sinicae, S. 161 ff.;

schen, bestehen diese im Falle eines Unterhaltsverhältnisses mit dem Stiefelternteil im Verhältnis zu den leiblichen Eltern fort.[577]

Dieser Unterschied betreffend das jeweilige Verhältnis zu den leiblichen Eltern schließt jedoch die Anwendung von Bestimmungen, die das Verhältnis zwischen dem Adoptivkind und den Adoptiveltern betreffen, auf das Verhältnis zwischen dem Stiefkind und dem Stiefelternteil im Rahmen eines Unterhaltsverhältnisses nicht schlechthin aus. Im Folgenden wird daher an geeigneter Stelle auch auf die jeweiligen adoptionsrechtlichen Bestimmungen und deren Anwendbarkeit auf das Unterhaltsverhältnis eingegangen.

III. Begründung des Unterhaltsverhältnisses und rechtliche Konsequenzen

Im Rahmen eines Stiefverhältnisses können gegenseitige Rechte und Pflichten wie im Verhältnis zwischen Eltern und ihren leiblichen Kindern entstehen, vgl. § 27 Abs. 2. Erforderlich ist dazu die Begründung eines Unterhaltsverhältnisses.

1. Begründung eines Unterhaltsverhältnisses zwischen Stiefelternteil und Stiefkind

1.1. Fehlen einer gesetzlichen Regelung

§ 27 Abs. 2 setzt voraus, dass das Stiefkind vom Stiefelternteil *unterhalten* und erzogen wird. Beim Kindesunterhalt handelt es sich um eine der wenigen Pflichten der Eltern gegenüber den Kindern, die das Ehegesetz ausdrücklich normiert,[578] und damit um eine Pflicht, die das Verhältnis von Eltern und Kindern wesentlich prägt. Demnach setzt § 27 Abs. 2 voraus, dass sich der Stiefelternteil dem Stiefkind gegenüber faktisch wie ein leiblicher Elternteil verhält. Die vom Stiefelternteil für die Begründung eines Unterhaltsverhältnisses zu erbringenden Unterhaltsleistungen werden jedoch weder nach Art, Maß noch nach der Dauer konkretisiert. Es fehlt insoweit eine gesetzliche Regelung. Damit stellt sich die Frage, unter welchen Voraussetzungen vom Vorliegen eines Unterhaltsverhältnisses zwischen Stiefelternteil und Stiefkind auszugehen ist.

---

[577] S. hierzu ausführlich III.2.2.;

[578] Vgl. § 21 Abs. 1 HS. 1, § 23 S. 1;

Das Vorliegen eines Unterhaltsverhältnisses zwischen Stiefelternteil und Stiefkind ist in der Literatur[579] anhand von Fallgruppen diskutiert worden. Die justizielle Praxis[580] hat sich ebenfalls vereinzelt mit dem Vorliegen eines Unterhaltsverhältnisses zwischen Stiefelternteil und Stiefkind beschäftigt.

1.2. Literatur

In der Literatur[581] werden insgesamt folgende Fallgruppen unterschieden:

(1) Das Stiefkind ist bei Begründung des Stiefverhältnisses bereits volljährig und lebt selbständig.

(2) Das Stiefkind ist bei Begründung des Stiefverhältnisses minderjährig oder trotz Volljährigkeit nicht zum selbständigen Leben in der Lage, lebt aber nicht mit dem Stiefelternteil zusammen. Die leiblichen Eltern kommen weiterhin für die Unterhalts- und Erziehungskosten des Kindes auf.

(3) Das bei Begründung des Stiefverhältnisses minderjährige oder trotz Volljährigkeit zum selbständigen Leben unfähige Stiefkind lebt (lange Zeit) mit dem Stiefelternteil zusammen *und* der Stiefelternteil übernimmt einen Teil der oder die gesamten Kosten für den Lebensunterhalt und die Erziehung des Kindes.

(4) Das bei Begründung des Stiefverhältnisses minderjährige oder trotz Volljährigkeit zum selbständigen Leben unfähige Stiefkind lebt (lange Zeit) mit dem Stiefelternteil zusammen *und* der Stiefelternteil übernimmt entweder einen Teil der oder die gesamten Kosten für den Lebensunterhalt, *oder* der Stiefelternteil übernimmt ganz oder teilweise die Erziehung des Kindes.

---

579 S.u. 1.2.;
580 S.u. 1.3.;
581 梁书文 / 黄赤东 (Liang Shuwen / Huang Chidong), a.a.O., S. 259; 沈东平 / 张杰 (Shen Dongping / Zhang Jie), a.a.O., S. 204; von Senger in Bergmann / Ferid / Henrich, a.a.O., S. 95; 王洪 (Wang Hong), a.a.O., S. 240; 王丽萍，婚姻家庭继承法学 (Wang Liping, Studium des Ehe-, Familien- und Erbrechts), S. 202 f.; 王丽萍，婚姻家庭法律制度研究 (Wang Liping, Studium des Ehe- und Familienrechtssystems), S. 219 f.; 巫昌祯 (Wu Changzhen), a.a.O., S. 234; 夏吟兰 / 何俊萍 (Xia Yinlan / He Junping), a.a.O., S. 154; 于静 (Yu Jing), a.a.O., S. 251 f.; 张海尚 (Zhang Haishang), a.a.O., S. 180; 张贤钰 (Zhang Xianyu), a.a.O., S. 142; 周利民 / 罗水平 / 贺小电 (Zhou Limin / Luo Shuiping / He Xiaodian), a.a.O., S. 298 f.;

(5) Das bei Begründung des Stiefverhältnisses minderjährige oder trotz Volljährigkeit zum selbständigen Leben unfähige Stiefkind lebt lange Zeit bzw. bis zur Volljährigkeit mit dem Stiefelternteil zusammen.

1.2.1. Die Begründung eines Unterhaltsverhältnisses durch Unterhaltsleistungen des Stiefelternteiles

1.2.1.1. Kein Unterhaltsverhältnis mangels Unterhalts- und Erziehungsleistungen des Stiefelternteiles

Betreffend die vorgenannten Ziff. (1) und (2) liegt nach einhelliger Ansicht in der Literatur ein schlichtes Stiefverhältnis vor.[582]

Dies ergibt sich bereits im Hinblick auf den Wortlaut des § 27 Abs. 2, da insoweit mangels Unterhalts- und Erziehungsleistungen des Stiefelternteiles kein Unterhaltsverhältnis begründet wird. Das volljährige Stiefkind im Sinne von Ziff. (1) sorgt vielmehr selbst für den eigenen Lebensunterhalt. Im Falle der Ziff. (2) werden die Lebenshaltungs- und Erziehungskosten weiterhin von den leiblichen Eltern getragen, und für sonstige Unterhalts- und Erziehungsleistungen des Stiefelternteiles besteht ebenfalls mangels Zusammenlebens von Stiefkind und Stiefelternteil kein Raum.

1.2.1.2. Unterhaltsverhältnis durch Unterhalts- und Erziehungsleistungen des Stiefelternteiles neben solchen des leiblichen Elternteiles

Ebenso einhellig wird im Falle der Ziff. (3) das Vorliegen eines Unterhaltsverhältnisses allgemein bejaht, wenn Stiefelternteil und Stiefkind zusammen leben und der Stiefelternteil das Stiefkind neben dem anderen Ehegatten zumindest zum Teil unterhält und auch erzieht.[583] § 27 Abs. 2 setzt dem Wortlaut nach voraus, dass das Kind vom Stiefelternteil unterhalten und erzogen wird. Dies bedeutet jedoch nicht, dass das Stiefkind *ausschließlich* vom Stiefelternteil unterhalten und erzogen werden müsste, da andernfalls vom Stiefelternteil im Ergebnis mehr verlangt werden würde als von einem leiblichen Elternteil. Insoweit ergibt sich aus dem Ehegesetz ausdrücklich, dass es sich bei

---

[582] S.o.

[583] von Senger, a.a.O., erwähnt diese Konstellation jedoch nicht, sondern bejaht – m.E. zu weitgehend – die Begründung von Rechten und Pflichten bereits aufgrund der Tatsache, dass sich das Kind „in der Obhut des sich (wieder)verheiratenden Elternteils" befindet.

dem Kindesunterhalt um die gemeinsame Pflicht der Eltern handelt, vgl. § 21 Abs. 1 HS. 1, Abs. 2, § 36 Abs. 2. Demnach genügt es für die Begründung eines Unterhaltsverhältnisses, dass das Kind *auch* vom Stiefelternteil unterhalten und erzogen wird.

1.2.1.3. Unterhaltsverhältnis nur bei zumindest teilweiser Kostenübernahme durch den Stiefelternteil?

Unterschiedlich wird dagegen die Fallgruppe unter Ziff. (4) behandelt. Ein Teil der Literatur setzt für die Bejahung eines Unterhaltsverhältnisses voraus, dass der Stiefelternteil zumindest einen Teil der Unterhalts- und Erziehungs*kosten* übernimmt.[584] Dies bedeutet, dass die reine Betreuung des Stiefkindes, i.e. die Pflege und Erziehung, durch den Stiefelternteil nach dieser Ansicht nicht zur Begründung eines Unterhaltsverhältnisses führt. Anderer Ansicht nach – dies gilt vor allem auch für die neuere Literatur – genügt dagegen auch die Erbringung von Unterhaltsleistungen im Sinne von Pflege und Erziehung für die Begründung eines Unterhaltsverhältnisses.[585]

Der Auffassung, wonach die Übernahme von Kosten für Lebensunterhalt und Erziehung des Stiefkindes erforderlich ist, lässt sich entgegen halten, dass der Wortlaut des § 27 Abs. 2 allgemein die Leistung von Unterhalt und Erziehung voraussetzt und die Bedeutung des Begriffes Unterhalt im Sinne von „抚养“ umfassend ist. Insbesondere beschränkt sich dieser gerade nicht auf die Leistung der erforderlichen Barmittel, sondern umfasst darüber hinaus insbesondere auch die Pflege und Erziehung des Kindes.[586] Argumente für die vorgenannte einschränkende Auslegung des Tatbestandes des § 27 Abs. 2 werden nicht vorgebracht. Gegen das Erfordernis der zumindest teilweisen Übernahme von Kosten spricht ferner wiederum der Vergleich mit dem Kindesunterhalt durch die

---

[584] 梁书文 / 黄赤东 (Liang Shuwen / Huang Chidong), a.a.O., S. 259; 沈东平 / 张杰 (Shen Dongping / Zhang Jie), a.a.O., S. 204; 巫昌祯 (Wu Changzhen), a.a.O., S. 234; 于静 (Yu Jing), a.a.O., S. 251 f.;

[585] 王洪 (Wang Hong), a.a.O., S. 240; 王丽萍，婚姻家庭继承法学 (Wang Liping, Studium des Ehe-, Familien- und Erbrechts), S. 202; 王丽萍，婚姻家庭法律制度研究 (Wang Liping, Studium des Ehe- und Familienrechtssystems), S. 220; 夏吟兰 / 何俊萍 (Xia Yinlan / He Junping), a.a.O., S. 154; 张贤钰 (Zhang Xianyu), a.a.O., S. 142. In diesem Sinne wohl auch 张海尚 (Zhang Haishang), a.a.O., S. 180, der allerdings allgemein Unterhalt und Erziehung durch den Stiefelternteil zur Begründung des Unterhaltsverhältnisses voraussetzt, ohne den Begriff des Unterhalts konkret zu erläutern. Auch 周利民 / 罗水平 / 贺小电 (Zhou Limin / Luo Shuiping / He Xiaodian), a.a.O., S. 299, bejahen grundsätzlich die Möglichkeit, auch ohne die Übernahme von Kosten für den Lebensunterhalt ein Unterhaltsverhältnis zu begründen.

[586] 法学大辞典 (Großes Wörterbuch der Rechtswissenschaft) S. 708;

leiblichen Eltern. Auch insoweit ist nicht erforderlich, dass sich beide Elternteile an den Kosten für die Lebenshaltung und Erziehung beteiligen. Ein Elternteil kann seine Unterhaltspflicht auch durch die Pflege und Erziehung des Kindes erfüllen. Dies ergibt sich zumindest für den Zeitraum nach der Scheidung ausdrücklich aus § 37 Abs. 1. Die Meinung, nach der die Begründung eines Unterhaltsverhältnisses also zumindest die teilweise Übernahme von Unterhalts- und Erziehungskosten voraussetzt, ist daher abzulehnen. Zustimmung verdienen folglich die Vertreter der Literatur, die die Erbringung von Unterhaltsleistungen im Sinne von Pflege und Erziehung für die Begründung eines Unterhaltsverhältnisses genügen lassen.

1.2.1.4. Begründung eines Unterhaltsverhältnisses durch langes Zusammenleben?

In der Literatur wird vereinzelt das Vorliegen eines Unterhaltsverhältnisses auch im Falle der Ziff. (5), d.h. im Falle eines langjährigen *Zusammenlebens* von Stiefelternteil und Stiefkind bejaht.[587]

Es fragt sich jedoch, ob es sich hierbei tatsächlich um eine weitere selbständige Fallgruppe handelt.[588] Dies würde bedeuten, dass die schlichte Koexistenz von Stiefelternteil und Stiefkind „unter einem Dach" zu der Begründung eines Unterhaltsverhältnisses führen könnte. Gegen eine solche Annahme spricht jedoch bereits der Wortlaut des § 27 Abs. 2, wonach der Unterhalt und die Erziehung durch den Stiefelternteil vorausgesetzt werden. Das schlichte Zusammenleben genügt folglich nicht zur Begründung eines Unterhaltsverhältnisses. Etwas anderes gilt jedoch für den Fall, dass das vorerwähnte Zusammenleben von Stiefelternteil und Stiefkind als eine über schlichtes Zusammenleben hinausgehende häusliche Gemeinschaft ausgelegt wird, d.h. als ein Zusammenleben, im Rahmen dessen der Stiefelternteil das Stiefkind zumindest auch unterhält und erzieht. Für eine solche Auslegung des Begriffes des Zusammenlebens spricht auch die Qualität des Unterhaltsverhältnisses zwischen Stiefelternteil und Stiefkind als gesetzlich fingierte Blutsverwandtschaft mit den daraus resultierenden weitreichenden Folgen etwa in Gestalt gegenseitiger Unterhaltspflichten und des gegenseitigen Erbrechtes der Beteiligten. Zur Begründung eines Unterhaltsverhältnisses ist demnach Voraussetzung, dass die Umstände mit Ausnahme der natürlichen Abstammung im Übrigen den Umständen, wie sie üblicherweise zwischen Elternteil und Kind herrschen, entsprechen. Dies bedeutet im Falle eines minderjährigen oder sonst bedürftigen Stiefkindes insbesondere,

---

587 夏吟兰 / 何俊萍 (Xia Yinlan / He Junping), a.a.O., S. 154;

588 Davon geht z.B. 王洪 (Wang Hong), a.a.O., S. 240, aus;

dass der Stiefelternteil das Kind unterhält und ggf. erzieht. Nach dieser Auslegung handelt es sich bei der in der Literatur teilweise gesondert aufgeführten Fallgruppe unter Ziff. (5) tatsächlich nicht um eine selbständige Fallgruppe, sondern um eine Variante der Ziff. (4), so dass die Begründung eines Unterhaltsverhältnisses ein Zusammenleben der Beteiligten in der Weise voraus setzt, dass der Stiefelternteil das Stiefkind zumindest auch durch vollständige oder teilweise Übernahme der Lebenshaltungskosten oder durch Betreuung unterhält.[589]

1.2.2. Die Begründung eines Unterhaltsverhältnisses durch Unterhaltsleistungen des Stiefkindes

Die Literatur anerkennt ferner auch ohne weiteres die Begründung eines Unterhaltsverhältnisses durch das volljährige Stiefkind, indem das Stiefkind den Stiefelternteil langfristig unterhalten und diesem beigestanden hat.[590]

Dieser Auffassung steht zunächst der Wortlaut des § 27 Abs. 2 entgegen, demzufolge vorausgesetzt wird, dass das Stiefkind von dem Stiefelternteil unterhalten und erzogen wird. Eine weitergehende Formulierung enthält insoweit allerdings § 10 ErbrechtsG.[591] Gemäß § 10 ErbrechtsG gehören sowohl zu den Kindern als auch zu den Eltern im Sinne des Erbrechtsgesetzes – und damit zu den gesetzlichen Erben erster Ordnung – solche Stiefkinder bzw. Stiefeltern, die eine Unterhaltsbeziehung (zum Stiefelternteil bzw. Stiefkind) haben. Demnach kommt es also im Rahmen des Erbrechtsgesetzes nicht darauf an, durch wessen Unterhaltsleistungen das Unterhaltsverhältnis begründet worden ist. Ein wesentlicher Unterschied zwischen dem durch Leistungen des Stiefelternteiles und dem durch solche des Stiefkindes begründeten Unterhaltsverhältnis ist nicht ersichtlich. Gründe der Rechtseinheitlichkeit sprechen daher dafür, auch im Rahmen von § 27 Abs. 2 über den Wortlaut hinaus die Begründung eines Unterhaltsverhältnisses durch Leistungen des Stiefkindes anzuerkennen.[592] Die Anerkennung eines auf diese Weise begründeten Unterhaltsverhältnisses führt gemäß § 27 Abs. 2 zur Begründung gegenseitiger Rechte und Pflichten, insbesondere zum

---

[589] S. hierzu auch 1.3.;

[590] 梁书文 / 黄赤东 (Liang Shuwen / Huang Chidong), a.a.O., S 259; 王洪 (Wang Hong), a.a.O., S. 240; 巫昌祯 (Wu Changzhen), a.a.O., S. 234; 于静 (Yu Jing), a.a.O., S. 252; 周利民 / 罗水平 / 贺小电 (Zhou Limin / Luo Shuiping / He Xiaodian), a.a.O., S. 298;

[591] 中华人民共和国继承法, vgl. Amtsblatt des Staatsrates der VR China v. 10.5.1985, Nr. 464, S. 339 – 344; dt. Übersetzung des Erbrechtsgesetzes der VR China von Manthe, a.a.O.; vgl. zum Erbrecht allgemein ferner Manthe, Das Erbrechtsgesetz der VR China, Osteuroparecht 31 (1985), S. 200 ff. sowie 郭明瑞 / 房绍坤 (Guo Mingrui / Fang Shaokun), a.a.O.;

[592] So im Ergebnis auch 王洪 (Wang Hong), a.a.O., S. 240;

gegenseitigen Erbrecht, vgl. § 27 Abs. 2 i.V.m. § 24 S. 2. Insbesondere die mit dem Unterhaltsverhältnis begründete Unterhaltspflicht des Stiefkindes führt zu Rechtssicherheit und dient damit auch gerade allgemein dem Schutz der Rechte und Interessen alter Menschen und damit einem wesentlichen Grundsatz des Ehe- und Familienrechts der VR China.[593] Würde man demgegenüber die Begründung eines Unterhaltsverhältnisses durch Unterhaltsleistungen des Stiefkindes verneinen, bestünde im Rahmen des Erbrechts lediglich die Möglichkeit, das Stiefkind, welches den Stiefelternteil zu Lebzeiten verhältnismäßig viel unterhalten hat, gemäß § 14 Alt. 2 ErbrechtsG am Nachlass des Stiefelternteiles zu beteiligen.

1.3. Justizielle Praxis

Aus der justiziellen Praxis ergeben sich keine allgemeinen Voraussetzungen für die Begründung eines Unterhaltsverhältnisses zwischen Stiefelternteil und Stiefkind. Es existieren aber vereinzelte Beispiele für die Begründung eines solchen Unterhaltsverhältnisses.

So wurde im Falle eines „langfristigen Zusammenlebens" von Stiefkindern und Stiefmutter, während dessen die Stiefmutter die sämtlich minderjährigen Stiefkinder bis zur Volljährigkeit unterhalten und erzogen hatte, vom Obersten Volksgericht das Vorliegen eines Unterhaltsverhältnisses bejaht.[594] Der Begriff des „Zusammenlebens" [595] ist im Folgenden ferner durch die *Schriftliche Antwort des Obersten Volksgerichts v. 22.1.1988*[596] im Sinne der Leistung von

---

[593] Vgl. hierzu etwa Art. 45, 49 der Verfassung der VR China: Gemäß Art. 45 haben insbesondere alte Menschen das Recht auf materielle Unterstützung von Staat und Gesellschaft. Art. 49 enthält die verfassungsrechtliche Unterhalts- und Beistandspflicht des volljährigen Kindes gegenüber den Eltern; vgl. ferner 王丽萍，婚姻家庭继承法学（Wang Liping, Studium des Ehe-, Familien- und Erbrechts), S. 23;

[594] 最高人民法院关于继母与生父离婚后仍有权要求已与其形成抚养关系的继子女履行赡养义务的批复（Schriftliche Antwort des Obersten Volksgerichts betreffend das auch nach der Scheidung von Stiefmutter und leiblichem Vater fortbestehende Recht der Stiefmutter, von dem Stiefkind, mit dem bereits eine Unterhaltsbeziehung begründet worden ist, die Erfüllung der Unterhaltspflicht zu verlangen), v. 21.3.1986, 常用婚姻家庭法律法规（Gebräuchliche Gesetze und Bestimmungen des Ehe- und Familienrechts), S. 398 ff.;

[595] „共同生活";

[596] 最高人民法院关于继父母与继子女形成的权利义务关系不能自然终止的批复(Schriftliche Antwort des Obersten Volksgerichts betreffend die Frage, dass die zwischen den Stiefeltern und den Stiefkindern entstandenen Rechte und Pflichten nicht auf natürliche Weise aufgelöst werden können), 常用婚姻家庭法律法规（Gebräuchliche Gesetze und Bestimmungen des Ehe- und Familienrechts), S. 403 ff.;

„Unterhalt und Erziehung“[597] konkretisiert worden. Im Einzelfall wurde dort ein Unterhaltsverhältnis zwischen Stiefkind und Stiefvater aufgrund eines achtjährigen Zusammenlebens bzw. der Leistung von Unterhalt und Erziehung während acht Jahren bejaht.[598]

1.4. Zusammenfassung und Fazit

Unter Zugrundelegung der Auffassungen in der Literatur und der justiziellen Praxis kommt es zu der Begründung eines Unterhaltsverhältnisses zum einen zwischen einem Stiefelternteil und dessen minderjährigem Stiefkind. Das volljährige Stiefkind ist dagegen regelmäßig zum selbständigen Leben fähig und aus diesem Grunde bereits nicht unterhaltsbedürftig. Soweit ein volljähriges Stiefkind ausnahmsweise nicht zum selbständigen Leben in der Lage ist, kommt jedoch auch insoweit die Begründung eines Unterhaltsverhältnisses mit dem Stiefelternteil durch Unterhaltsleistungen des Stiefelternteiles in Betracht.

Ein Unterhaltsverhältnis kann nach Ansicht der Literatur aber auch durch Unterhaltsleistungen des Stiefkindes gegenüber dem Stiefelternteil begründet werden. Dies wird praktisch insbesondere bei der Frage relevant, ob dem Stiefkind gegenüber dem Stiefelternteil ein Erbrecht zusteht.

Voraussetzung für die Begründung eines Unterhaltsverhältnisses ist in jedem Fall die Erbringung von faktischen Unterhalts- und ggf. Erziehungsleistungen. Aus dem Wortlaut des § 27 Abs. 2, genauer gesagt der Auslegung des darin verwendeten Begriffes „抚养” im Sinne von Unterhalt, ergibt sich im Hinblick auf die Art des Unterhalts, dass die Unterhaltsleistungen des Stiefelternteiles sowohl in Form der Übernahme von Lebenshaltungs- und ggf. Erziehungskosten, als auch in Form der Betreuung erbracht werden können. Die Begründung eines Unterhaltsverhältnisses setzt – entgegen einer Meinung in der Literatur – nicht die zumindest teilweise Übernahme von Lebenshaltungs- und Erziehungskosten voraus. Diese Auffassung ist unter Berücksichtigung des Unterhaltsbegriffes des § 27 Abs. 2 abzulehnen. Aus der justiziellen Praxis ist eine solche Beschränkung der Unterhaltsleistungen ebenfalls nicht ersichtlich. Zwar geht auch die Rechtsprechung[599] von dem Prinzip der Entsprechung der Rechte und

---

[597] S.o. S. 404 f. (扶养教育);

[598] S.o.;

[599] S. 最高人民法院关于继母与生父离婚后仍有权要求已与其形成抚养关系的继子女履行赡养义务的批复 (Schriftliche Antwort des Obersten Volksgerichts betreffend das auch nach der Scheidung von Stiefmutter und leiblichem Vater fortbestehende Recht der Stiefmutter, von dem Stiefkind, mit dem bereits eine Unterhaltsbeziehung begründet worden ist, die Erfüllung der Unterhaltspflicht zu verlangen), v. 21.3.1986, a.a.O., S. 399;

Pflichten aus, wonach insbesondere das Stiefkind dem Stiefelternteil nur dann zum Unterhalt verpflichtet sein soll, wenn auch der Stiefelternteil dem Stiefkind zunächst Unterhalt geleistet hat. Eine Beschränkung der Unterhaltsleistungen, die zu einem Unterhaltsverhältnis führen können, auf die zumindest teilweise Übernahme von Kosten, ergibt sich hieraus jedoch nicht.

Der vereinzelt in der Literatur sowie in der justiziellen Praxis verwendete Begriff des *Zusammenlebens* von Stiefelternteil und Stiefkind ist im Hinblick auf die Begründung eines Unterhaltsverhältnisses über die schlichte Koexistenz hinausgehend im Sinne einer häuslichen Gemeinschaft, wie sie auch in der Regel zwischen Eltern und ihren leiblichen Kindern besteht, und damit im Sinne einer Erbringung von Unterhalts- und Erziehungsleistungen auszulegen.

Die erforderliche Dauer der für die Begründung eines Unterhaltsverhältnisses zu erbringenden Unterhaltsleistungen kann nicht allgemein bestimmt werden. Zum Teil wird insoweit von Vertretern der Literatur eine gesetzliche Regelung vorgeschlagen, der zufolge die Erbringung von Unterhaltsleistungen während einer Dauer von mehr als fünf Jahren zur Begründung eines Unterhaltsverhältnisses führen soll.[600] Diese Empfehlung wurde bei der zwischenzeitlich erfolgten Revision des Ehegesetzes im Jahre 2001 jedoch nicht umgesetzt. In der justiziellen Praxis ist im Einzelfall ein Zeitraum von acht Jahren als ausreichend angesehen worden.[601]

Anhand der Literatur und der vorgenannten justiziellen Praxis ist die allgemeine Bestimmung des für die Begründung eines Unterhaltsverhältnisses erforderlichen Maßes von Unterhalts- und Erziehungsleistungen ebenfalls nicht möglich.

So ergibt sich insgesamt, dass das Vorliegen eines Unterhaltsverhältnisses nach gegenwärtiger Rechtslage nur anhand des jeweiligen Einzelfalles beurteilt werden kann.[602] Das Vorliegen eines Unterhaltsverhältnisses zwischen Stiefelternteil und Stiefkind ist daher in der Praxis für die Beteiligten mit vielen Unwägbarkeiten verbunden. In der Literatur wird deshalb insbesondere aus Gründen der Rechtsklarheit vielfach die Adoption des Stiefkindes durch den Stiefelternteil vorgeschlagen.[603]

---

[600] Vgl. z.B. 张贤钰 (Zhang Xianyu), a.a.O., S. 144;

[601] Vgl. 最高人民法院关于继父母与继子女形成的权利义务关系不能自然终止的批复 (Schrift- liche Antwort des Obersten Volksgerichts betreffend die Frage, dass die zwischen den Stiefeltern und den Stiefkindern entstandenen Rechte und Pflichten nicht auf natürliche Weise aufgelöst werden können) v. 22.1.1988, a.a.O., S. 403 f.;

[602] So auch 梁书文 / 黄赤东 (Liang Shuwen / Huang Chidong), a.a.O., S. 262;

[603] S. zu den Einzelheiten V.6.;

2. Rechtsfolgen des Unterhaltsverhältnisses zwischen Stiefelternteil und Stiefkind

Nach Begründung eines Unterhaltsverhältnisses zwischen Stiefelternteil und Stiefkind ist im Hinblick auf die Rechtsfolgen zwischen den an dem Unterhaltsverhältnis unmittelbar Beteiligten, dem Verhältnis des Kindes zu seinen leiblichen Eltern und anderen nahen Verwandten[604] sowie dem Verhältnis des Kindes zu den nahen Verwandten des Stiefelternteiles zu unterscheiden. Die Rechtsfolgen in den vorgenannten Verhältnissen sind gegenwärtig gesetzlich nur teilweise geregelt.

2.1. Verhältnis von Stiefelternteil und Stiefkind

2.1.1. Begründung gegenseitiger Rechte und Pflichten

Zwischen Stiefelternteil und Stiefkind werden aufgrund des Unterhaltsverhältnisses gegenseitige Rechte und Pflichten wie im Verhältnis von Eltern und ihren leiblichen Kindern begründet, vgl. § 27 Abs. 2. Zu den gegenseitigen Pflichten der Beteiligten zählen insbesondere die Unterhaltspflicht des Stiefelternteiles gemäß § 27 Abs. 2 i.V.m. § 21 Abs. 1 HS. 1 und die Unterhaltspflicht des Stiefkindes gemäß § 27 Abs. 2 i.V.m. § 21 Abs. 1 HS. 2. Zwischen dem faktischen Bestehen eines Unterhaltsverhältnisses von Stiefelternteil und Stiefkind als Tatbestandsvoraussetzung gemäß § 27 Abs. 2 auf der einen Seite und der sich aus der Verweisung ergebenden Rechtsfolge in Gestalt der wechselseitigen Unterhaltspflichten auf der anderen Seite ist demnach zu unterscheiden. Demzufolge läuft die Verweisung des § 27 Abs. 2 auf die gegenseitigen Unterhaltspflichten auch nicht etwa leer.

Ferner steht dem Stiefelternteil und dem Stiefkind im Rahmen eines Unterhaltsverhältnisses ein gegenseitiges Erbrecht zu, vgl. § 27 Abs. 2 i.V.m. § 24 S. 2.[605] Insoweit ist insbesondere die Auffassung der Literatur von Bedeutung, wonach das Unterhaltsverhältnis auch durch Unterhaltsleistungen des Stiefkindes

---

[604] Zum Begriff der nahen Verwandten vgl. Ziff. 12 der *Ansichten des Obersten Volksgerichts betreffend einige Fragen der Durchführung der Allgemeinen Grundsätze des Zivilrechts der VR China* (最高人民法院关于贯彻执行 „中华人民共和国民法通则“ 若干问题的意见) v. 2.4.1988, 常用婚姻家庭法律法规 (Gebräuchliche Gesetze und Bestimmungen des Ehe- und Familienrechts), S. 21 f.; dt. Übersetzung von Münzel, Chinas Recht, 12.4.86/1 zu § 18 AGZR;

[605] Das gegenseitige Erbrecht ergibt sich auch unmittelbar aus § 10 ErbrechtsG, wonach der Stiefelternteil und das Stiefkind im Rahmen eines Unterhaltsverhältnisses zu den gesetzlichen Erben erster Ordnung gehören.

begründet werden kann.[606] Die Bejahung eines Unterhaltsverhältnisses führt in diesem Zusammenhang im Falle des Todes des Stiefelternteiles zu einem Erbrecht des Stiefkindes, vgl. § 27 Abs. 2 i.V.m. § 24 S. 2, während andernfalls lediglich eine sonstige Beteiligung am Nachlass gemäß § 14 Alt. 2 ErbrechtsG vorliegen würde.

Aus den vorgenannten Beispielen ergibt sich, dass § 27 Abs. 2 keine selbständige Rechtsgrundlage enthält, sondern jeweils auf die entsprechende Bestimmung des Ehegesetzes betreffend Eltern und Kinder verweist. Die allgemeine Verweisung auf die Bestimmungen über das Verhältnis zwischen Eltern und Kindern ist mit § 21 Abs. 2 EheG v. 1980 a.F. eingeführt worden.[607] Hierbei handelt es sich um die allgemeine Gleichstellung des Unterhaltsverhältnisses von Stiefelternteil und Stiefkind mit dem Verhältnis von Eltern und ihren leiblichen Kindern, die den Abschluss einer Rechtsentwicklung darstellt.

2.1.1.1. Rechtslage vor Gründung der VR China

Vor Gründung der VR China enthielten die Ehebestimmungen der chinesischen Sowjetrepublik v. 1.12.1931[608] und das Ehegesetz der chinesischen Sowjetrepublik v. 8.4.1934[609] im Unterschied zur aktuellen Rechtslage nur eine singuläre Rechtsfolge im Verhältnis von Stiefelternteil und Stiefkind, nämlich nach Registrierung der Unterhaltsbereitschaft des Stiefvaters dessen Pflicht, das Stiefkind bis zur Volljährigkeit zu unterhalten.[610] Die Ehebestimmungen des Shan-Gan-Ning-Grenzgebietes v. 4.4.1939[611] sahen dagegen unabhängig von der Bereitschaft des Stiefvaters dessen gesetzliche Unterhaltspflicht in Bezug auf die Stiefkinder vor, die die Ehefrau mit in die Ehe einbrachte.[612] Auch insoweit war allerdings die Gegenseitigkeit der Unterhaltspflicht weder allgemein im Verhältnis von Eltern und Kindern noch besonders im Stiefverhältnis geregelt.

---

[606] S. hierzu auch 1.2.2.;

[607] Zur Rechtslage nach dem EheG v. 1950 a.F. s.u.;

[608] a.a.O., engl. Übersetzung von M.J. Meijer, a.a.O., S. 281 f.; s. hierzu auch allgemein Kapitel 1, III.1.;

[609] Vgl. die engl. Übersetzung von M.J. Meijer, a.a.O., S. 283 f.; s. hierzu auch allgemein Kapitel 1, III.2.;

[610] Vgl. § 16 Ehebestimmungen d. chin. Sowjetrepublik v. 1931; s. hierzu auch Kapitel 1, III.1.1.2.2.1.; § 18 EheG d. chin. Sowjetrepublik v. 1934, s. hierzu auch Kapitel 1, III.2.2.3.;

[611] a.a.O., engl. Übersetzung von M.J. Meijer, a.a.O., S. 285 ff.; s. hierzu auch allgemein Kapitel 1, IV.;

[612] S. hierzu auch Kapitel 1, IV.2.;

2.1.1.2. Rechtslage unter Geltung des EheG v. 1950 a.F.

Die allgemeine Gleichstellung des Verhältnisses von Eltern und ihren leiblichen Kindern und des Unterhaltsverhältnisses zwischen Stiefelternteil und Stiefkind sowie die hierfür gemäß § 27 Abs. 2 EheG v. 2001 bestehende gesetzliche Voraussetzung des vom Stiefelternteil unterhaltenen und erzogenen Stiefkindes lassen sich auf das Oberste Volksgericht der VR China[613] zurückführen. Dieses hatte im Jahre 1979, und damit noch unter der Geltung des Ehegesetzes v. 1950 a.F.[614], insbesondere über die Voraussetzungen der Unterhaltspflicht des Stiefkindes gegenüber dem Stiefelternteil zu entscheiden.[615]

Nach damaliger Rechtslage enthielt § 16 EheG v. 1950 a.F. bereits zugunsten der Stiefkinder ein Misshandlungs- und Diskriminierungsverbot[616]. Darüber hinaus sah das Ehegesetz v. 1950 a.F. zwar den freiwilligen Kindesunterhalt durch den Stiefvater vor,[617] ohne jedoch sich hieraus ergebende Rechtsfolgen im Verhältnis von Stiefvater und Stiefkind ausdrücklich zu regeln. Insbesondere existierte im Verhältnis des vom Stiefvater unterhaltenen Stiefkindes – anders als im Adoptionsverhältnis, vgl. § 13 Abs. 2 EheG v. 1950 a.F., – auch keine Verweisung auf die gegenseitigen Unterhaltspflichten von Eltern und ihren leiblichen Kindern gemäß § 13 Abs. 1 EheG v. 1950 a.F.

Während das grundsätzliche Bestehen einer gegenseitigen Unterhaltspflicht von Stiefelternteil und Stiefkind nicht in Frage stand, waren in der justiziellen Praxis aber die konkreten Voraussetzungen umstritten. Ein Teil des richterlichen Personals am Mittleren Volksgericht der Stadt Tianjin hatte dabei die Auffassung vertreten, dass das Verhältnis zwischen Stiefelternteil und Stiefkindern ein El-

---

613 最高人民法院关于子女对继母有无赡养义务的请示的批复 (Schriftliche Antwort des Obersten Volksgerichts auf die Anweisungsforderung betreffend das Bestehen oder Nichtbestehen einer Unterhaltspflicht der Kinder gegenüber der Stiefmutter) v. 2.11.1979, 常用婚姻家庭法律法规 (Gebräuchliche Gesetze und Bestimmungen des Ehe- und Familienrechts), S. 377 f.; s. im Einzelnen dazu unten;

614 Vgl. die dt. Übersetzung von Bünger in RabelsZ 16 (1951), S. 121 ff.;

615 S.o. 最高人民法院关于子女对继母有无赡养义务的请示的批复 (Schriftliche Antwort des Obersten Volksgerichts auf die Anweisungsforderung betreffend das Bestehen oder Nichtbestehen einer Unterhaltspflicht der Kinder gegenüber der Stiefmutter), a.a.O.;

616 Die vorgenannten Verbote waren dem Wortlaut nach – im Gegensatz zur aktuellen Rechtslage in § 27 Abs. 1 – nicht gegenseitig formuliert.

617 Vgl. hierzu im Fall der vor Eheschließung mit dem Stiefvater ledigen Mutter § 15 Abs. 3 i.V.m. § 22 EheG. v. 1950 a.F. sowie im Falle der vor Eheschließung mit dem Stiefvater geschiedenen Mutter § 22 EheG. v. 1950 a.F. § 22 lautete: Wenn im Falle der Wiederverheiratung der Frau ihr neuer Ehemann die Kosten für den Lebensunterhalt oder die Erziehung der von der Frau früher geborenen Kinder ganz oder teilweise zu übernehmen wünscht, so kann die Verpflichtung des Vaters der Kinder je nach den Umständen herabgesetzt oder erlassen werden, vgl. die dt. Übersetzung von Bünger, RabelsZ 16 (1951), S. 121 ff.;

tern-Kind-Verhältnis darstelle und daher auch automatisch – ohne weitere Voraussetzungen – gegenseitige Unterhaltspflichten entstünden.[618] Ein anderer Teil des richterlichen Personals war dagegen der Ansicht, dass der Unterhalt der Stiefkinder und der Unterhalt des Stiefelternteiles wechselseitig von einander abhingen und daher im vorliegenden Fall keine Unterhaltspflicht der Stiefkinder bestehe, da die Stiefmutter die bereits bei Eheschließung eigenständig lebenden Stiefkinder zuvor nicht unterhalten habe.[619] Dieser Sachverhalt wurde dem Höheren Volksgericht der Stadt Tianjin und schließlich auch dem Obersten Volksgericht vorgelegt. Das Höhere Volksgericht der Stadt Tianjin hatte sich zunächst im Ergebnis der Auffassung des Mittleren Volksgerichts angeschlossen, wonach ohne weitere Voraussetzungen auch im Stiefverhältnis gegenseitige Unterhaltspflichten entstünden,[620] dann aber im vorliegenden Fall das Bestehen einer Unterhaltspflicht der Stiefkinder gemäß dem Grundsatz der Entsprechung von Rechten und Pflichten verneint, da der Stiefelternteil nicht zuvor die Stiefkinder unterhalten habe.[621] Dieser Auffassung hat sich auch das Oberste Volksgericht angeschlossen und nochmals ausdrücklich betont, dass zwischen den Beteiligten vorliegend keine Rechte und Pflichten begründet worden seien, da der Stiefelternteil die Stiefkinder zuvor nicht unterhalten habe.[622]

Nach Ansicht des Obersten Volksgerichts[623] war also bereits unter der Geltung des Ehegesetzes v. 1950 a.F. – wenngleich ohne ausdrückliche gesetzliche Regelung – das Bestehen von gegenseitigen Rechten und Pflichten zwischen Stiefelternteil und Stiefkind im Allgemeinen und die Gegenseitigkeit der Unter-

---

[618] Vgl. 天津市高级人民法院关于子女对继母有无赡养义务的请示 (Anweisungsforderung des Höheren Volksgerichts der Stadt Tianjin betreffend das Bestehen oder Nichtbestehen einer Unterhaltspflicht der Kinder gegenüber der Stiefmutter) v. 11.7.1977, 常用婚姻家庭法律法规 (Gebräuchliche Gesetze und Bestimmungen des Ehe- und Familienrechts), S. 378 ff. Für die Darlegung der widerstreitenden Rechtsauffassungen innerhalb des Mittleren Volksgerichts der Stadt Tianjin vgl. S. 379 f.;

[619] S.o.;

[620] 天津市高级人民法院关于子女对继母有无赡养义务的请示的补充报告 (Ergänzender Bericht zur Anweisungsforderung des Höheren Volksgerichts der Stadt Tianjin betreffend das Bestehen oder Nichtbestehen einer Unterhaltspflicht der Kinder gegenüber der Stiefmutter) v. 1.11.1978, 常用婚姻家庭法律法规 (Gebräuchliche Gesetze und Bestimmungen des Ehe- und Familienrechts), S. 382;

[621] 天津市高级人民法院关于赵淑珍诉候国文等三人赡养案的补充意见 (Ergänzende Ansicht des Höheren Volksgerichts der Stadt Tianjin zum Fall betreffend die Forderung von Unterhalt der Zhao Shuzhen von Hou Guowen und weiteren drei Personen) v. 4.10.1979, 常用婚姻家庭法律法规 (Gebräuchliche Gesetze und Bestimmungen des Ehe- und Familienrechts), S. 384 f.;

[622] 最高人民法院关于子女对继母有无赡养义务的请示的批复 (Schriftliche Antwort des Obersten Volksgerichts auf die Anweisungsforderung betreffend das Bestehen oder Nichtbestehen einer Unterhaltspflicht der Kinder gegenüber der Stiefmutter) v. 2.11.1979, a.a.O.;

[623] S.o.;

haltspflichten im Besonderen nur dann bejahen, wenn der Stiefelternteil das Stiefkind zuvor unterhalten hatte. Nach gegenwärtiger Rechtslage in der VR China sind dagegen neben den gegenseitigen Unterhaltspflichten zwischen Eltern und Kindern auch weitere Rechte und Pflichten ausdrücklich geregelt und gemäß § 27 Abs. 2 auf die Rechte und Pflichten zwischen dem Stiefelternteil und dem von diesem unterhaltenen und erzogenen Stiefkind anwendbar.

2.1.2. Begründung einer gesetzlich fingierten Blutsverwandtschaft

Anknüpfend an die durch die Begründung des Unterhaltsverhältnisses anwendbaren Bestimmungen des Ehegesetzes über das Verhältnis von Eltern und ihren leiblichen Kindern und die damit verbundene Gleichstellung wird das Unterhaltsverhältnis nach weit überwiegender Ansicht als eine gesetzlich fingierte Blutsverwandtschaft zwischen Stiefelternteil und Stiefkind angesehen.[624]

2.2. Verhältnis des Kindes zu dessen leiblichen Eltern und anderen nahen Verwandten

Die Rechtsfolgen des Unterhaltsverhältnisses für das Verhältnis des Kindes zu dessen leiblichen Eltern und sonstigen nahen Verwandten sind gesetzlich nicht geregelt. Zu den nahen Verwandten des Kindes gehören neben den Eltern die Kinder des Kindes sowie dessen Geschwister, Großeltern und Enkel.[625]

2.2.1. Fortbestand der natürlichen Blutsverwandtschaft

Die natürliche Blutsverwandtschaft zwischen Eltern und ihren leiblichen Kindern wird durch die Begründung eines Unterhaltsverhältnisses zwischen Stiefelternteil und Stiefkind nicht berührt.[626] Dies gilt sowohl für den leiblichen Elternteil, der Ehegatte des Stiefelternteiles ist, als auch für den anderen leibli-

---

[624] S. hierzu auch II.4.;

[625] Zum Begriff der nahen Verwandten vgl. Ziff. 12 der *Ansichten des Obersten Volksgerichts betreffend einige Fragen der Durchführung der Allgemeinen Grundsätze des Zivilrechts der VR China* (最高人民法院关于贯彻执行 „中华人民共和国民法通则“ 若干问题的意见) v. 2.4.1988, a.a.O.;

[626] Vgl. z.B. 王丽萍，婚姻家庭继承法学 (Wang Liping, Studium des Ehe-, Familien- und Erbrechts), S. 204; 王丽萍，婚姻家庭法律制度研究 (Wang Liping, Studium des Ehe- und Familienrechtssystems), S. 221;

chen Elternteil. Insoweit entsprechen sich die Adoption und das Unterhaltsverhältnis zwischen Stiefelternteil und Stiefkind, denn auch eine Adoption lässt das Verwandtschaftsverhältnis zwischen Adoptivkind und dessen leiblichen Eltern unberührt.[627] Daraus folgt, dass sich die Begründung eines Unterhaltsverhältnisses insoweit auch nicht im Verhältnis des Kindes zu seinen anderen nahen Verwandten auswirkt.

2.2.2. Fortbestand der gegenseitigen Rechte und Pflichten

Von dem Verwandtschaftsverhältnis zu unterscheiden sind die aufgrund der natürlichen Blutsverwandtschaft bestehenden gegenseitigen Rechte und Pflichten des Kindes im Verhältnis zu den leiblichen Eltern sowie den anderen nahen Verwandten des Kindes. Auch insoweit fehlt es an einer gesetzlichen Regelung.

Nach einhelliger Ansicht der Literatur wirkt sich die Begründung eines Unterhaltsverhältnisses zwischen Stiefelternteil und Stiefkind auf die Rechte und Pflichten des Kindes im Verhältnis zu seinen leiblichen Eltern nicht aus.[628] Dies gilt zunächst für das Verhältnis des Kindes zu dem Elternteil, der mit dem Stiefelternteil die Ehe geschlossen hat. Entsprechendes gilt aber auch für den anderen leiblichen Elternteil, d.h. denjenigen, der nicht Ehegatte des Stiefelternteiles ist und nicht mit dem Kind zusammen lebt.

Der Fortbestand gegenseitiger Rechte und Pflichten zwischen Eltern und leiblichen Kindern wird dabei in der Literatur zum Teil schlicht konstatiert,[629] teilweise aber auch damit begründet, dass die Eltern ihren Kindern gemäß dem Ehegesetz unabhängig vom Fortbestand der *Ehe* weiterhin zum Unterhalt verpflichtet sind.[630] Diese Argumentation greift indes zunächst einmal insoweit zu kurz, als es vorliegend nicht um die Frage der Rechtsfolgen der Scheidung der

---

[627] Vgl. für die Adoption z.B. 杨大文 (Yang Dawen), a.a.O., S. 277;

[628] Vgl. von Senger in Bergmann / Ferid / Henrich, a.a.O., S. 97 ausdrücklich für den Fortbestand der Unterhaltspflicht des nicht angeheirateten Elternteiles; vgl. ferner 王丽萍，婚姻家庭继承法学 (Wang Liping, Studium des Ehe-, Familien- und Erbrechts), S. 204; 王丽萍，婚姻家庭法律制度研究 (Wang Liping, Studium des Ehe- und Familienrechtssystems), S. 221; 杨大文 (Yang Dawen), a.a.O., S. 260; Vgl. 张贤钰 (Zhang Xianyu), a.a.O., S. 143, ausdrücklich für den leiblichen Elternteil, der nicht mit dem Kind zusammen lebt. Vgl. ferner insb. für das Erbrecht 梁书文 / 黄赤东 (Liang Shuwen / Huang Chidong), a.a.O., S. 261; 巫昌祯 (Wu Changzhen), a.a.O., S. 234; 夏吟兰 / 何俊萍 (Xia Yinlan / He Junping), a.a.O., S. 155;

[629] 梁书文 / 黄赤东 (Liang Shuwen / Huang Chidong), a.a.O., S. 261 f.;

[630] 张贤钰 (Zhang Xianyu), a.a.O., S. 143. Insoweit wird pauschal auf das Ehegesetz Bezug genommen. Konkret ergibt sich diese Klarstellung nach gegenwärtigem Recht aus § 36 Abs. 2. Vgl. hierzu auch bereits § 29 Abs. 2 EheG v. 1980 a.F.

leiblichen Eltern, sondern um mögliche Rechtsfolgen der Begründung eines Unterhaltsverhältnisses geht. Klar zu stellen ist insoweit auch, dass die einschlägige Bestimmung des Ehegesetzes, vgl. § 36 Abs. 2, nur deklaratorisch ist, da sich der Fortbestand der Unterhaltspflicht der Eltern gegenüber den leiblichen Kindern aus der zwischen diesen bestehenden Blutsverwandtschaft ergibt und die Verwandtschaft zwischen Eltern und Kindern durch die Scheidung der Eltern auch nach chinesischem Recht nicht berührt wird, vgl. § 36 Abs. 1 S. 1.

Anknüpfungspunkt für den Fortbestand der gegenseitigen Rechte und Pflichten zwischen dem Kind und dessen leiblichen Eltern ist somit der Fortbestand der natürlichen Blutsverwandtschaft zwischen diesen. Etwas anderes würde dann gelten, wenn das Erlöschen der gegenseitigen Rechte und Pflichten im Verhältnis des Kindes zu den leiblichen Eltern oder auch nur im Verhältnis zu dem leiblichen Elternteil, an dessen Stelle der Stiefelternteil getreten ist, gesetzlich bestimmt wäre. Eine solche Regelung hat der Gesetzgeber für die andere Form der gesetzlich fingierten Blutsverwandtschaft, i.e. die Adoption, getroffen. Insoweit ergibt sich aus § 26 Abs. 2 aufgrund der Adoption das Erlöschen der gegenseitigen Rechte und Pflichten im Verhältnis von Kindern und den leiblichen Eltern sowie aus § 23 Abs. 2 AdoptG darüber hinaus das Erlöschen der Rechte und Pflichten des Adoptivkindes im Verhältnis zu anderen nahen Verwandten.[631]

Im Falle des Unterhaltsverhältnisses zwischen Stiefelternteil und Stiefkind fehlt es aber gerade an einer entsprechenden Regelung. Die vorgenannten Regelungen sind auch nicht gemäß § 27 Abs. 2 anwendbar, da insoweit nicht auf das Adoptionsgesetz verwiesen wird. Demnach wirkt sich also nach gegenwärtiger Rechtslage die Begründung eines Unterhaltsverhältnisses zwischen Stiefelternteil und Stiefkind auf die Rechte und Pflichten des Stiefkindes im Verhältnis zu dessen leiblichen Eltern und den anderen nahen Verwandten nicht aus.

Der Fortbestand der gegenseitigen Rechte und Pflichten im Verhältnis zu den leiblichen Eltern ergibt sich in der justiziellen Praxis auch zumindest mittelbar aus Ziff. 21 der *Ansichten des Obersten Volksgerichts betreffend einige Fragen der Durchführung und Vollstreckung des Erbrechtsgesetzes der VR China v. 11.9.1985.*[632] Aus Ziff. 21 der vorgenannten *Ansichten*[633] ergibt sich insbeson-

---

[631] Zum Begriff der nahen Verwandten vgl. Ziff. 12 der *Ansichten des Obersten Volksgerichts betreffend einige Fragen der Durchführung der Allgemeinen Grundsätze des Zivilrechts der VR China* (最高人民法院关于贯彻执行 „中华人民共和国民法通则“ 若干问题的意见) v. 2.4.1988, a.a.O.;

[632] 最高人民法院关于贯彻执行„中华人民共和国继承法”若干问题的意见，常用婚姻家庭法律法规 (Gebräuchliche Gesetze und Bestimmungen des Ehe- und Familienrechts), S. 514 ff. (520), vgl. hierzu ferner Amtsblatt des Obersten Volksgerichts der VR China 1985/4 v. 20.12.1985, S. 9 ff.;

dere, dass das Erbrecht des Kindes gegenüber den leiblichen Eltern unberührt bleibt, wenn das Stiefkind den Stiefelternteil beerbt hat. Hieraus ist allgemein zu schließen, dass sich die Begründung eines Unterhaltsverhältnisses zum Stiefelternteil auf das Verhältnis des Kindes zu den leiblichen Eltern nicht auswirkt.[634]

2.3. Verhältnis des Stiefkindes zu den nahen Verwandten des Stiefelternteiles

Die Rechtsfolgen der Begründung eines Unterhaltsverhältnisses betreffend das Verhältnis des Stiefkindes zu den nahen Verwandten[635] des Stiefelternteiles sind ebenfalls nicht gesetzlich geregelt.

Für die andere Form der gesetzlich fingierten Blutsverwandtschaft, i.e. die Adoption, bestimmt § 23 Abs. 1 HS. 2 AdoptG, dass auf die Rechte und Pflichten zwischen dem Adoptivkind und den nahen Verwandten der Adoptiveltern die gesetzlichen Bestimmungen über die Beziehungen des Kindes zu den nahen Verwandten der Eltern angewandt werden. Zugleich erlöschen infolge der Adoption gemäß § 23 Abs. 2 AdoptG die Rechte und Pflichten im Verhältnis von Adoptivkind und den Eltern sowie den anderen nahen Verwandten.

Betreffend das Unterhaltsverhältnis zwischen Stiefelternteil und Stiefkind fehlt es aber gerade an einer entsprechenden Regelung. Die vorgenannte Regelung des § 23 Abs. 1 HS. 2 AdoptG ist – wie bereits dargelegt – auch nicht gemäß § 27 Abs. 2 anwendbar, da insoweit nicht auf das Adoptionsgesetz verwiesen wird. Demnach führt also nach gegenwärtiger Rechtslage die Begründung eines Unterhaltsverhältnisses zwischen Stiefelternteil und Stiefkind nicht zur Begründung von Rechten und Pflichten des Stiefkindes im Verhältnis zu den nahen Verwandten des Stiefelternteiles.[636]

---

[633] S.o.;

[634] So im Ergebnis auch 王洪 (Wang Hong), a.a.O., S. 240 f.; 周利民 / 罗水平 / 贺小电 (Zhou Limin / Luo Shuiping / He Xiaodian), a.a.O., S. 300;

[635] Zum Begriff der nahen Verwandten vgl. Ziff. 12 der *Ansichten des Obersten Volksgerichts betreffend einige Fragen der Durchführung der Allgemeinen Grundsätze des Zivilrechts der VR China* (最高人民法院关于贯彻执行 „中华人民共和国民法通则“ 若干问题的意见) v. 2.4.1988, a.a.O.;

[636] So auch 王洪 (Wang Hong), a.a.O., S. 241; 王丽萍，婚姻家庭继承法学 (Wang Liping, Studium des Ehe-, Familien- und Erbrechts), S. 205 und 王丽萍，婚姻家庭法律制度研究 (Wang Liping, Studium des Ehe- und Familienrechtssystems), S. 222 f. jeweils mit dem Hinweis auf eine gegenteilige Meinung von 曹诗权, 婚姻家庭继承法学 (Cao Shiquan, Studium des Ehe-, Familien- und Erbrechts), die dieser jedoch – soweit ersichtlich – in der 2. Aufl. nicht mehr vertritt;

Dies ergibt sich auch aus der justiziellen Praxis. Insbesondere folgt aus § 10 ErbrechtsG[637] i.V.m. Ziff. 24 der *Ansichten des Obersten Volksgerichts betreffend einige Fragen der Durchführung und Vollstreckung des Erbrechtsgesetzes der VR China v. 11.9.1985*,[638] dass das Erbrecht unter Stiefgeschwistern von der Begründung eines Unterhaltsverhältnisses unter den Stiefgeschwistern selbst abhängt.[639] Dies bedeutet im Umkehrschluss, dass das vorgenannte Erbrecht eben nicht bereits durch die Begründung eines Unterhaltsverhältnisses zwischen Stiefelternteil und Stiefkind entsteht.[640]

Entsprechendes gilt folglich für das Verhältnis des Stiefelternteiles zu den nahen Verwandten des Stiefkindes. Auch gegenüber diesen werden – jedenfalls *infolge der Begründung des Unterhaltsverhältnisses mit dem Stiefkind* – keine Rechte und Pflichten begründet.

2.4. Zusammenfassung

Im Folgenden wird kurz zusammen gefasst, inwieweit sich die Begründung eines Unterhaltsverhältnisses jeweils auf die Rechtsstellung des Betroffenen auswirkt.

2.4.1. Rechtsstellung der leiblichen Eltern und der anderen nahen Verwandten des Kindes

Die Rechtsstellung der leiblichen Eltern bezogen auf die gegenseitigen Rechte und Pflichten in ihrem Verhältnis zu dem leiblichen Kind wird durch die Begründung eines Unterhaltsverhältnisses zwischen dem Stiefelternteil und dem Stiefkind de iure nicht berührt. De facto wird jedoch der leibliche Elternteil, der nicht Ehegatte des Stiefelternteiles ist, insoweit entlastet, als der Stiefelternteil die Lebenshaltungs- und Erziehungskosten des Kindes ganz oder teilweise übernimmt.[641]

---

637 Vgl. die dt. Übersetzung des Erbrechtsgesetzes der VR China von Manthe, a.a.O.;

638 最高人民法院关于贯彻执行 „中华人民共和国继承法" 若干问题的意见, a.a.O., S. 514 ff. (521);

639 Vgl. zum Erbrecht unter Stiefgeschwistern ferner 郭明瑞 / 房绍坤 (Guo Mingrui / Fang Shaokun), a.a.O., S. 106; 梁书文 / 黄赤东 (Liang Shuwen / Huang Chidong), a.a.O., S. 947 f.;

640 So auch 王洪 (Wang Hong), a.a.O., S. 241; 王丽萍，婚姻家庭法律制度研究 (Wang Liping, Studium des Ehe- und Familienrechtssystems), S. 222 f.;

641 Vgl. auch 梁书文 / 黄赤东 (Liang Shuwen / Huang Chidong), a.a.O., S. 489;

Ebenso werden die Rechte und Pflichten des Kindes im Verhältnis zu dessen anderen nahen Verwandten durch die Begründung eines Unterhaltsverhältnisses mit dem Stiefelternteil nicht berührt.

Dem Unterhaltsverhältnis und dem Adoptionsverhältnis ist gemeinsam, dass sich beide nicht auf das Verwandtschaftsverhältnis zwischen dem Kind und den leiblichen Eltern sowie sonstigen nahen Verwandten auswirken. In Bezug auf weitere Rechtsfolgen unterscheiden sich die beiden Institute jedoch dadurch erheblich, dass nur im Falle des Unterhaltsverhältnisses die gegenseitigen Rechte und Pflichten im Verhältnis zu den leiblichen Eltern und anderen nahen Verwandten fortbestehen.

2.4.2. Rechtsstellung des Stiefelternteiles und dessen nahen Verwandten

Das Unterhaltsverhältnis zwischen dem Stiefelternteil und dem Stiefkind begründet für den Stiefelternteil Rechte und Pflichten, wie sie auch den leiblichen Eltern obliegen bzw. zustehen. Insoweit entsprechen die Rechtsfolgen des Unterhaltsverhältnisses zwischen Stiefelternteil und Stiefkind, vgl. § 27 Abs. 2, denjenigen im Adoptionsverhältnis, vgl. § 26 Abs. 1 S. 2. Durch das Unterhaltsverhältnis werden darüber hinaus jedoch keine Rechte und Pflichten des Stiefkindes im Verhältnis zu den nahen Verwandten des Stiefelternteiles begründet.

2.4.3. Rechtsstellung des Stiefkindes

Die Begründung eines Unterhaltsverhältnisses mit dem Stiefelternteil führt aus der Perspektive des Stiefkindes dazu, dass dieses auch im Verhältnis zum Stiefelternteil gegenseitige Rechte und Pflichten begründet. Dazu zählt insbesondere die sich aus § 27 Abs. 2 i.V.m. § 21 Abs. 1 HS. 1 ergebende Unterhaltspflicht des Stiefelternteiles. Insoweit dient das Unterhaltsverhältnis dem Interesse des Stiefkindes daran, dass der Stiefelternteil nach Begründung des Unterhaltsverhältnisses die Unterhaltsleistung grundsätzlich nicht einseitig wieder einstellen kann.[642] Zum anderen entspricht es aber auch dem Interesse des Stiefelternteiles, dass die Unterhaltspflicht gegenüber dem Stiefkind zunächst die Begründung eines Unterhaltsverhältnisses voraussetzt und somit nicht jede freiwillige Unterhaltsleistung den Stiefelternteil sogleich zum Unterhalt des Stiefkindes verpflichtet. Die gegenwärtige Ausgestaltung der Verweisungsnorm des

---

[642] Vgl. aber die Aufhebungsmöglichkeiten im Rahmen der Scheidung, s. hierzu insbesondere IV.2.4.2., 2.5.2.2.;

§ 27 Abs. 2 stellt insoweit einen Kompromiss zwischen den Interessen beider Beteiligter am Unterhaltsverhältnis dar.

Die Begründung eines Unterhaltsverhältnisses zwischen Stiefelternteil und Stiefkind führt nach geltendem Recht in der VR China nicht nur zu einer Zunahme[643] der Rechte, sondern auch der Pflichten des Stiefkindes.[644] Das Stiefkind ist zunächst weiterhin den leiblichen Eltern gegenüber insbesondere zum Unterhalt berechtigt und verpflichtet. Entsprechendes gilt aber auch gegenüber dem Stiefelternteil nach Begründung eines Unterhaltsverhältnisses. Diese Konsequenz hat u.a. Anlass zur Kritik am Institut des Unterhaltsverhältnisses zwischen Stiefelternteil und Stiefkind gegeben.[645]

IV. Beendigung des Unterhaltsverhältnisses und rechtliche Konsequenzen

Die Beendigung des Unterhaltsverhältnisses ist gesetzlich nicht ausdrücklich geregelt. In Betracht kommt einerseits das automatische Erlöschen des Unterhaltsverhältnisses infolge bestimmter Ereignisse sowie andererseits die faktische, einverständliche oder gerichtliche Aufhebung des Unterhaltsverhältnisses. Im Anschluss an eine Beendigung des Unterhaltsverhältnisses stellt sich zudem die Frage nach den damit verbundenen rechtlichen Konsequenzen.

1. Erlöschen des Unterhaltsverhältnisses

1.1. Tod eines am Unterhaltsverhältnis unmittelbar Beteiligten

Verstirbt einer der am Unterhaltsverhältnis zwischen Stiefelternteil und Stiefkind unmittelbar Beteiligten, dann erlöschen die aus dem Unterhaltsverhältnis

---

[643] Soweit in der Literatur in diesem Zusammenhang von einer Verdopplung („双重") der Rechte und Pflichten die Rede ist, vgl. insoweit 王丽萍，婚姻家庭法律制度研究 (Wang Liping, Studium des Ehe- und Familienrechtssystems), S. 222, 杨大文 (Yang Dawen), a.a.O., S. 260, 张贤钰 (Zhang Xianyu), a.a.O., S. 143 sowie 周利民 / 罗水平 / 贺小电 (Zhou Limin / Luo Shuiping / He Xiaodian), a.a.O., S. 299, ist dies ungenau, da sich die gegenseitigen Rechte und Pflichten nunmehr statt nur auf die beiden leiblichen Eltern ferner auf eine weitere Person erstrecken, nämlich den Stiefelternteil, zu dem ein Unterhaltsverhältnis begründet worden ist.

[644] 杨大文 (Yang Dawen), a.a.O., S. 260; 张贤钰 (Zhang Xianyu), a.a.O., S. 143;

[645] S. allgemein zur Kritik am Unterhaltsverhältnis V.;

resultierenden Rechte und Pflichten mit dem Tod des Stiefelternteiles oder des Stiefkindes.[646] Dies wird z.T. als „relatives Erlöschen“ (相对终止) bezeichnet.[647]

1.2. Beendigung der Ehe zwischen Stiefelternteil und leiblichem Elternteil

1.2.1. Scheidung

Im Falle der Scheidung des leiblichen Elternteils vom Stiefelternteil stellt sich ebenfalls die Frage nach dem Schicksal, d.h. dem Erlöschen oder dem Fortbestand, eines in diesem Zeitpunkt bereits begründeten Unterhaltsverhältnisses zwischen Stiefelternteil und Stiefkind und damit dem Schicksal der sich hieraus ergebenden Rechte und Pflichten der Beteiligten.

1.2.1.1. Bestimmungen des Ehegesetzes

1.2.1.1.1. Keine unmittelbare Anwendbarkeit von § 36 Abs. 1 S. 1

§ 36 Abs. 1 S. 1 stellt klar, dass die „Beziehungen“[648] zwischen Eltern und Kindern nicht infolge der Scheidung der Eltern erlöschen. Es fragt sich dabei, wie der Begriff Beziehungen im Sinne des § 36 Abs. 1 S. 1 auszulegen ist. Dem Wortlaut nach fallen darunter sowohl die verwandtschaftlichen Beziehungen als auch die Rechtsbeziehungen zwischen Eltern und Kindern im Sinne der gegenseitigen Rechte und Pflichten. Die dem aktuellen § 36 Abs. 1 S. 1 entsprechende Bestimmung des Ehegesetzes v. 1950 a.F. spricht jedoch dafür, den Begriff der Beziehungen lediglich im Sinne von verwandtschaftlichen Beziehungen auszulegen. § 20 EheG v. 1950 a.F. bestimmte nämlich noch ausdrücklich, dass das Verhältnis der Blutsverwandtschaft zwischen Eltern und Kindern nicht infolge der Scheidung erlischt.[649] Da § 27 Abs. 2 zwar bezüglich der gegenseitigen

---

[646] 王洪 (Wang Hong), a.a.O., S. 241; 王丽萍，婚姻家庭继承法学（Wang Liping, Studium des Ehe-, Familien- und Erbrechts), S. 205; 巫昌祯 (Wu Changzhen), a.a.O., S. 96; 周利民 / 罗水平 / 贺小电 (Zhou Limin / Luo Shuiping / He Xiaodian), a.a.O., S. 67;

[647] S.o. 王丽萍（Wang Liping), a.a.O.; 周利民 / 罗水平 / 贺小电 (Zhou Limin / Luo Shuiping / He Xiaodian), a.a.O., S. 66;

[648] „关系“;

[649] Vgl. die dt. Übersetzung von Bünger in RabelsZ 16 (1951), S. 125;

Rechte und Pflichten, nicht jedoch allgemein auf die Bestimmungen des Ehegesetzes über Eltern und Kinder verweist, bezieht sich der Verweis nicht auf § 36 Abs. 1 S. 1. Diese Norm kann daher zur Bestimmung des Schicksals des Unterhaltsverhältnisses zumindest nicht unmittelbar heran gezogen werden.

1.2.1.1.2. Rechtsgedanke des § 36 Abs. 1 S. 1

Dennoch erscheint zumindest der dem § 36 Abs. 1 S. 1 zugrunde liegende Rechtsgedanke auf das Unterhaltsverhältnis von Stiefelternteil und Stiefkind übertragbar zu sein. In § 36 Abs. 1 S. 1 wird klar gestellt, dass die Beziehungen zwischen Eltern und Kindern nicht infolge der Scheidung der Eltern erlöschen, d.h., dass sich die Scheidung der Ehegatten nicht auf das Eltern-Kind-Verhältnis auswirkt. Dem liegt zugrunde, dass das Eltern-Kind-Verhältnis nicht durch die Eheschließung der Ehegatten, sondern durch die natürliche Blutsverwandtschaft zwischen Eltern und Kindern begründet worden ist. Entsprechendes gilt jedoch auch im Unterhaltsverhältnis zwischen Stiefelternteil und Stiefkind. Insoweit wurde bereits dargelegt, dass durch die Eheschließung als solche lediglich das rein schwägerschaftliche Stiefverhältnis begründet wird. Das Unterhaltsverhältnis wird dagegen durch faktische Unterhaltsleistungen im Verhältnis von Stiefelternteil und Stiefkind begründet. Bei der Eheschließung handelt es sich mit anderen Worten zwar regelmäßig um den Anlass, nicht jedoch um die Ursache der Begründung des Unterhaltsverhältnisses. Bei dem Unterhaltsverhältnis handelt es sich um eine Art gesetzlich fingierter Blutsverwandtschaft zwischen Stiefelternteil und Stiefkind.[650] Anhaltspunkte dafür, dass sich die Scheidung zwar nicht auf die natürliche Blutsverwandtschaft, vgl. § 36 Abs. 1 S. 1, wohl aber auf die gesetzlich fingierte Blutsverwandtschaft auswirken sollte, sind nicht ersichtlich. Demnach erscheint es folgerichtig, dass auch das Unterhaltsverhältnis zwischen Stiefelternteil und Stiefkind nicht infolge der Scheidung der Ehegatten erlischt.

1.2.1.1.3. § 36 Abs. 2

Ferner ergibt sich aus § 27 Abs. 2 i.V.m. § 36 Abs. 2 das auch nach der Scheidung bestehende Recht sowie die Pflicht der Eltern – die kraft Verweisung auch für den Stiefelternteil gelten – zum Unterhalt und zur Erziehung des Kindes. Der Fortbestand dieses Rechts bzw. dieser Pflicht spricht ebenfalls für einen Fortbestand des Unterhaltsverhältnisses auch nach Scheidung der Ehe.

---

650 S. insoweit auch II.4.;

Wenn dem Ehegesetz also auch keine ausdrückliche Regelung betreffend die Rechtsfolgen der Scheidung zu entnehmen ist, so sprechen doch der Rechtsgedanke des § 36 Abs. 1 S. 1 sowie die Regelung des § 27 Abs. 2 i.V.m. § 36 Abs. 2 für den Fortbestand des Unterhaltsverhältnisses auch nach der Scheidung.

1.2.1.2. Literatur und justizielle Praxis

Nach einer Ansicht in der Literatur soll der Fortbestand der gesetzlich fingierten Blutsverwandtschaft, d.h. des Unterhaltsverhältnisses zwischen dem Stiefelternteil und dem Stiefkind, „im Prinzip" vom Fortbestand der Ehe von Stiefelternteil und leiblichem Elternteil abhängen.[651]

Demgegenüber unterscheidet der überwiegende Teil der Literatur[652] und auch die justizielle Praxis[653] zunächst danach, ob das Stiefkind im Zeitpunkt der Scheidung weiterhin unterhaltsbedürftig ist. Wurde zwischen Stiefelternteil und Stiefkind bereits zuvor ein Unterhaltsverhältnis begründet und ist das Stiefkind im Zeitpunkt der Scheidung nicht mehr unterhaltsbedürftig, dann erlischt das bereits begründete Unterhaltsverhältnis zwischen dem Stiefelternteil und dem Stiefkind nicht aufgrund der Scheidung.[654] Die Scheidung wirkt sich auf die Tatsache der bereits erbrachten Unterhalts- und Erziehungsleistungen nicht aus[655] und führt daher auch nicht zu einem Erlöschen des Unterhaltsverhältnis-

[651] 巫昌祯 (Wu Changzhen), a.a.O., S. 96. Vgl. hierzu auch von Senger in Bergmann / Ferid / Henrich, a.a.O., S. 96, wonach die Stiefkindschaft im Falle der Scheidung des leiblichen Elternteils vom Stiefelternteil grundsätzlich erlöschen soll. Dabei bezeichnet von Senger insbesondere das Unterhaltsverhältnis als gesetzlich fingierte Blutsverwandtschaft als Stiefkindschaft, a.a.O., S. 95;

[652] So im Ergebnis auch von Senger in Bergmann / Ferid / Henrich, a.a.O., S. 96; Vgl ferner 王洪 (Wang Hong), a.a.O., S. 203. 张贤钰 (Zhang Xianyu), a.a.O., S. 143. Vgl. allgemein auch 于静 (Yu Jing), a.a.O., S. 222 und 杨大文 (Yang Dawen), a.a.O., S. 225, wonach die gesetzlich fingierte Blutsverwandtschaft „grundsätzlich" nicht aufgrund der Scheidung erlischt.

[653] 最高人民法院关于继母与生父离婚后仍有权要求已与其形成抚养关系的继子女履行赡养义务的批复 (Schriftliche Antwort des Obersten Volksgerichts betreffend das auch nach der Scheidung von Stiefmutter und leiblichem Vater fortbestehende Recht der Stiefmutter, von dem Stiefkind, mit dem bereits eine Unterhaltsbeziehung begründet worden ist, die Erfüllung der Unterhaltspflicht zu verlangen) v. 21.3.1986, a.a.O., S. 400;

[654] Diese Ausnahme macht im Ergebnis auch von Senger in Bergmann / Ferid / Henrich, a.a.O., S. 96;

[655] Vgl. hierzu insb. 最高人民法院关于继父母与继子女形成的权利义务关系不能自然终止的批复 (Schriftliche Antwort des Obersten Volksgerichts betreffend die Frage, dass die zwischen den Stiefeltern und den Stiefkindern entstandenen Rechte und Pflichten nicht auf natürliche Weise aufgelöst werden können) v. 22.1.1988, a.a.O., S. 404;

ses. Die vorgenannte *Antwort des Obersten Volksgerichts*[656] ist somit dahin auszulegen, dass die gegenseitigen Rechte und Pflichten der Beteiligten fortbestehen, darunter insbesondere die Unterhaltspflicht des Stiefkindes gegenüber dem Stiefelternteil.[657]

Ist das Stiefkind, zu dem bereits zuvor ein Unterhaltsverhältnis begründet worden ist, im Zeitpunkt der Scheidung demgegenüber weiterhin unterhaltsbedürftig, insbesondere minderjährig, dann ist in der Literatur strittig, ob das bereits begründete Unterhaltsverhältnis aufgrund der Scheidung eo ipso erlischt[658] oder (lediglich) aufgehoben werden kann.[659] Auch insoweit ist jedoch der Auffassung zu folgen, dass die Scheidung als solche das bereits begründete Unterhaltsverhältnis unberührt lässt. Es erscheint insbesondere nicht sachgerecht, die Rechtswirkungen der Scheidung von der Frage der Unterhaltsbedürftigkeit des Stiefkindes im Zeitpunkt der Scheidung abhängig zu machen. Davon zu unterscheiden ist die Frage, ob aus Anlass der Scheidung ein Bedürfnis nach einer Beendigungsmöglichkeit des Unterhaltsverhältnisses anzuerkennen ist.[660]

1.2.1.3. Zusammenfassung

Nach vorzugswürdiger Ansicht bleibt das Unterhaltsverhältnis von der Scheidung unberührt. Diese Auffassung berücksichtigt insbesondere die Eigenart der Begründung des Unterhaltsverhältnisses, nämlich, dass dieses keine notwendige Folge der Eheschließung darstellt, sondern erst durch aus freier Entscheidung langfristig erbrachte Unterhalts- und Erziehungsleistungen begründet wird, auch wenn dies regelmäßig aus Anlass der Eheschließung geschehen dürfte.

Der Fortbestand des Unterhaltsverhältnisses nach der Scheidung ergibt sich darüber hinaus zwar nicht explizit aus dem Ehegesetz, gleichwohl sind diesem entscheidende Argumente hierfür zu entnehmen. § 36 Abs. 1 S. 1 und die darin enthaltene Klarstellung, dass sich die Scheidung auf die Beziehungen zwischen Eltern und Kindern nicht auswirkt, ist auf das Unterhaltsverhältnis zum Stiefkind zwar nicht unmittelbar, wohl aber betreffend den zugrunde liegenden Rechtsgedanken anwendbar. Demnach besteht das Unterhaltsverhältnis auch nach der Scheidung des Stiefelternteiles vom leiblichen Elternteil fort. Dafür

---

656 S.o.;

657 Zu eng wird der Fortbestand des Unterhaltsverhältnisses allerdings von von Senger in Bergmann / Ferid / Henrich, a.a.O., S. 96, im Sinne des Fortbestandes nur der Unterhaltspflicht des Stiefkindes ausgelegt.

658 So 王洪 (Wang Hong), a.a.O., S. 241;

659 So 周利民 / 罗水平 / 贺小电 (Zhou Limin / Luo Shuiping / He Xiaodian), a.a.O., S. 301;

660 Einzelheiten hierzu s. unter IV.2.4., 2.5.;

spricht auch § 36 Abs. 2, der i.V.m. § 27 Abs. 2 auch für den Stiefelternteil gilt, und demzufolge die Eltern auch nach der Scheidung weiterhin den Kindern gegenüber zum Unterhalt und zur Erziehung berechtigt und verpflichtet sind. Insgesamt ergeben sich somit aus dem Ehegesetz gewichtige Argumente dafür, dass das Unterhaltsverhältnis zwischen Stiefelternteil und Stiefkind nicht eo ipso infolge der Scheidung erlischt.

Die gegenteilige Auffassung, der zufolge der Fortbestand des Unterhaltsverhältnisses „im Prinzip" vom Fortbestand der Ehe abhängen soll[661], wird nicht begründet und erscheint unter Heranziehung der vorgenannten Argumente als nicht mit dem Ehegesetz vereinbar.

1.2.2. Tod des leiblichen Elternteiles

Neben der Scheidung beendet auch der Tod des leiblichen Elternteiles dessen Ehe mit dem Stiefelternteil.[662] Auch dies führt aber nicht automatisch zum Erlöschen des Unterhaltsverhältnisses des Stiefkindes mit dem Stiefelternteil.[663] Von der Frage des automatischen Erlöschens ist auch in diesem Zusammenhang wieder die Frage der Aufhebbarkeit des Unterhaltsverhältnisses aus Anlass des Todes des leiblichen Elternteiles zu unterscheiden.[664]

Der Tod des leiblichen Elternteiles, der nicht mit dem Stiefelternteil die Ehe geschlossen hat, wirkt sich auf das Unterhaltsverhältnis zwischen Stiefelternteil und Stiefkind ebenfalls nicht aus.[665]

---

661 S.o. 巫昌祯 (Wu Changzhen), a.a.O.;
662 Vgl. auch 王洪 (Wang Hong), a.a.O., S. 141; 王丽萍，婚姻家庭继承法学（Wang Liping, Studium des Ehe-, Familien- und Erbrechts), S. 206;
663 So auch von Senger in Bergmann / Ferid / Henrich, a.a.O., S. 96, 王洪 (Wang Hong), a.a.O., S. 242, wobei nicht zwischen dem Tod des mit dem Stiefelternteil verheirateten und dem anderen leiblichen Elternteil differenziert wird. Vgl. im Ergebnis auch 王丽萍，婚姻家庭继承法学（Wang Liping, Studium des Ehe-, Familien- und Erbrechts), S. 206; 周利民 / 罗水平 / 贺小电 (Zhou Limin / Luo Shuiping / He Xiaodian), a.a.O., S. 301;
664 S. hierzu auch IV.2.5.1.;
665 Vgl. 王洪 (Wang Hong), a.a.O., S. 242;

2. Aufhebung des Unterhaltsverhältnisses zwischen Stiefelternteil und Stiefkind

Von der Frage der unmittelbaren Rechtsfolgen der Scheidung oder des Todes des mit dem Stiefelternteil verheirateten leiblich Elternteils für das Unterhaltsverhältnis zwischen Stiefelternteil und Stiefkind zu unterscheiden ist die Frage nach der Aufhebbarkeit des Unterhaltsverhältnisses. Insoweit ist insbesondere nicht zu verkennen, dass zwischen der natürlichen Blutsverwandtschaft – wie sie zwischen Eltern und ihren leiblichen Kindern besteht – und der gesetzlich fingierten Blutsverwandtschaft ein wesentlicher Unterschied besteht. Dieser Unterschied ist darin zu sehen, dass ein Unterhaltsverhältnis zwischen Stiefelternteil und Stiefkind wenn auch nicht notwendig aufgrund der Ehe, so aber doch typischerweise zumindest aus Anlass der Ehe von leiblichem Elternteil und Stiefelternteil begründet wird. Bei dem Fortfall dieses persönlichen Anknüpfungspunktes – etwa im Falle einer Scheidung oder des Todes des leiblichen Elternteiles – oder aus persönlichen Gründen im Verhältnis von Stiefelternteil und Stiefkind kann also das Bedürfnis entstehen, das Unterhaltsverhältnis zu beenden. Dabei sind im Rahmen der Aufhebung des Unterhaltsverhältnisses ggf. widerstreitende Interessen der Beteiligten zu berücksichtigen. Während etwa das Interesse des volljährigen Stiefkindes, das auch seinen leiblichen Eltern weiterhin zum Unterhalt verpflichtet ist, etwa nach einer Verschlechterung der Beziehungen zum Stiefelternteil auf die Aufhebung des Unterhaltsverhältnisses gerichtet sein mag, hat andererseits der Stiefelternteil, der das Stiefkind zunächst bis zum Eintritt von dessen Volljährigkeit unterhalten hat, typischerweise ein Interesse am Fortbestand des Unterhaltsverhältnisses und damit am Fortbestand auch seines Unterhaltsanspruches gegen das Stiefkind.

Im Folgenden wird daher auf die Frage der Aufhebbarkeit eines Unterhaltsverhältnisses eingegangen.

2.1. Keine Regelung im Ehegesetz

Die Aufhebung des Unterhaltsverhältnisses zwischen Stiefelternteil und Stiefkind sowie entsprechende Voraussetzungen sind im Ehegesetz nicht geregelt.

2.2. Keine Gleichbehandlung von gesetzlich fingierter und natürlicher Blutsverwandtschaft

§ 27 Abs. 2 verweist bezogen auf die gegenseitigen Rechte und Pflichten von Stiefelternteil und Stiefkind im Rahmen eines Unterhaltsverhältnisses auf die Bestimmungen des Ehegesetzes über die Beziehungen von Eltern und Kindern. Ein Recht zur Beendigung des Eltern-Kind-Verhältnisses sieht das Ehegesetz jedoch nicht vor. Die Außenstelle Huadong des Obersten Volksgerichts hatte im Jahr 1951 über den Antrag eines Kindes zu entscheiden, die rechtlichen Beziehungen zu dessen Vater aus politischen Gründen aufzuheben und diesbezüglich klar gestellt, dass eine solche Beseitigung gegenseitiger Rechte und Pflichten nicht möglich ist.[666]

Die sich aus § 27 Abs. 2 ergebende Gleichstellung des Unterhaltsverhältnisses von Stiefelternteil und Stiefkind mit dem Verhältnis von Eltern und ihren leiblichen Kindern und die daraus folgende Gleichstellung der gesetzlich fingierten Blutsverwandtschaft[667] mit der natürlichen Blutsverwandtschaft könnte dafür sprechen, dass das Unterhaltsverhältnis auch nur in demselben Umfang aufgelöst werden kann wie eine natürliche Blutsverwandtschaft.

Die Beendigung der natürlichen Blutsverwandtschaft ist jedoch gesetzlich nicht geregelt. Die Rechtsfolgen des Todes eines natürlichen Blutsverwandten im Hinblick auf das Schicksal der persönlichen Beziehungen zu anderen natürlichen Blutsverwandten sind in der Literatur im Einzelnen umstritten.[668] Dieser Streit kann jedoch dahinstehen, da es vorliegend um die Frage einer Aufhebungsmöglichkeit zu Lebzeiten der Beteiligten geht. Insoweit wird die natürliche Blutsverwandtschaft aber allgemein als unaufhebbar angesehen.[669]

---

[666] 最高人民法院华东分院关于父母子女间的法律关系可否声请脱离问题的批复 (Schriftliche Antwort der Außenstelle Huadong des Obersten Volksgerichts betreffend die Frage, ob die Aufhebung der rechtlichen Beziehungen zwischen Eltern und Kindern beantragt werden kann) v. 2.11.1951, 中华人民共和国最高人民法院司法解释全集 (Gesamtausgabe der justiziellen Erläuterungen des Obersten Volksgerichts der VR China), S. 1138 f. (1139);

[667] S. hierzu auch II.4.;

[668] So wird z.T. die Auffassung vertreten, dass infolge des Todes eines Blutsverwandten die Beziehungen des Toten zu seinen unmittelbaren Blutsverwandten insgesamt erlöschen, vgl. 杨大文 (Yang Dawen), a.a.O., S. 60; 张贤钰 (Zhang Xianyu), a.a.O., S. 75. Nach anderer Auffassung bleiben die persönlichen Beziehungen auch nach dem Tode eines Blutsverwandten aufrecht erhalten, während bestimmte gegenseitige Rechte und Pflichten, etwa betreffend den Unterhalt, erlöschen, vgl. 于静 (Yu Jing), a.a.O., S. 81; 巫昌祯 (Wu Changzhen), a.a.O., S. 96; 张海尚 (Zhang Haishang), a.a.O., S. 85;

[669] 于静 (Yu Jing), a.a.O., S. 81; 杨大文 (Yang Dawen) a.a.O., S. 60; 巫昌祯 (Wu Changzhen), a.a.O.; 张海尚 (Zhang Haishang), a.a.O., S. 85; 张贤钰 (Zhang Xianyu), a.a.O., S. 75;

Zusammenfassend lässt sich daher sagen, dass der Fortbestand der natürlichen Blutsverwandtschaft nicht der Gestaltungsfreiheit durch die Beteiligten unterliegt. Bei einer entsprechenden Anwendung auf das Unterhaltsverhältnis zwischen Stiefelternteil und Stiefkind käme danach folglich eine Aufhebung durch die Beteiligten zu deren Lebzeiten nicht in Betracht. Insoweit ist aber zu berücksichtigen, dass es sich bei dem Unterhaltsverhältnis zwischen Stiefelternteil und Stiefkind eben nicht um eine *natürliche*, sondern um eine *gesetzlich fingierte* Blutsverwandtschaft handelt. Das Motiv des Stiefelternteiles für die Erbringung von Unterhalts- und Erziehungsleistungen besteht – gerade anders als im Falle der natürlichen Verwandtschaft – folglich nicht in der Abstammung, da eine solche nicht vorliegt. Ausschlaggebend für den Unterhalt des Stiefkindes sind vielmehr typischerweise äußere Umstände, insbesondere die häusliche Gemeinschaft von Stiefelternteil und Stiefkind nach der Eheschließung des Stiefelternteiles mit einem leiblichen Elternteil. Es ist demnach davon auszugehen, dass der Stiefelternteil Unterhalts- und Erziehungsleistungen zumindest auch mit Rücksicht auf den anderen Ehegatten und die familiäre Situation erbringt. Eine nachträgliche Veränderung der Umstände, die zu der Begründung des Unterhaltsverhältnisses geführt haben, spricht folglich ganz allgemein für das Bedürfnis nach einer Aufhebungsmöglichkeit des Unterhaltsverhältnisses durch die Beteiligten. Daher erscheint auch eine Gleichbehandlung des Unterhaltsverhältnisses zwischen Stiefelternteil und Stiefkind als gesetzlich fingierter Blutsverwandtschaft mit der natürlichen Blutsverwandtschaft insoweit als nicht sachgerecht. Im Übrigen sieht das Gesetz auch für die Adoption als die andere Form der gesetzlich fingierten Blutsverwandtschaft[670] im Adoptionsgesetz diverse Aufhebungsmöglichkeiten vor.

2.3. Adoptionsrechtliche Regelungen

Die Aufhebung des Adoptionsverhältnisses ist in §§ 26 ff. AdoptG ausdrücklich geregelt. Die Aufhebung bezieht sich dabei sowohl auf die gesetzlich fingierte Blutsverwandtschaft als auch auf die dadurch begründeten gegenseitigen Rechte und Pflichten.

Unterschieden werden dabei zum einen die Aufhebung des Adoptionsverhältnisses im Falle der Minderjährigkeit von dem Fall der Volljährigkeit des Adoptivkindes sowie zum anderen die administrative, d.h. einverständliche, von der gerichtlichen, d.h. streitigen, Aufhebung des Adoptionsverhältnisses. Im Rahmen der einverständlichen Aufhebung des Adoptionsverhältnisses ist nach

---

670 梁书文 / 黄赤东 (Liang Shuwen / Huang Chidong), a.a.O., S. 205; 巫昌祯 (Wu Changzhen), a.a.O., S. 80 f.; 杨大文 (Yang Dawen), a.a.O., S. 50 f.;

gegenwärtigen Recht gemäß § 28 AdoptG die entsprechende Registrierung erforderlich. Die Registrierungspflicht der Aufhebung des Adoptionsverhältnisses als actus contrarius entspricht dabei der Pflicht zur Registrierung der Begründung eines Adoptionsverhältnisses gemäß § 15 S. 1 AdoptG.[671] Eine gerichtliche Aufhebung der Adoptionsvereinbarung erfolgt in den Fällen, in denen eine einverständliche Regelung der Parteien nicht zustande kommt.

2.3.1. Einverständliche Aufhebung des Adoptionsverhältnisses im Falle der Minderjährigkeit des Adoptivkindes

Die Adoptiveltern können gemäß § 26 Abs. 1 HS. 1 AdoptG während der Minderjährigkeit des Adoptivkindes das Adoptionsverhältnis nicht einseitig aufheben. Die einverständliche Aufhebung des Adoptionsverhältnisses durch eine Vereinbarung der Adoptiveltern und derjenigen, die das Kind zur Adoption gegeben haben, ist dagegen gemäß § 26 Abs. 1 HS. 2 AdoptG jederzeit möglich.[672] In diesem Fall ist gemäß § 26 Abs. 1 HS. 3 AdoptG das Einverständnis des Kindes erforderlich, wenn dieses das 10. Lebensjahr vollendet hat. Das einseitige Aufhebungsverbot durch die Adoptiveltern während der Minderjährigkeit des Adoptivkindes dient dem Schutz des Adoptivkindes.[673] Die einverständliche Aufhebung des Adoptionsverhältnisses ist gemäß § 28 AdoptG registrierungspflichtig.

---

[671] Mit dieser im Rahmen der Revision des Adoptionsgesetzes im Jahr 1998 eingeführten Regelung wurde das Verfahren der einverständlichen Aufhebung – ebenso wie auch die Begründung des Adoptionsverhältnisses – auf eine einheitliche Grundlage, i.e. die Registrierung, gestellt. Nach dem Adoptionsgesetz a.F. war demgegenüber die Begründung des Adoptionsverhältnisses durch Registrierung, Adoptionsvereinbarung *oder* notarielle Beglaubigung möglich. Das Verfahren zur Aufhebung einer Adoptionsvereinbarung richtete sich nach alter Rechtslage folglich nach dem entsprechenden Begründungsakt.

[672] Bereits nach traditionellem chinesischen Recht war die einverständliche Aufhebung des Adoptionsverhältnisses zwischen der leiblichen Familie und dem Annehmenden jederzeit möglich, vgl. Wang Hai-nan, a.a.O., S. 35 m.w.N.;

[673] Vgl. hierzu auch 巫昌祯 (Wu Changzhen), a.a.O., S. 266 f; 于静 (Yu Jing), a.a.O., S. 289 f. Die Ausführungen beziehen sich jeweils auf § 25 Abs. 1 AdoptG a.F., der jedoch mit der aktuellen Bestimmung identisch ist.

2.3.2. Aufhebung des Adoptionsverhältnisses mit dem minderjährigen Adoptivkind im Falle der Beeinträchtigung von gesetzmäßigen Rechten und Interessen des Adoptivkindes

Im Falle der Beeinträchtigung gesetzmäßiger Rechte und Interessen des minderjährigen Adoptivkindes durch die Adoptiveltern, insbesondere im Falle der Nichterfüllung der Unterhaltspflicht sowie bei Misshandlung oder im Falle des böswilligen Verlassens, hat derjenige, der das Kind zur Adoption gegeben hat, gemäß § 26 Abs. 2 AdoptG das Recht, die Aufhebung des Adoptionsverhältnisses zu verlangen.[674] Kann im Hinblick auf die Aufhebung des Adoptionsverhältnisses zwischen denjenigen, die das Kind zur Adoption gegeben haben, und den Adoptiveltern keine Einigung erzielt werden, kann vor dem Volksgericht Klage erhoben werden. Die einverständliche Aufhebung ist gemäß § 28 AdoptG registrierungspflichtig.

2.3.3. Aufhebung des Adoptionsverhältnisses wegen einer Verschlechterung der Beziehungen zwischen den Adoptiveltern und dem volljährigen Adoptivkind und der Unmöglichkeit des Zusammenlebens

Unter der Voraussetzung der Verschlechterung der Beziehungen zwischen den Adoptiveltern und dem volljährigen Adoptivkind und der Unmöglichkeit des weiteren Zusammenlebens kann das Adoptionsverhältnis zum einen gemäß § 27 S. 1 AdoptG einverständlich von den Beteiligten aufgehoben werden. Die entsprechende Aufhebungsvereinbarung ist gemäß § 28 AdoptG registrierungspflichtig. Wenn eine entsprechende Einigung jedoch nicht erzielt werden kann, kann zum anderen gemäß § 27 S. 2 AdoptG von jedem der Beteiligten vor dem Volksgericht Klage auf Aufhebung erhoben werden.

Klar zu stellen ist jedoch hinsichtlich des Unterhaltsverhältnisses zwischen Stiefelternteil und Stiefkind nochmals, dass § 27 Abs. 2 zwar auf die Vorschriften des Ehegesetzes über das Verhältnis von Eltern und Kindern, nicht jedoch auf das Adoptionsgesetz verweist und somit eine unmittelbare Anwendung der vorgenannten Bestimmungen nicht in Betracht kommt.

---

[674] Die Adoption konnte nach traditionellem chinesischen Recht zunächst von Amts wegen, später nur noch auf Antrag der leiblichen Eltern behördlich aufgehoben werden, wenn der Annehmende das Adoptivkind „ohne ausreichenden Grund prügelte oder misshandelte“, vgl. Wang Hai-nan, a.a.O., S. 37.

2.4. Justizielle Praxis

Eine allgemeine justizielle Praxis betreffend die Aufhebung des Unterhaltsverhältnisses zwischen Stiefelternteil und Stiefkind existiert nicht.

In der Praxis stellt sich die Frage nach der Aufhebung des Unterhaltsverhältnisses insbesondere im Zusammenhang mit der Unterhaltspflicht des volljährigen Stiefkindes gegenüber dem Stiefelternteil, der das Stiefkind zuvor unterhalten hat, sowie aus Anlass der Scheidung von Stiefelternteil und leiblichem Elternteil oder nach dem Tode des leiblichen Elternteiles.

2.4.1. Aufhebung des Unterhaltsverhältnisses mit dem volljährigen, zuvor vom Stiefelternteil unterhaltenen Stiefkind

Die Begründung eines Unterhaltsverhältnisses zwischen Stiefelternteil und Stiefkind führt zum Entstehen gegenseitiger Rechte und Pflichten, vgl. § 27 Abs. 2, insbesondere auch gegenseitiger Unterhaltspflichten. Das Stiefkind ist also dem Stiefelternteil seinerseits gemäß § 27 Abs. 2 i.V.m. § 21 Abs. 1 HS. 2 zum Unterhalt verpflichtet. Insoweit hat das Oberste Volksgericht in seiner *Schriftlichen Antwort v. 21.3.1986*[675] klar gestellt, dass das zuvor vom Stiefelternteil unterhaltene und erzogene Stiefkind nach Eintritt der Volljährigkeit bei bestehender Leistungsfähigkeit seinerseits dem bedürftigen Stiefelternteil – auch nach einer Scheidung des Stiefelternteiles vom leiblichen Elternteil – zu Unterhalt und Beistand verpflichtet ist.

Das Oberste Volksgericht hat sich sodann in seiner *Schriftlichen Antwort betreffend die Frage, dass die zwischen den Stiefeltern und den Stiefkindern entstandenen Rechte und Pflichten nicht auf natürliche Weise aufgelöst werden können v. 22.1.1988*[676] unmittelbar mit der Möglichkeit der Aufhebung des Unterhaltsverhältnisses zwischen Stiefelternteil und Stiefkind auseinander gesetzt. Gemäß dem dem Obersten Volksgericht mitgeteilten Sachverhalt war zwischen dem Stiefvater und dem Stiefkind während der Minderjährigkeit des Stiefkindes ein Unterhaltsverhältnis begründet worden. Der Stiefelternteil und der leibliche Elternteil hatten sich im Folgenden nach fast dreißigjähriger Ehe

---

[675] 最高人民法院关于继母与生父离婚后仍有权要求已与其形成抚养关系的继子女履行赡养义务的批复 (Schriftliche Antwort des Obersten Volksgerichts betreffend das auch nach der Scheidung von Stiefmutter und leiblichem Vater fortbestehende Recht der Stiefmutter, von dem Stiefkind, mit dem bereits eine Unterhaltsbeziehung begründet worden ist, die Erfüllung der Unterhaltspflicht zu verlangen), a.a.O., S. 398 ff. (400);

[676] 最高人民法院关于继父母与继子女形成的权利义务关系不能自然终止的批复, a.a.O., S. 403 f.;

einverständlich scheiden lassen. Das zwischenzeitlich volljährig gewordene Stiefkind hatte daraufhin die Aufhebung des „Stiefverhältnisses“ beantragt. Der Stiefvater hatte dem zugestimmt.[677]

Insoweit ist zunächst klar zu stellen, dass zumindest nach Auffassung des Obersten Volksgerichts das schlichte Stiefverhältnis bereits aufgrund der Scheidung erloschen war[678] und der Antrag des ehemaligen Stiefkindes daher als Antrag auf Aufhebung des Unterhaltsverhältnisses auszulegen war. In diesem Sinne wurde der Antrag auch von dem vorlegenden Gericht ausgelegt, wie aus der dem Obersten Volksgericht vorgelegten Bitte um Anweisung ersichtlich ist.[679]

Aus der vorgenannten *Schriftlichen Antwort des Obersten Volksgerichts v. 22.1.1988*[680] ergibt sich insoweit allgemein, dass der Antrag einer Partei auf Aufhebung des Unterhaltsverhältnisses bei Gericht möglich ist und das Gericht über diesen Antrag unter Berücksichtigung der konkreten Umstände im Rahmen einer Schlichtung oder durch Urteil entscheiden soll.

Auf den konkreten Sachverhalt ist das Oberste Volksgericht bei seiner vorgenannten *Schriftlichen Antwort*[681] nicht eingegangen. Offen bleibt daher z.B., ob die Zustimmung des Antragsgegners vorausgesetzt wird oder eine Aufhebung auch darüber hinaus möglich sein soll. Ferner erfolgt keine Spezifizierung der vorgenannten *konkreten Umstände*[682], unter deren Berücksichtigung das Gericht eine Entscheidung treffen soll.

Es fragt sich im Übrigen, ob die Aufhebung des Unterhaltsverhältnisses mit dem volljährigen Stiefkind nur gerichtlich herbeigeführt werden kann. Dabei spricht die vorgenannte *Schriftliche Antwort des Obersten Volksgerichts* für das Erfor-

---

677 S.o.;

678 最高人民法院关于继母与生父离婚后仍有权要求已与其形成抚养关系的继子女履行赡养义务的批复 (Schriftliche Antwort des Obersten Volksgerichts betreffend das auch nach der Scheidung von Stiefmutter und leiblichem Vater fortbestehende Recht der Stiefmutter, von dem Stiefkind, mit dem bereits eine Unterhaltsbeziehung begründet worden ist, die Erfüllung der Unterhaltspflicht zu verlangen), a.a.O., S. 400;

679 Dies ergibt sich aus der Formulierung der vorgenannten Bitte um Anweisung, in der ausdrücklich nach der Möglichkeit, das zwischen Stiefelternteil und Stiefkind begründete Verhältnis von Rechten und Pflichten aufzuheben, gefragt wird, a.a.O., S. 403.

680 最高人民法院关于继父母与继子女形成的权利义务关系不能自然终止的批复 (Schriftliche Antwort des Obersten Volksgerichts betreffend die Frage, dass die zwischen den Stiefeltern und den Stiefkindern entstandenen Rechte und Pflichten nicht auf natürliche Weise aufgelöst werden können), a.a.O., S. 404;

681 S.o.;

682 S.o.;

dernis einer gerichtlichen Entscheidung.[683] Gemäß dem zugrunde liegenden Sachverhalt war der Antragsgegner mit der Aufhebung des Unterhaltsverhältnisses einverstanden. Dennoch wurde die Möglichkeit einer einverständlichen Aufhebungsvereinbarung durch die Parteien vom Obersten Volksgericht nicht angesprochen.

2.4.2. Aufhebung des Unterhaltsverhältnisses mit dem unterhaltsbedürftigen Stiefkind aus Anlass der Scheidung der Ehe von Stiefelternteil und leiblichem Elternteil

Die Aufhebung des Unterhaltsverhältnisses wurde zuvor[684] insbesondere unter dem Blickwinkel der Beseitigung der Unterhaltspflicht des (volljährigen) Stiefkindes erörtert.

Die Frage nach der Aufhebung eines Unterhaltsverhältnisses kann sich in der Praxis jedoch auch im Zusammenhang mit der Scheidung von Stiefelternteil und leiblichem Elternteil stellen. Insoweit ist insbesondere aufseiten des Stiefelternteiles der Wille, ein bereits begründetes Unterhaltsverhältnis zum Stiefkind für die Zukunft zu beenden, vorstellbar.

Diese Frage ist bisher in der justiziellen Praxis nicht ausdrücklich geklärt worden. Anhaltspunkte für die Möglichkeit, das Unterhaltsverhältnis aus Anlass der Scheidung zu beenden, ergeben sich jedoch aus Ziff. 13 von *Einigen konkreten Ansichten des Obersten Volksgerichts über die Behandlung der Frage des Kindesunterhalts bei der gerichtlichen Verhandlung von Scheidungsfällen durch die Volksgerichte v. 3.11.1993*[685].

Gemäß der vorgenannten Ziff. 13[686] soll das vor der Scheidung vom Stiefelternteil unterhaltene und erzogene Stiefkind nach der Scheidung des leiblichen Elternteiles und des Stiefelternteiles von den leiblichen Eltern unterhalten werden, wenn der Stiefelternteil nicht zustimmt, das Stiefkind weiterhin zu unterhalten.

Unmittelbar geregelt wird vorliegend die Fortsetzung des Kindesunterhalts durch die leiblichen Eltern, wenn der Stiefelternteil nicht bereit ist, das Stiefkind nach der Scheidung weiterhin zu unterhalten. Betroffen ist der Unterhalt des

---

683 S.o. S. 403 f.;
684 S.o. 2.4.1.;
685 最高人民法院关于人民法院审理离婚案件处理子女抚养问题的若干具体意见, a.a.O., S. 231 f.;
686 S.o.;

minderjährigen oder trotz Volljährigkeit bedürftigen Stiefkindes, da nur insoweit eine Unterhaltsbedürftigkeit des Kindes besteht.[687] Die Unterhaltspflicht der leiblichen Eltern ergibt sich dabei jedoch nicht erst aus den vorgenannten *Ansichten des Obersten Volksgerichts*[688], sondern bereits aus § 21 Abs. 1 HS. 1, bzw. der zwischen Eltern und Kindern bestehenden natürlichen Blutsverwandtschaft. Die elterliche Unterhaltspflicht ist ferner unabhängig von einem zwischenzeitlich etwa begründeten Unterhaltsverhältnis zwischen Stiefelternteil und Stiefkind, welches sich insbesondere durch den Fortbestand der gegenseitigen Rechte und Pflichten auch im Verhältnis zu den leiblichen Eltern vom Adoptionsverhältnis unterscheidet.[689]

Ziff. 13 der vorgenannten *Ansichten*[690] ist aber insoweit von besonderem Interesse, als sich hieraus die grundsätzliche Möglichkeit ableiten lässt, den Unterhalt des Stiefkindes durch den Stiefelternteil aus Anlass der Scheidung neu zu gestalten. Wenn der Stiefelternteil nicht zustimmt, das Kind weiterhin zu unterhalten, sollen die leiblichen Eltern das Kind unterhalten. Dies bedeutet, dass der Stiefelternteil die Möglichkeit hat, ein vor der Scheidung begründetes Unterhaltsverhältnis für den Zeitraum nach der Scheidung zu beenden. Die vorgenannte einseitige Aufhebungsmöglichkeit ergibt sich dabei aus der Auslegung zum einen des Merkmals des „vom Stiefelternteil unterhaltenen und erzogenen Stiefkindes" sowie zum anderen des Merkmals der mangelnden Zustimmung des Stiefelternteiles zur Fortsetzung des Unterhalts.

2.4.2.1. Auslegung des Merkmals „vom Stiefelternteil unterhaltenes und erzogenes Stiefkind"

Ziff. 13 der vorgenannten *Ansichten des Obersten Volksgerichts*[691] setzt voraus, dass das Stiefkind vor der Scheidung vom Stiefelternteil „*unterhalten und erzogen*" worden ist.

Fraglich ist, ob dieses Merkmal notwendig im Sinne der Begründung eines Unterhaltsverhältnisses zwischen Stiefelternteil und Stiefkind auszulegen ist. Da nicht jegliche Unterhaltsleistung ohne weiteres zur Begründung eines Unterhaltsverhältnisses führt, kommen nach dem Wortlaut zunächst einmal auch

---

[687] S. hierzu auch Kapitel 2, IV.2.;
[688] 最高人民法院关于人民法院审理离婚案件处理子女抚养问题的若干具体意见, a.a.O., S. 231 f.;
[689] S. hierzu III.2.2.2.;
[690] Vgl. 最高人民法院关于人民法院审理离婚案件处理子女抚养问题的若干具体意见, a.a.O.;
[691] S.o.;

Sachverhaltsgestaltungen in Betracht, in denen trotz erfolgter Unterhaltsleistungen des Stiefelternteiles – etwa bei einer nur kurzen Dauer der Ehe – ein Unterhaltsverhältnis im Zeitpunkt der Scheidung (noch) nicht begründet worden ist. Für diese Auslegung könnte auch der Kontext sprechen. Insbesondere ist in Ziff. 13[692] allgemein von der Fortsetzung des Unterhalts durch den Stiefelternteil die Rede. Diese Fortsetzung kann dabei nach dem Wortlaut sowohl auf freiwilliger Basis als auch in Erfüllung einer entsprechenden Pflicht aus einem bereits begründeten Unterhaltsverhältnis erfolgen.

Andererseits ist zu bedenken, dass das Unterhaltsverhältnis zwischen Stiefelternteil und Stiefkind gemäß § 27 Abs. 2 durch nicht näher konkretisierte, faktische Unterhalts- und Erziehungsleistungen begründet wird. Dabei entspricht der Wortlaut der vorgenannten Ziff. 13[693] („曾受其抚养教育的继子女“) insoweit im Wesentlichen der gesetzlichen Formulierung des § 27 Abs. 2 („受其抚养教育的继子女“). Da das vorliegende Merkmal des vom Stiefelternteil unterhaltenen und erzogenen Stiefkindes gemäß § 27 Abs. 2 aber allgemein im Sinne der Begründung eines Unterhaltsverhältnisses ausgelegt wird,[694] könnte dies demnach auch im Rahmen der Ziff. 13 der vorgenannten *Ansichten des Obersten Volksgerichts*[695] gelten. Hierfür spricht insbesondere auch die Rechtsfolge der Ziff. 13, wonach die leiblichen Eltern das Kind nach der Scheidung unterhalten sollen, wenn der Stiefelternteil zur Fortsetzung des Unterhalts nicht bereit ist. Diese Regelung setzt voraus, dass der Stiefelternteil vor der Scheidung nicht nur einzelne Unterhaltsleistungen erbracht, sondern das Stiefkind quasi wie ein leibliches Kind unterhalten und erzogen hat, da andernfalls bereits kein Bedürfnis bestehen dürfte, die Fortsetzung des Kindesunterhalts zu regeln.

Im Ergebnis ist daher festzuhalten, dass das Merkmal des vom Stiefelternteil unterhaltenen und erzogenen Stiefkindes gemäß Ziff. 13 der vorgenannten *Ansichten* im Sinne des § 27 Abs. 2 und damit im Sinne der Begründung eines Unterhaltsverhältnisses auszulegen ist.[696]

---

[692] S.o.;

[693] S.o.;

[694] S. hierzu auch II.1.;

[695] S.o. 最高人民法院关于人民法院审理离婚案件处理子女抚养问题的若干具体意见, a.a.O.;

[696] Vgl. insoweit auch 巫昌祯 (Wu Changzhen), a.a.O., S. 183, wobei der wesentliche Inhalt der Ziff. 13 der vorgenannten *Ansichten des Obersten Volksgerichts* allerdings ohne ausdrückliches Zitat wieder gegeben wird.

2.4.2.2. Auslegung des Merkmals der mangelnden Zustimmung des Stiefelternteiles zur Fortsetzung des Unterhalts

Das Kind soll gemäß Ziff. 13 der vorgenannten *Ansichten des Obersten Volksgerichts*[697] nach der Scheidung von seinen leiblichen Eltern unterhalten werden, *wenn der Stiefelternteil nicht zustimmt*, dieses weiterhin zu unterhalten. Dies bedeutet, dass das Unterhaltsverhältnis nach der Scheidung grundsätzlich sowohl fortgesetzt aber auch aufgehoben werden kann. Für eine Fortsetzung des Unterhaltsverhältnisses ist dabei jedenfalls die Zustimmung des Stiefelternteiles erforderlich.[698] Andernfalls soll das Kind von den leiblichen Eltern unterhalten werden. Daraus ist zu schließen, dass das Unterhaltsverhältnis bei mangelnder Zustimmung des Stiefelternteiles für den Zeitraum nach der Scheidung aufgehoben wird.

Weitere Einzelheiten, etwa eine zur Aufhebung des Unterhaltsverhältnisses erforderliche Form oder das erforderliche Verfahren, sind den vorgenannten *Ansichten des Obersten Volksgerichts*[699] nicht zu entnehmen.

2.4.3. Grundsätzliche Unaufhebbarkeit des Unterhaltsverhältnisses mit dem minderjährigen Stiefkind während bestehender Ehe von leiblichem Elternteil und Stiefelternteil?

In der Literatur finden sich mehrfach Hinweise auf eine justizielle Praxis, der zufolge das Unterhaltsverhältnis mit dem minderjährigen Stiefkind während bestehender Ehe von Stiefelternteil und leiblichem Elternteil im Prinzip nicht aufgelöst werden könne, ohne dass jedoch konkrete Fundstellen benannt werden.[700] Ein Anhaltspunkt für eine entsprechende justizielle Praxis könnte sich aus Ziff. 13 der vorgenannten *Ansichten des Obersten Volksgerichts* ergeben.[701] Ziff. 13 liegt die Möglichkeit zugrunde, den Unterhalt des bisher vom Stiefelternteil unterhaltenen und erzogenen Stiefkindes im Zeitpunkt der Scheidung neu zu regeln, wobei die Neuregelung darin bestehen kann, das Unterhaltsverhältnis zwischen Stiefelternteil und Stiefkind aufzuheben. Aus dieser Regelung

---

[697] 最高人民法院关于人民法院审理离婚案件处理子女抚养问题的若干具体意见, a.a.O.;
[698] S. zu den Voraussetzungen einer Fortsetzung des Unterhaltsverhältnisses nach Ansicht der Literatur auch IV.2.5.2.2.;
[699] S.o. 最高人民法院关于人民法院审理离婚案件处理子女抚养问题的若干具体意见, a.a.O.;
[700] 梁书文 / 黄赤东 (Liang Shuwen / Huang Chidong), a.a.O., S. 262; 巫昌祯 (Wu Changzhen), a.a.O., S. 235; 于静 (Yu Jing), a.a.O., S. 252;
[701] 最高人民法院关于人民法院审理离婚案件处理子女抚养问题的若干具体意见, a.a.O., S. 231 f.;

für den Fall der Scheidung mag umgekehrt geschlossen werden, dass eine Aufhebung des Unterhaltsverhältnisses mit dem minderjährigen oder aus anderem Grunde unterhaltsbedürftigem Stiefkind bei fortbestehender Ehe grundsätzlich nicht möglich sein soll.

2.4.4. Zusammenfassung und Fazit

Das zwischen Stiefelternteil und Stiefkind einmal begründete Unterhaltsverhältnis ist grundsätzlich auf Dauerhaftigkeit und Erfüllung der gegenseitigen Rechte und Pflichten, insbesondere der Unterhaltspflichten, angelegt. Es ist dennoch nicht unaufhebbar. Allerdings sind die Voraussetzungen einer wirksamen Aufhebung des Unterhaltsverhältnisses bislang nicht abschließend geklärt. Aus der justiziellen Praxis ergeben sich insoweit lediglich einzelne Anhaltspunkte. So kann etwa gemäß dem Obersten Volksgericht ein Unterhaltsverhältnis mit einem volljährigen Stiefkind auf Antrag einer Partei vom Gericht unter Berücksichtigung der konkreten Umstände im Rahmen der Schlichtung oder durch Urteil aufgehoben werden.[702]

2.5. Literatur

Die Literatur unterscheidet bei der Frage der Aufhebung eines Unterhaltsverhältnisses zwischen Stiefelternteil und Stiefkind zum einen nach der Minderjährigkeit bzw. Volljährigkeit des Stiefkindes, ferner situativ nach dem Fortbestand bzw. der Beendigung der Ehe von leiblichem Elternteil und Stiefelternteil sowie formell zwischen einer einverständlichen und einer gerichtlichen Aufhebung. Betreffend die Gründe der Beendigung der Ehe werden der Tod des leiblichen Elterteiles sowie die Scheidung der Ehe von Stiefelternteil und leiblichem Elternteil unterschieden.

---

[702] Vgl. 最高人民法院关于继父母与继子女形成的权利义务关系不能自然终止的批复 (Schriftliche Antwort des Obersten Volksgerichts betreffend die Frage, dass die zwischen den Stiefeltern und den Stiefkindern entstandenen Rechte und Pflichten nicht auf natürliche Weise aufgelöst werden können) v. 22.1.1988, a.a.O., S. 404;

2.5.1. Aufhebung des Unterhaltsverhältnisses aus Anlass des Todes des mit dem Stiefelternteil verheirateten leiblichen Elternteiles

Wird die Ehe von Stiefelternteil und leiblichem Elternteil durch den Tod des leiblichen Elternteiles beendet, so bleibt das bereits begründete Unterhaltsverhältnis zwischen dem Stiefelternteil und dem Stiefkind hiervon zunächst unberührt.[703]

2.5.1.1. Minderjährigkeit des Stiefkindes

Aus Anlass des Todes des leiblichen Elternteiles können der überlebende Elternteil und der Stiefelternteil vereinbaren, dass das Kind zukünftig vom überlebenden leiblichen Elternteil unterhalten wird. Eine solche Vereinbarung führt zur Beendigung des Unterhaltsverhältnisses zwischen Stiefelternteil und Stiefkind.[704] Kann eine Einigung über den zukünftigen Kindesunterhalt nicht erzielt werden, entscheidet das Volksgericht unter Berücksichtigung der Rechte und Interessen des Kindes.[705]

Die Ansichten in der Literatur gehen darüber hinaus noch in weiteren Punkten auseinander. Während etwa nach einer Auffassung das Unterhaltsverhältnis aufgehoben werden kann, wenn das minderjährige Kind zukünftig von dem anderen leiblichen Elternteil unterhalten wird,[706] ist die Aufhebung des Unterhaltsverhältnisses nach einer weitergehenden Auffassung auch möglich, wenn das minderjährige Kind zukünftig von anderen nahen Verwandten, etwa volljährigen älteren Geschwistern oder den Großeltern, unterhalten wird.[707]

In formeller Hinsicht soll nach einer Ansicht in der Literatur das Unterhaltsverhältnis mit dem Stiefelternteil im Falle des zukünftigen Kindesunterhalts durch den überlebenden Elternteil auch durch eine entsprechende Vereinbarung des Stiefelternteiles mit dem überlebenden Elternteil aufgehoben werden können.[708] Kommt eine solche Vereinbarung nicht zustande, etwa weil der Stiefelternteil

---

[703] S. hierzu auch 1.2.2.;
[704] Vgl. 王洪 (Wang Hong), a.a.O., S. 242;
[705] Vgl. 王洪 (Wang Hong), a.a.O.; 王丽萍，婚姻家庭继承法学（Wang Liping, Studium des Ehe-, Familien- und Erbrechts), S. 206. Nach Ansicht von 周利民 / 罗水平 / 贺小电 (Zhou Limin / Luo Shuiping / He Xiaodian), a.a.O., S. 301, kommt insoweit auch der zukünftige Unterhalt des Kindes durch sonstige Unterhaltsverpflichtete, etwa Großeltern oder Geschwister in Betracht.
[706] S.o. 王洪 (Wang Hong), a.a.O.;
[707] S.o. 周利民 / 罗水平 / 贺小电 (Zhou Limin / Luo Shuiping / He Xiaodian), a.a.O.;
[708] S.o. 王洪 (Wang Hong), a.a.O.;

dem nicht zustimmt, und wünscht der überlebende leibliche Elternteil nach dem Tod des anderen Elternteiles dennoch den Kindesunterhalt zu übernehmen, so soll das Volksgericht hierüber unter Berücksichtigung der Rechte und Interessen des Kindes entscheiden.[709]

2.5.1.2. Volljährigkeit des Stiefkindes

Das mit dem Stiefelternteil bereits begründete Unterhaltsverhältnis soll – auf Antrag mindestens einer der Beteiligten vom Volksgericht unter Berücksichtigung der konkreten Situation[710] – aufhebbar sein, wenn das Stiefkind im Zeitpunkt des Versterbens des leiblichen Elternteiles volljährig ist.[711]

2.5.2. Aufhebung des Unterhaltsverhältnisses aus Anlass der Scheidung von leiblichem Elternteil und Stiefelternteil

Betreffend die Aufhebung des Unterhaltsverhältnisses wird in der Literatur ebenfalls insbesondere danach unterschieden, ob das Stiefkind im Zeitpunkt der Scheidung von Stiefelternteil und leiblichem Elternteil noch unterhaltsbedürftig, d.h. insbesondere minderjährig, ist.

2.5.2.1. Volljährigkeit des Stiefkindes

Das zwischen Stiefelternteil und Stiefkind bereits begründete Unterhaltsverhältnis erlischt nicht infolge der Scheidung.[712] Beantragen das volljährige Stiefkind, der Stiefelternteil oder beide Beteiligte aus Anlass der Scheidung von Stiefelternteil und leiblichem Elternteil die Aufhebung des Unterhaltsverhältnisses, so entscheidet das Volksgericht darüber unter Berücksichtigung der konkreten Situation im Wege der Schlichtung oder durch Urteil.[713]

---

[709] S.o.;
[710] 周利民 / 罗水平 / 贺小电 (Zhou Limin / Luo Shuiping / He Xiaodian), a.a.O., S. 302;
[711] 王洪 (Wang Hong), a.a.O., S. 242;
[712] S. hierzu auch IV.1.2.1.2.;
[713] 王丽萍，婚姻家庭继承法学（Wang Liping, Studium des Ehe-, Familien- und Erbrechts), S. 206; 周利民 / 罗水平 / 贺小电 (Zhou Limin / Luo Shuiping / He Xiaodian), a.a.O., S. 301 f.;

2.5.2.2. Minderjährigkeit des Stiefkindes

Das Unterhaltsverhältnis zwischen Stiefelternteil und Stiefkind erlischt nach vorzugswürdiger Auffassung aber auch im Falle der Minderjährigkeit des Stiefkindes nicht eo ipso infolge der Scheidung von Stiefelternteil und leiblichem Elternteil.[714] In der Literatur wird im Zusammenhang mit der Aufhebung des Unterhaltsverhältnisses mit einem minderjährigen Stiefkind im Zeitpunkt der Scheidung zumeist schlicht auf Ziff. 13 von *Einigen konkreten Ansichten des Obersten Volksgerichts über die Behandlung der Frage des Kindesunterhalts bei der gerichtlichen Verhandlung von Scheidungsfällen durch die Volksgerichte* v. 3.11.1993[715] Bezug genommen.[716] Teilweise wird in diesem Zusammenhang auch ausdrücklich darauf hingewiesen, dass die Beziehungen zwischen Stiefelternteil und Stiefkind aufgrund der mangelnden Zustimmung des Stiefelternteiles zur Fortsetzung des Unterhalts aufgehoben werden.[717] Nach dieser Auffassung[718] besteht also die nicht näher konkretisierte einseitige Möglichkeit des Stiefelternteiles, das Unterhaltsverhältnis im Zeitpunkt der Scheidung aufzuheben. Zur Fortsetzung des Unterhaltsverhältnisses nach der Scheidung wird jedoch neben dem Einverständnis des Stiefelternteiles teilweise auch das Einverständnis der leiblichen Eltern als erforderlich angesehen.[719]

2.5.3. Fortbestand der Ehe von Stiefelternteil und leiblichem Elternteil

Die Frage nach der Aufhebung des Unterhaltsverhältnisses zwischen Stiefkind und Stiefelternteil stellt sich darüber hinaus auch im Falle des Fortbestandes der Ehe von Stiefelternteil und leiblichem Elternteil.

---

714 S.o. IV.1.2.1.2.

715 最高人民法院关于人民法院审理离婚案件处理子女抚养问题的若干具体意见, a.a.O.;

716 梁书文 / 黄赤东 (Liang Shuwen / Huang Chidong), a.a.O., S. 262; 于静 (Yu Jing), a.a.O., S. 252;

717 王丽萍，婚姻家庭继承法学（Wang Liping, Studium des Ehe-, Familien- und Erbrechts), S. 206. Vgl. ferner 杨大文 (Yang Dawen), a.a.O., S. 225, wobei das Unterhaltsverhältnis zwischen Stiefelternteil und Stiefkind als „faktisches Adoptionsverhältnis" (事实上的收养关系) bezeichnet wird. Die faktische Adoption wird jedoch nach der Revision des Adoptionsgesetzes im Jahre 1998 und der damit eingeführten allgemeinen Registrierungspflicht von Adoptionsverhältnissen gemäß § 15 Abs. 1 AdoptG jedenfalls für die danach begründeten Verhältnisse nicht mehr als wirksam anerkannt, da sie gegen das Adoptionsgesetz verstößt, vgl. § 25 Abs. 1 AdoptG. Vgl. ferner 周利民 / 罗水平 / 贺小电 (Zhou Limin / Luo Shuiping / He Xiaodian), a.a.O., S. 210 f.;

718 S.o.;

719 Vgl. z.B. 周利民 / 罗水平 / 贺小电 (Zhou Limin / Luo Shuiping / He Xiaodian), a.a.O., S. 210;

2.5.3.1. Minderjährigkeit des Stiefkindes

Die Aufhebbarkeit des Unterhaltsverhältnisses mit dem minderjährigen Stiefkind während des Fortbestehens der Ehe von Stiefelternteil und leiblichem Elternteil ist in der Literatur umstritten.

Nach einer Ansicht soll das Unterhaltsverhältnis unter Bezugnahme auf eine entsprechende justizielle Praxis im Falle der Minderjährigkeit des Stiefkindes während der Ehe von Stiefelternteil und leiblichem Elternteil grundsätzlich nicht aufhebbar sein.[720] Welche Ausnahmen von dem vorgenannten Grundsatz gelten sollen, ist nicht ersichtlich.

Nach anderer Ansicht soll das Unterhaltsverhältnis dadurch aufhebbar sein, dass der Stiefelternteil die Unterhaltsleistung faktisch einstellt.[721]

Nach wiederum anderer Auffassung soll das Unterhaltsverhältnis mit dem minderjährigen Stiefkind jederzeit durch die Vereinbarung des Stiefelternteiles mit den leiblichen Eltern sowie mit Zustimmung des einsichtsfähigen Kindes aufhebbar sein.[722] Dies entspricht § 26 Abs. 1 AdoptG, dem gemäß das Adoptionsverhältnis während der Minderjährigkeit des Adoptivkindes jederzeit – und damit auch während des Bestehens der Ehe der Adoptiveltern – einverständlich von den zur Adoption Gebenden und den Adoptierenden aufgehoben werden kann.[723] Eine Registrierung der einverständlichen Aufhebung des Unterhaltsverhältnisses wird dabei nicht gefordert.[724]

Nach dieser Ansicht[725] kann ferner ein leiblicher Elternteil im Falle der Nichterfüllung der Unterhaltspflicht, der Misshandlung oder des böswilligen Verlassens des Stiefkindes durch den Stiefelternteil auch einseitig die Aufhebung des Unterhaltsverhältnisses durch das Volksgericht verlangen. Dies entspricht der Regelung des § 26 Abs. 2 AdoptG.[726]

---

720 梁书文 / 黄赤东 (Liang Shuwen / Huang Chidong), a.a.O., S. 262; 巫昌祯 (Wu Changzhen), a.a.O., S. 235; 于静 (Yu Jing), a.a.O., S. 252;

721 Vgl. 王丽萍，婚姻家庭继承法学 (Wang Liping, Studium des Ehe-, Familien- und Erbrechts), S. 207;

722 Vgl. 王洪 (Wang Hong), a.a.O., S. 242;

723 S. hierzu 2.3.1.;

724 Vgl. insoweit 2.3.1. zum Adoptionsverhältnis;

725 S.o. 王洪 (Wang Hong), a.a.O.;

726 S. hierzu 2.3.2.;

Ferner soll der Stiefelternteil, der zum Unterhalt des minderjährigen Stiefkindes nicht mehr bereit ist, gerichtlich die Aufhebung des Unterhaltsverhältnisses verlangen können.[727]

2.5.3.2. Volljährigkeit des Stiefkindes

Das Unterhaltsverhältnis zwischen Stiefelternteil und dem volljährigen Stiefkind ist nach Ansicht der Literatur im Falle der Verschlechterung der Beziehungen zwischen diesen aufhebbar.[728]

Die Literatur greift auch in diesem Zusammenhang stillschweigend im wesentlichen auf eine Regelung des Adoptionsgesetzes zurück. § 27 S. 1 AdoptG setzt für die Aufhebung des Adoptionsverhältnisses mit dem volljährigen Adoptivkind eine Verschlechterung der Beziehungen sowie die Unmöglichkeit des weiteren Zusammenlebens voraus.[729] Strittig ist jedoch, ob die Aufhebung des Unterhaltsverhältnisses nur gerichtlich[730] oder auch durch eine einverständliche Vereinbarung der Beteiligten[731] erfolgen kann.

2.5.4. Zusammenfassung und Fazit

Wie die justizielle Praxis geht auch die Literatur grundsätzlich vom Fortbestand eines einmal begründeten Unterhaltsverhältnisses zwischen Stiefelternteil und dem volljährigen Stiefkind aus. Folglich ist das Stiefkind, das vom Stiefelternteil bis zur Volljährigkeit unterhalten worden ist, grundsätzlich verpflichtet, seinerseits auch den Stiefelternteil zu unterhalten.[732] Auch nach Ansicht der Literatur ist das Unterhaltsverhältnis zwischen Stiefelternteil und dem volljährigen Stiefkind jedoch nicht unaufhebbar. Darüber hinaus werden zu einzelnen Fragen eine Vielzahl von Ansichten vertreten. Strittig ist in der Literatur insbesondere die Frage der Aufhebung des Unterhaltsverhältnisses zwischen dem Stiefelternteil

---

[727] S.o. 王洪 (Wang Hong), a.a.O.;

[728] Vgl. z.B. 梁书文 / 黄赤东 (Liang Shuwen / Huang Chidong), a.a.O., S. 262; Vgl. 王洪 (Wang Hong), a.a.O., S. 242; 巫昌祯 (Wu Changzhen), a.a.O., S. 235; 于静 (Yu Jing), a.a.O., S. 252 f.;

[729] S. hierzu 2.3.3.;

[730] So wohl 梁书文 / 黄赤东 (Liang Shuwen / Huang Chidong), a.a.O., S. 262; 巫昌祯 (Wu Changzhen), a.a.O., S. 235 und 于静 (Yu Jing), a.a.O., S. 252 f.;

[731] So 王洪 (Wang Hong), a.a.O., S. 242;

[732] Vgl. z.B. 梁书文 / 黄赤东 (Liang Shuwen / Huang Chidong), a.a.O., S. 262; 巫昌祯 (Wu Changzhen), a.a.O., S. 235; 于静 (Yu Jing), a.a.O., S. 252 f.;

und dem minderjährigen Stiefkind. Auch sind die formellen und materiellen Voraussetzungen einer Aufhebung des Unterhaltsverhältnisses zwischen Stiefelternteil und Stiefkind im Einzelnen strittig bzw. nicht abschließend geklärt.

Bei dem Unterhaltsverhältnis zwischen Stiefelternteil und Stiefkind handelt es sich – ebenso wie beim Adoptionsverhältnis – um eine gesetzlich fingierte Blutsverwandtschaft. Dies dürfte der Grund dafür sein, dass die in der Literatur angewandten Grundsätze teilweise den Bestimmungen des Adoptionsgesetzes über die Aufhebung des Adoptionsverhältnisses entsprechen. Dies gilt etwa im Zusammenhang mit der Aufhebung des Unterhaltsverhältnisses mit einem volljährigen Stiefkind für das Erfordernis der Beziehungsverschlechterung. Allerdings lassen sich die adoptionsrechtlichen Bestimmungen nicht insgesamt ohne weiteres auf die Aufhebung des Unterhaltsverhältnisses übertragen. Vielmehr ergeben sich aus der Eigenart des Unterhaltsverhältnisses auch Abweichungen. Insbesondere besteht – auch gemäß der justiziellen Praxis – aus Anlass der Scheidung die einseitige Möglichkeit des Stiefelternteiles, das Unterhaltsverhältnis mit dem minderjährigen Stiefkind aufzuheben, während ein Adoptionsverhältnis unabhängig vom Fortbestand der Ehe während der Minderjährigkeit des Adoptivkindes nicht einseitig vom Adoptierenden aufgehoben werden kann. Durch die vorgenannte Aufhebungsmöglichkeit wird der Besonderheit des Unterhaltsverhältnisses insoweit Rechnung getragen, als der Stiefelternteil dieses typischerweise gerade auch mit Rücksicht auf den Ehegatten begründet hat und das Unterhaltsverhältnis somit in wesentlich stärkerem Zusammenhang mit der Eheschließung steht, als das Adoptionsverhältnis.

2.6. Zusammenfassung

Die Aufhebung des Unterhaltsverhältnisses zwischen Stiefelternteil und Stiefkind ist gegenwärtig gesetzlich nicht geregelt. Sowohl die justizielle Praxis als auch die Literatur diskutieren die Aufhebbarkeit des Unterhaltsverhältnisses anhand von diversen Fallgestaltungen, ohne jedoch diesbezüglich ein geschlossenes System bereit zu halten. Wenn man an dem Institut des Unterhaltsverhältnisses überhaupt festhalten will,[733] erscheint es zweckmäßig, die Voraussetzungen der Aufhebung des Unterhaltsverhältnisses zukünftig gesetzlich zu regeln. Dabei ist in dem dargelegten Umfang ein Verweis auf adoptionsrechtliche Bestimmungen denkbar.

[733] S. zur Kritik am Unterhaltsverhältnis auch V.;

3. Rechtliche Konsequenzen der Beendigung des Unterhaltsverhältnisses

Nach einer Beendigung des Unterhaltsverhältnisses zwischen dem Stiefelternteil und dem Stiefkind stellt sich die Frage nach den rechtlichen Konsequenzen.

3.1. Verhältnis von Stiefelternteil und Stiefkind

3.1.1. Erlöschen der gesetzlich fingierten Blutsverwandtschaft sowie der gegenseitigen Rechte und Pflichten

3.1.1.1. Keine ausdrückliche gesetzliche Regelung

Die rechtlichen Konsequenzen der Beendigung, d.h. insbesondere der Aufhebung, des Unterhaltsverhältnisses zwischen dem Stiefelternteil und dem Stiefkind sind im Ehegesetz ebenso wie die Beendigung selbst nicht geregelt.

Demgegenüber sind die Rechtswirkungen der Aufhebung des Adoptionsverhältnisses ausdrücklich geregelt. Gemäß § 29 HS. 1 AdoptG erlöschen nach der Aufhebung des Adoptionsverhältnisses die gegenseitigen Rechte und Pflichten zwischen dem Adoptivkind und den Adoptiveltern sowie anderen nahen Verwandten.[734] Nach gegenwärtigem Recht wird zwar in § 27 Abs. 2 nicht auf das Adoptionsgesetz verwiesen, da es sich jedoch in beiden Fällen um eine gesetzlich fingierte Blutsverwandtschaft handelt, ist grundsätzlich eine entsprechende Anwendung von § 29 HS. 1 AdoptG denkbar. Dabei ist jedoch zu berücksichtigen, dass das Unterhaltsverhältnis – im Unterschied zum Adoptionsverhältnis, vgl. § 23 Abs. 1, – keine gegenseitigen Rechte und Pflichten zwischen dem Kind und den nahen Angehörigen des Stiefelternteiles begründet.[735] Dementsprechend ist die entsprechende Anwendung des § 29 HS. 1 AdoptG auf das Erlöschen gegenseitiger Rechte und Pflichten zwischen Stiefelternteil und Stiefkind zu beschränken.

---

[734] Zum Begriff der nahen Verwandten vgl. Ziff. 12 der *Ansichten des Obersten Volksgerichts betreffend einige Fragen der Durchführung der Allgemeinen Grundsätze des Zivilrechts der VR China* (最高人民法院关于贯彻执行 „中华人民共和国民法通则" 若干问题的意见) v. 2.4.1988, a.a.O.;

[735] S. hierzu auch III.2.3.;

3.1.1.2. Literatur und justizielle Praxis

Durch die Aufhebung des Unterhaltsverhältnisses erlöschen zwischen Stiefelternteil und Stiefkind die zwischen diesen begründeten gegenseitigen Rechte und Pflichten.[736] Dies gilt insbesondere für die gegenseitigen Unterhaltspflichten. Darüber hinaus erlöschen aber auch die persönlichen Beziehungen.[737] Dies wird auch als *absolute Beseitigung*[738] der gesetzlich fingierten Blutsverwandtschaft bezeichnet.[739]

3.1.2. Pflicht des volljährigen Stiefkindes zur Übernahme der Lebenshaltungskosten des Stiefelternteiles

3.1.2.1. Keine ausdrückliche gesetzliche Regelung

Im Zusammenhang mit dem Adoptionsverhältnis bestimmt § 30 Abs. 1 S. 1 AdoptG jedoch, dass das zuvor von den Adoptiveltern unterhaltene, volljährige Adoptivkind auch nach der Aufhebung des Adoptionsverhältnisses unter der Voraussetzung der Arbeitsunfähigkeit der Adoptiveltern und des Fehlens einer Lebensgrundlage die Lebenshaltungskosten der Adoptiveltern übernehmen „soll". Wie bereits mehrfach erwähnt, verweist § 27 Abs. 2 jedoch nicht auf das Adoptionsgesetz, so dass es also betreffend das Unterhaltsverhältnis an einer unmittelbar anwendbaren gesetzlichen Regelung fehlt.

---

736 Vgl. 梁书文 / 黄赤东 (Liang Shuwen / Huang Chidong), a.a.O., S. 262; 巫昌祯 (Wu Changzhen), a.a.O., S. 235; 于静 (Yu Jing), a.a.O., S. 252 f.; vgl. insoweit ferner allgemein für die gesetzlich fingierte Blutsverwandtschaft 张海尚 (Zhang Haishang), a.a.O., S. 86; vgl. hierzu ferner 最高人民法院关于继父母与继子女形成的权利义务关系不能自然终止的批复 (Schriftliche Antwort des Obersten Volksgerichts betreffend die Frage, dass die zwischen den Stiefeltern und den Stiefkindern entstandenen Rechte und Pflichten nicht auf natürliche Weise aufgelöst werden können) v. 22.1.1988, a.a.O.;

737 Dies bezieht sich m.E. auf die gesetzlich fingierte Blutsverwandtschaft. Vgl. insoweit allgemein für die gesetzlich fingierte Blutsverwandtschaft 张海尚 (Zhang Haishang), a.a.O., S. 86; 王丽萍，婚姻家庭继承法学 (Wang Liping, Studium des Ehe-, Familien- und Erbrechts), S. 207;

738 „绝对消灭";

739 张海尚 (Zhang Haishang), a.a.O., S. 86;

3.1.2.2. Literatur

Nach Ansicht der Literatur „soll“ das volljährige Stiefkind trotz einer Aufhebung des Unterhaltsverhältnisses ebenfalls die Lebenshaltungskosten für den arbeitsunfähigen und in Schwierigkeiten hinsichtlich des Lebensunterhalts befindlichen Stiefelternteil übernehmen.[740] Eine Begründung wird hierfür nicht gegeben. Auch wenn in der Literatur keine ausdrückliche Bezugnahme auf die vorgenannte Regelung des Adoptionsgesetzes erfolgt, dürfte § 30 Abs. 1 S. 1 AdoptG der vorgenannten Forderung der Literatur zugrunde liegen.

Die Sachverhalte im Falle der Aufhebung eines Adoptionsverhältnisses nach Eintritt der Volljährigkeit des Adoptivkindes einerseits und der Aufhebung eines Unterhaltsverhältnisses nach Eintritt der Volljährigkeit des Stiefkindes andererseits entsprechen einander. Sowohl das ehemalige Adoptivkind als auch das ehemals am Unterhaltsverhältnis beteiligte Stiefkind sind zuvor von den Adoptiveltern bzw. dem Stiefelternteil unterhalten worden. Deshalb kann § 30 Abs. 1 S. 1 AdoptG vorliegend entsprechend angewandt werden.[741]

Es stellt sich ferner die Frage, ob es sich vorliegend um eine Rechtspflicht oder eine sittlich-moralische Pflicht handelt. An dem Bestehen einer Rechtspflicht mag aufgrund der in der Literatur gewählten Formulierung, bzw. gemäß dem Wortlaut des § 30 S. 1 AdoptG, wonach die Lebenshaltungskosten übernommen werden „sollen“[742] gezweifelt werden. Von einer Pflicht im Rechtssinne ist nicht

---

740 梁书文 / 黄赤东 (Liang Shuwen / Huang Chidong), a.a.O., S. 262 f.; 王洪 (Wang Hong), a.a.O., S. 203; 王丽萍，婚姻家庭继承法学 (Wang Liping, Studium des Ehe-, Familien- und Erbrechts), S. 207; 巫昌祯 (Wu Changzhen), a.a.O., S. 235; 于静 (Yu Jing), a.a.O., S. 253; 周利民 / 罗水平 / 贺小电 (Zhou Limin / Luo Shuiping / He Xiaodian), a.a.O., S. 302;

741 Im Verhältnis von Adoptivkind und Adoptiveltern kommen nach Aufhebung des Adoptionsverhältnisses neben der vorgenannten Unterstützungspflicht des volljährigen ehemaligen Adoptivkindes ferner Erstattungsansprüche der ehemaligen Adoptiveltern gegen das ehemalige Adoptivkind oder dessen leibliche Eltern betreffend die aufgewendeten Unterhalts- und Erziehungskosten in Betracht. Den ehemaligen Adoptiveltern steht nach Aufhebung des Adoptionsverhältnisses gemäß § 30 Abs. 1 S. 2 AdoptG ein Anspruch auf Erstattung der für das Adoptivkind während der Dauer des Adoptionsverhältnisses aufgewendeten Lebens-haltungskosten und Erziehungskosten zu, wenn das Adoptionsverhältnis aufgrund von Misshandlungen und des böswilligen Verlassens der Adoptiveltern durch das volljährige Adoptivkind aufgehoben worden ist. Ferner können die Adoptiveltern nach Aufhebung des Adoptionsverhältnisses auf Verlangen der leiblichen Eltern von diesen eine angemessene Er-stattung der aufgewendeten Lebenshaltungs- und Erziehungskosten verlangen, es sei denn, die Aufhebung des Adoptionsverhältnisses ist aufgrund von Misshandlungen oder des böswilligen Verlassens des Adoptivkindes durch die Adoptiveltern erfolgt. Eine Heranziehung dieser Regelungen, bzw. des zugrunde liegenden Rechtsgedankens ist jedoch im Rahmen des Unterhaltsverhältnisses bisher nicht erfolgt.

742 梁书文 / 黄赤东 (Liang Shuwen / Huang Chidong), a.a.O., S. 262 f.; 巫昌祯 (Wu Changzhen), a.a.O., S. 235; 于静 (Yu Jing), a.a.O., S. 253;

ausdrücklich die Rede. Auch wird im Ehegesetz der VR China das Bestehen einer Pflicht, insbesondere im Rahmen des Unterhalts, überwiegend mit der Formulierung einander oder einem Anderen „zum Unterhalt verpflichtet“[743] zu sein, ausgedrückt.[744] Jedoch enthält auch § 42 des gegenwärtigen Ehegesetzes die Formulierung, dass der eine Ehegatte nach der Scheidung dem bedürftigen anderen Ehegatten eine angemessene Unterstützung gewähren „soll“. In § 42 ist ferner bestimmt, dass das Volksgericht über die zu gewährende Unterstützung entscheidet, soweit eine einverständliche Regelung nicht zustande kommt. Demnach ist also trotz der Formulierung „soll“ von dem Bestehen einer entsprechenden Rechtspflicht auszugehen.

Festzuhalten ist weiter, dass die Voraussetzungen der Bedürftigkeit des Stiefelternteiles im Rahmen der vorgenannten Pflicht des Stiefkindes strenger sind als im Falle des Unterhalts des Stiefelternteiles gemäß § 27 Abs. 2 i.V.m. § 21 Abs. 1 HS. 2, Abs. 3. Während im Falle des Elternunterhalts nämlich die Bedürftigkeit der Eltern bejaht wird, wenn diese entweder arbeitsunfähig sind oder Schwierigkeiten hinsichtlich des Lebensunterhalts haben, sind die vorgenannten Voraussetzungen nach Beendigung des Unterhaltsverhältnisses kumulativ zu erfüllen. Offen bleibt dabei, ob die von der Literatur vorausgesetzten „Schwierigkeiten hinsichtlich des Lebensunterhalts“[745] im Sinne von § 30 S.1 AdoptG als „Fehlen einer Lebensgrundlage“ auszulegen sind.

Im Hinblick auf die Rechtsfolge ist die Übernahme der Lebenshaltungskosten (生活费用) zunächst einmal dem Umfang nach von der Pflicht zur Leistung von Unterhalt (赡养) gegenüber einem Stiefelternteil im Rahmen eines bestehenden Unterhaltsverhältnisses abzugrenzen.[746] Während der Unterhalt der Eltern im Sinne von „赡养“ nämlich sowohl Lebensmittel, Lebenshaltungskosten als auch Hilfe und Betreuung umfasst,[747] beschränkt sich die Leistung nach Aufhebung des Unterhaltsverhältnisses auf die finanzielle Unterstützung in Gestalt der Übernahme der Lebenshaltungskosten.

---

743 „有扶养，抚养，赡养的义务“;

744 Vgl. §§ 20 S. 1, 21 Abs. 1 sowie §§ 28, 29;

745 Vgl. 梁书文 / 黄赤东 (Liang Shuwen / Huang Chidong), a.a.O., S. 262 f.; 巫昌祯 (Wu Changzhen), a.a.O., S. 235; 于静 (Yu Jing), a.a.O., S. 253;

746 Vgl. hierzu § 21 Abs. 1 HS. 2 i.V.m. § 27 Abs. 2;

747 法学大辞典 (Großes Wörterbuch der Rechtswissenschaft), S. 1835;

3.2. Verhältnis des Kindes zu seinen leiblichen Eltern

Die gegenseitigen Rechte und Pflichten im Verhältnis des Kindes zu den leiblichen Eltern werden durch eine Beendigung des Unterhaltsverhältnisses mit dem Stiefelternteil nicht berührt. Die leiblichen Eltern sind dem Kind aufgrund des bestehenden Verwandtschaftsverhältnisses insbesondere weiterhin zum Unterhalt verpflichtet.[748]

V. Kritik am Tatbestand des Unterhaltsverhältnisses und Lösungsvorschläge

Das Institut des Unterhaltsverhältnisses zwischen Stiefelternteil und Stiefkind wird in der Literatur verschiedentlich kritisiert. Zum Teil wird auch allgemein eine Angleichung der Regelungen des Unterhaltsverhältnisses an das Adoptionsgesetz gefordert.[749]

1. Mangelnde gesetzliche Konkretisierung der Voraussetzungen für die Begründung eines Unterhaltsverhältnisses

Die Kritik richtet sich insbesondere gegen die mangelnde gesetzliche Konkretisierung der Voraussetzungen zur Begründung eines Unterhaltsverhältnisses.[750] Die damit verbundene Rechtsunsicherheit führe zu Streitigkeiten, die letztlich nur gerichtlich zu klären seien.[751]

Konkret wurde insoweit bereits im Vorfeld der Revision des Ehegesetzes im Jahre 2001 vorgeschlagen, im Falle einer Dauer von Unterhalts- und Erziehungsleistungen des Stiefelternteiles von mehr als fünf Jahren die Begründung eines Unterhaltsverhältnisses zu bejahen.[752] In der zwischenzeitlich erfolgten Revision des Ehegesetzes sind die Vorschläge einer Konkretisierung des Unterhaltsverhältnisses jedoch nicht aufgegriffen worden. Statt dessen wurde die

---

[748] Vgl. etwa 巫昌祯 (Wu Changzhen), a.a.O., S. 183;

[749] Vgl. 杨大文 (Yang Dawen), a.a.O., S. 261;

[750] 梁书文 / 黄赤东 (Liang Shuwen / Huang Chidong), a.a.O., S. 262; 杨大文 (Yang Dawen), a.a.O., S. 260; 张贤钰 (Zhang Xianyu), a.a.O., S. 144;

[751] 杨大文 (Yang Dawen), a.a.O., S. 260;

[752] 张贤钰 (Zhang Xianyu), a.a.O., S. 144. So auch der Vorschlag von Prof. 杨大文 (Yang Dawen) von der 人民大学 (Volksuniversität) in einem am 20.8.1999 in Beijing geführten Gespräch.

entsprechende Regelung des § 21 Abs. 2 EheG v. 1980 a.F. wörtlich beibehalten.

Rechtssicherheit in Bezug auf die Begründung eines Unterhaltsverhältnisses könnte aber auch durch die Einführung einer Registrierungspflicht mit konstitutiver Wirkung, wie sie bereits vor Gründung der VR China in der chinesischen Sowjetrepublik galt,[753] hergestellt werden. Die Begründung eines Unterhaltsverhältnisses würde dabei weiterhin auf der Basis der Freiwilligkeit erfolgen. Entsprechende Registrierungspflichten sind im Recht der VR China weit verbreitet. Eine solche gilt etwa gemäß § 8 im Rahmen der Begründung der Ehe sowie gemäß § 15 AdoptG generell zur Begründung eines Adoptionsverhältnisses. Ferner ist zu erwägen, wie bei Begründung eines Adoptionsverhältnisses auch bei der Begründung eines Unterhaltsverhältnisses zwischen Stiefelternteil und Stiefkind den Willen des Kindes nach Vollendung des 10. Lebensjahres zu berücksichtigen.

Überlegenswert erscheint auch eine Änderung des § 27 Abs. 2 dahingehend, dass das Unterhaltsverhältnis ausdrücklich sowohl durch Unterhaltsleistungen des Stiefelternteiles als auch solche des Stiefkindes begründet werden kann.[754]

2. Mangelnde gesetzliche Konkretisierung der Rechtsfolgen der Beendigung der Ehe von Stiefelternteil und leiblichem Elternteil für das Unterhaltsverhältnis

Gefordert wird in der Literatur ferner, die Rechtsfolgen einer Beendigung der Ehe zwischen dem Stiefelternteil und dem leiblichen Elternteil für das Unterhaltsverhältnis im Interesse der hieran Beteiligten gesetzlich zu regeln.[755]

Einigkeit besteht dahingehend, dass durch die Scheidung das Stiefverhältnis als schlichtes schwägerschaftliches Verhältnis aufgelöst wird.[756] Eine unmittelbare Auswirkung der Scheidung auf das Unterhaltsverhältnis zwischen dem ehemaligen Stiefelternteil und dem ehemaligen Stiefkind ist demgegenüber strittig.[757] Die besseren Argumente sprechen dabei für den Fortbestand des Unterhaltsver-

---

[753] Vgl. § 16 Ehebestimmungen d. chin. Sowjetrepublik v. 1.12.1931, a.a.O., engl. Übersetzung von M.J. Meijer, a.a.O., S. 281 f., sowie § 18 EheG d. chin. Sowjetrepublik v. 8.4.1934, engl. Übersetzung von M.J. Meijer, a.a.O., S. 283 f.; s. hierzu auch Kapitel 1, III.1.1.2.2.1. sowie 2.2.3.;

[754] S. hierzu III.1.2.2.;

[755] 杨大文 (Yang Dawen), a.a.O., S. 261; 张贤钰 (Zhang Xianyu), a.a.O., S. 144;

[756] S. hierzu auch 1.2.1.;

[757] S. hierzu auch 1.2.1.2.;

hältnisses unabhängig vom Fortbestand der Ehe. Dies ergibt sich auch aus dem Ehegesetz, insbesondere aus § 27 Abs. 2 i.V.m. § 36 Abs. 1 S. 1, Abs. 2, sowie fern-er aus der Natur des Unterhaltsverhältnisses als gesetzlich fingierter Blutsverwandtschaft.[758]

3. Mangelnde gesetzliche Konkretisierung der Voraussetzungen zur Aufhebung des Unterhaltsverhältnisses zwischen Stiefelternteil und Stiefkind

Auch die mangelnde gesetzliche Regelung betreffend eine Aufhebung des Unterhaltsverhältnisses zwischen Stiefelternteil und Stiefkind wird kritisiert.[759]

Da die Aufhebung des Unterhaltsverhältnisses in der justiziellen Praxis bisher nur vereinzelt behandelt worden[760] und auch in der Literatur vieles umstritten ist,[761] erscheint eine systematische gesetzliche Regelung zweckmäßig. Eine solche Regelung könnte sich unter Berücksichtigung der Eigenheiten des Unterhaltsverhältnisses an den entsprechenden Bestimmungen des Adoptionsgesetzes orientieren.

4. Verstoß gegen die Freiwilligkeit durch Anknüpfung an faktische Unterhaltsleistungen

Vereinzelt wird in Zusammenhang mit der Begründung eines Unterhaltsverhältnisses zwischen Stiefelternteil und Stiefkind die Frage nach der Freiwilligkeit der Begründung eines solchen Verhältnisses aufgeworfen.[762]

Kritisiert wird dabei, dass durch die Anknüpfung an rein faktische Unterhaltsleistungen die Freiwilligkeit der Beteiligten außer Acht gelassen werde.[763] Es sei problematisch, von der faktischen Existenz von Unterhaltsbeziehungen auf den Willen, ein Eltern-Kind-Verhältnis zu begründen, zu schließen.[764]

---

[758] S. hierzu auch 1.2.1.1.;
[759] 梁书文 / 黄赤东 (Liang Shuwen / Huang Chidong), a.a.O., S. 262; 杨大文 (Yang Dawen), a.a.O., S. 260 f.;
[760] S. hierzu auch 2.4.;
[761] S. hierzu auch 2.5.;
[762] Vgl. 杨大文 (Yang Dawen), a.a.O., S. 260;
[763] Kritik wieder gegeben von 杨大文 (Yang Dawen), s.o.;
[764] Kritik wieder gegeben von 杨大文 (Yang Dawen), s.o.;

Der vorerwähnten Kritik lässt sich jedoch zunächst grundsätzlich entgegen halten, dass die Anerkennung faktischer Beziehungen als rechtswirksam in der Rechtspraxis der VR China keinesfalls unüblich ist. Dies gilt etwa für die in der Vergangenheit gewährte Anerkennung einer faktischen Adoption. Das Adoptionsverhältnis ist gegenwärtig gemäß § 15 AdoptG generell registrierungspflichtig. Obwohl Anhaltspunkte für eine vorübergehende Anerkennung des faktischen Adoptionsverhältnisses sprechen, wenn dieses vor Inkrafttreten des Adoptionsgesetzes am 1.4.1992 begründet worden ist,[765] bestimmt § 25 AdoptG nunmehr jedoch ausdrücklich die Unwirksamkeit eines Verhaltens, das gegen die Bestimmungen des Adoptionsgesetzes verstößt.

Ferner wird gegenwärtig in der VR China weiterhin unter bestimmten Umständen eine faktische Ehe (事实婚姻) als rechtswirksam anerkannt.[766] Eine faktische Ehe liegt jedenfalls dann vor, wenn die gemäß § 8 erforderliche Registrierung der Ehe nicht erfolgt ist.[767] Faktische Ehen sind zunächst bis zur Durchführung der zwischenzeitlich bereits wieder außer Kraft getretenen[768] Bestimmungen über die Verwaltung der Eheregistrierungen v. 1.2.1994[769] in der justiziellen Praxis unter bestimmten Voraussetzungen anerkannt und als rechtswirksam behandelt worden.[770] Sodann bestimmte § 24 der vorgenannten Bestimmungen[771] die absolute Unwirksamkeit faktischer Ehen. Gemäß Ziff. 4 des *Ersten Teiles der Erläuterungen des Obersten Volksgerichts betreffend einige Fra-*

---

[765] Dies ergibt sich aus Ziff. 14 von *Einigen konkreten Ansichten des Obersten Volksgerichts über die Behandlung der Frage des Kindesunterhalts bei der gerichtlichen Verhandlung von Scheidungsfällen durch die Volksgerichte* (最高人民法院关于人民法院审理离婚案件处理子女抚养问题的若干具体意见) v. 3.11.1993, a.a.O., S. 232;

[766] Vgl. ausführlich zu den faktischen Ehen aus der neueren Literatur etwa 叶英萍，婚姻法学新探 (Ye Yingping, Neue Untersuchungen zum Studium des Eherechts), S. 147 ff.;

[767] Vorschriften betreffend die Registrierung der Ehe waren bereits in der chinesischen Sowjetrepublik und den Grenzgebieten erlassen worden, vgl. z.B. § 8 Ehebestimmungen d. chin. Sowjetrepublik v. 1.12.1931, a.a.O., engl. Übersetzung von M.J. Meijer, a.a.O., S. 281 f.; ferner § 8 Ehegesetz d. chin. Sowjetrepublik v. 8.4.1934, engl. Übersetzung von M.J. Meijer, a.a.O., S. 283 f. (283). Die ersten nach Gründung der VR China am 1.10.1949 erlassenen Registrierungsbestimmungen stammen aus dem Jahr 1955. In der Folge wurden vom Ministerium für Zivilverwaltung ferner 1980 sowie 1986 neue Bestimmungen erlassen.

[768] Am 1.10.2003 sind in der VR China neue Eheregistrierungsbestimmungen in Kraft getreten; vgl. für den chin. Text: http://www.chinalaw114.com/chinafa/shownews.asp?id=7728, dt. Übersetzung von Stadtmann, FamRZ 2004, S. 1775 ff.;

[769] „婚姻登记管理条例"□常用婚姻家庭法律法规 (Gebräuchliche Gesetze und Bestimmungen des Ehe- und Familienrechts), S. 154 ff.;

[770] Vgl. zu näheren Einzelheiten insbesondere die *Ansichten des Obersten Volksgerichts betreffend die Behandlung von Fällen, in denen die Beteiligten ohne Registrierung der Ehe als Ehegatten zusammenleben (*最高人民法院关于人民法院审理未办结婚登记而以夫妻名义同居生活案件的若干意见) v. 21.11.1989, 常用婚姻家庭法律法规 (Gebräuchliche Gesetze und Bestimmungen des Ehe- und Familienrechts), S. 202 ff.;

[771] S.o. „婚姻登记管理条例", a.a.O.;

gen der Anwendung des „Ehegesetzes der VR China“ v. 24.12.2001[772] ist die Eheregistrierung auch gegenwärtig weiterhin grundsätzlich die Voraussetzung einer rechtswirksamen Ehe, wobei der Mangel der fehlenden Registrierung jedoch durch die Nachholung der Registrierung geheilt werden kann. Die nachgeholte Registrierung wirkt dabei auf den Zeitpunkt zurück, in dem die Ehegatten die materiellen Ehevoraussetzungen erfüllt haben.[773] Gemäß den Ziff. 5, 6 der vorgenannten Erläuterungen[774] wird ferner im Rahmen der gerichtlichen Scheidung sowie in Bezug auf das Erbrecht des Ehegatten danach unterschieden, ob die als Ehegatten Zusammenlebenden bereits vor Inkrafttreten der Eheregistrierungsbestimmungen v. 1.2.1994 die materiellen Ehevoraussetzungen erfüllt haben. Ist dies der Fall, wird eine faktische Ehe anerkannt.[775] Liegen die materiellen Ehevoraussetzungen jedoch erst zu einem späteren Zeitpunkt vor, ist die faktische Ehe nicht rechtswirksam, wobei dieser Mangel jedoch ggf. durch Nachholung der Eheregistrierung heilbar ist.[776]

Die Registrierungspflicht der Ehe hat dabei insbesondere die Funktion, die Ehefreiheit zu gewährleisten.[777] Im Unterschied zur Ehe besteht – nach dem gegenwärtigen Recht der VR China – keine Registrierungspflicht des Unterhaltsverhältnisses. Insbesondere wurde die Registrierungspflicht der Unterhaltsbereitschaft des Stiefvaters in der chinesischen Sowjetrepublik[778] nicht in das Ehegesetz der VR China übernommen.

Nachdem also die justizielle Praxis faktische Verhältnisse unter Umständen auch gegenwärtig sogar dann noch als rechtswirksam anerkennt, wenn diese – wie im Falle der faktischen Ehe – unter Verletzung einer expliziten Registrierungspflicht bestehen, spricht grundsätzlich erst recht nichts gegen die Anknüpfung von gegenseitigen Rechten und Pflichten an faktische Verhältnisse, für die eine solche Registrierungspflicht – zumindest gegenwärtig – gar nicht besteht. Die Begründung der gegenseitigen Rechte und Pflichten beruht auch im Verhältnis von Stiefelternteil und Stiefkind auf den faktischen Verhältnissen, d.h. wer langfristig wie ein Elternteil und dessen leibliches Kind zusammen lebt, soll im Verhältnis zueinander auch die entsprechenden Rechte und Pflichten haben.

---

[772] 最高人民法院关于适用“中华人民共和国婚姻法”若干问题的解释（一）, a.a.O.;
[773] S.o. Ziff. 4, a.a.O.;
[774] S.o.;
[775] S.o. Ziff. 5, 6;
[776] S.o.;
[777] Vgl. z.B. 梁书文 / 黄赤东 (Liang Shuwen / Huang Chidong), a.a.O., S. 130;
[778] Vgl. § 16 Ehebestimmungen d. chin. Sowjetrepublik v. 1.12.1931, a.a.O., engl. Übersetzung von M.J. Meijer, a.a.O., S. 281 f., sowie § 18 EheG d. chin. Sowjetrepublik v. 8.4.1934, engl. Übersetzung von M.J. Meijer, a.a.O., S. 283 f.; s. hierzu auch Kapitel 1, III.1.1.2.2.1. sowie 2.2.3.;

Ein Verstoß gegen die Freiwilligkeit erscheint im Rahmen eines Unterhaltsverhältnisses zwischen Stiefelternteil und Stiefkind jedenfalls aus der Perspektive dessen, der die Unterhaltsleistungen faktisch und damit freiwillig erbringt, ausgeschlossen. Wenn man die Begründung eines Unterhaltsverhältnisses auch durch Leistungen des Stiefkindes anerkennt,[779] dann ist auch die Freiwilligkeit des unterhaltsempfangenden Stiefelternteiles ohne weiteres gegeben. Problematisch erscheint jedoch die Freiwilligkeit des minderjährigen Stiefkindes im Hinblick auf die Begründung eines Unterhaltsverhältnisses durch Leistungen des Stiefelternteiles. Das Stiefkind ist im Rahmen der Begründung eines Unterhaltsverhältnisses gegenwärtig – verglichen mit dem Adoptivkind – insoweit schlechter gestellt, als für eine wirksame Adoption gemäß § 11 AdoptG das Einverständnis eines Kindes nach Vollendung des 10. Lebensjahres erforderlich ist. Insoweit könnte in Bezug auf die Begründung des Unterhaltsverhältnisses etwa durch eine Angleichung an das Adoptionsrecht Abhilfe geschaffen werden.

5. Vermehrung der Pflichten des Stiefkindes

Gegen das Institut des Unterhaltsverhältnisses wird nicht zuletzt auch eingewandt, dass hierdurch die Pflichten der Eltern gemindert werden, während sich die Pflichten des Stiefkindes vermehren.[780] Die Zunahme der Pflichten des Kindes folgt aus dem Fortbestand der Rechte und Pflichten des Kindes im Verhältnis zu seinen leiblichen Eltern unabhängig von der Begründung eines Unterhaltsverhältnisses mit dem Stiefelternteil.[781] Hierbei handelt es sich um den entscheidenden Unterschied des Unterhaltsverhältnisses zwischen Stiefelternteil und Stiefkind einerseits und dem Adoptionsverhältnis andererseits. Andererseits wird der Elternteil, der nicht mit dem Stiefelternteil verheiratet ist, faktisch in dem Umfang vom Kindesunterhalt entlastet, in dem der Stiefelternteil Unterhaltsleistungen erbringt. Insoweit ist jedoch auch zu beachten, dass mit der Zunahme von Pflichten – wie etwa der Unterhaltspflicht – auch eine Zunahme von Rechten – wie etwa dem Erbrecht – korrespondiert. Ferner ist eine Verringerung der Pflichten des Stiefkindes im Verhältnis zum Stiefelternteil grundsätzlich durch die Aufhebung des Unterhaltsverhältnisses möglich.[782]

---

[779] S. hierzu auch III.1.2.2.;
[780] 梁书文 / 黄赤东 (Liang Shuwen / Huang Chidong), a.a.O., S. 633; 杨大文 (Yang Dawen), a.a.O., S. 260;
[781] S. hierzu auch III.2.2.;
[782] S. allgemein zur Aufhebung des Unterhaltsverhältnisses auch IV.2.;

6. Die Adoption des Stiefkindes

Zur Vermeidung der vorgenannten Nachteile im Hinblick auf die Begründung, den Fortbestand und die Rechtsfolgen eines Unterhaltsverhältnisses zwischen Stiefelternteil und Stiefkind wird in der Literatur vielfach die Adoption des Stiefkindes durch den Stiefelternteil vorgeschlagen.[783]

Die Voraussetzungen zur Begründung eines Adoptionsverhältnisses sind im Adoptionsgesetz ausdrücklich geregelt, insbesondere entfaltet die Adoption gemäß § 15 AdoptG erst mit der Registrierung Rechtswirkungen. Die Tatsache und der Zeitpunkt der Begründung eines Adoptionsverhältnisses sind somit – anders als im Falle der Begründung eines Unterhaltsverhältnisses – zweifelsfrei feststellbar. Die Adoption des Stiefkindes ist dabei unter bestimmten Erleichterungen möglich, die sich aus § 14 AdoptG[784] ergeben. Zu einer Adoption des Stiefkindes durch den Stiefelternteil ist aber nicht nur die Zustimmung des Kindes nach Vollendung des 10. Lebensjahres,[785] sondern vor allem auch die Zustimmung *beider* leiblicher Elternteile erforderlich. Gerade dieses Zustimmungserfordernis wird als problematisch angesehen.[786] Es besteht somit die Gefahr, dass die Begründung eines Adoptionsverhältnisses zur Vermeidung der vorgenannten Nachteile des Unterhaltsverhältnisses hieran scheitert.

Das Verhältnis zwischen dem Stiefelternteil und dem von diesem unterhaltenen Stiefkind wurde in der Vergangenheit auch als *faktisches Adoptionsverhältnis* bezeichnet.[787] Selbst wenn Anhaltspunkte für eine vorübergehende Anerkennung des faktischen Adoptionsverhältnisses sprechen, wenn dieses vor Inkrafttreten des Adoptionsgesetzes am 1.4.1992 begründet worden ist,[788] sieht das

---

[783] 梁书文 / 黄赤东 (Liang Shuwen / Huang Chidong), a.a.O., S. 262, 633; 王丽萍，婚姻家庭继承法学 (Wang Liping, Studium des Ehe-, Familien- und Erbrechts), S. 203; 王丽萍，婚姻家庭法律制度研究 (Wang Liping, Studium des Ehe- und Familienrechtssystems), S. 220; 杨大文，(Yang Dawen), a.a.O., S. 260, 290; 张贤钰 (Zhang Xianyu), a.a.O., S. 144;

[784] § 14 AdoptG ermöglicht insbesondere eine Befreiung von der grundsätzlichen Voraussetzung, dass eine Adoption des Kindes nur erfolgt, wenn die leiblichen Eltern zum Unterhalt nicht in der Lage sind, vgl. § 4 Ziff. 3, § 5 Ziff. 3 AdoptG. Ferner wird eine Befreiung von dem grundsätzlichen Erfordernis der Kinderlosigkeit des Annehmenden, vgl. § 6 Ziff. 1 AdoptG, sowie der Altersgrenze von 14 Jahren für den Anzunehmenden erteilt.

[785] Nämlich wenn das Kind das 10. Lebensjahr vollendet hat, vgl. § 11 S. 2 AdoptG;

[786] 杨大文 (Yang Dawen), a.a.O., S. 260 f.;

[787] Chen, Hwei-Syin, a.a.O., S. 108 m.w.N.; Wohlgemuth, Vom Ahnenkult zum Kindeswohl, ROW 1988, S. 356;

[788] Dies ergibt sich aus Ziff. 14 von *Einigen konkreten Ansichten des Obersten Volksgerichts über die Behandlung der Frage des Kindesunterhalts bei der gerichtlichen Verhandlung von Scheidungsfällen durch die Volksgerichte* (最高人民法院关于人民法院审理离婚案件处理子女抚养问题的若干具体意见) v. 3.11.1993, a.a.O., S. 232;

Adoptionsgesetz jedoch gegenwärtig in § 15 Abs. 1 S. 1 die generelle Registrierungspflicht für alle Adoptionsverhältnisse vor[789] und bestimmt ferner, dass alle Adoptionsverhältnisse, die gegen eine Bestimmung des Adoptionsgesetzes verstoßen, unwirksam sind, vgl. § 25 Abs. 1. Ein faktisches Adoptionsverhältnis kann demnach zumindest nach gegenwärtigem Recht in der VR China nicht mehr wirksam begründet werden.

Die faktische Adoption findet sich auch bereits in § 1079 ZGB[790]. Demnach war für die Adoption eines Kindes grundsätzlich die Schriftform erforderlich. Etwas anderes galt aber in dem Fall, dass das Kind von klein auf unterhalten worden ist. Das faktische Unterhaltsverhältnis führte nach dieser Bestimmung zu einer faktischen Adoption. Wenngleich § 1079 ZGB nicht ausdrücklich auf das Verhältnis von Stiefelternteil und Stiefkind zugeschnitten war, dürfte die vorgenannte Bestimmung doch typischerweise auch diese Fälle erfasst haben.

7. Stellungnahme

Bei dem Unterhalt des Kindes durch seine leiblichen Eltern auch nach deren Scheidung handelt es sich um den auch vom Gesetzgeber angenommenen Normalfall. § 36 Abs. 1 S. 1 stellt deklaratorisch klar, dass die Beziehungen zwischen Eltern und Kindern nicht infolge der Scheidung erlöschen. Ferner ergibt sich aus § 36 Abs. 2[791] ausdrücklich, dass die Eltern auch nach der Scheidung gegenüber den Kindern weiterhin das Recht und die Pflicht zum Unterhalt und zur Erziehung haben.

Es stellt sich daher die Frage, ob es für das Unterhaltsverhältnis zwischen Stiefelternteil und Stiefkind überhaupt ein Bedürfnis gibt.

Für das vorgenannte Institut spricht dabei zunächst, dass es sich bei dem Unterhalt des Stiefkindes durch einen Stiefelternteil, respektive den Stiefvater, um einen festen Bestandteil im Recht der VR China handelt. Dabei haben die Ehegesetze der VR China jedoch – im Unterschied etwa zu den Ehebestimmungen des Shan-Gan-Ning-Grenzgebietes v. 4.4.1939[792] – keine generelle Unterhaltspflicht des Stiefvaters gegenüber den von der Mutter in die Ehe eingebrachten Kindern statuiert. Es besteht vielmehr nach dem Recht der VR China die Mög-

---

[789] Nach vorheriger Rechtslage war lediglich die Adoption von Findel- und Waisenkindern registrierungspflichtig, vgl. § 15 Abs. 1 AdoptG a.F.;

[790] Vgl. hierzu Codex Juris Civilis Reipublicae Sinicae, S. 162;

[791] Vgl. hierzu bereits den identischen Wortlaut von § 29 Abs. 2 EheG v. 1980 a.F.;

[792] a.a.O., engl. Übersetzung von M.J. Meijer, a.a.O., S. 285 ff.; s. hierzu auch Kapitel 1, IV.2.;

lichkeit der freiwilligen Begründung eines Unterhaltsverhältnisses zwischen Stiefelternteil und Stiefkind, wobei diese Begriffe im Ehegesetz v. 1980 a.F. erstmals verwandt worden sind. Ferner erfolgte durch die Einführung einer allgemeinen Verweisungsnorm in § 21 Abs. 2 EheG v. 1980 a.F. auf die Rechte und Pflichten im Verhältnis von Eltern und Kindern de lege lata eine Gleichstellung von leiblichen Kindern und den von dem Stiefelternteil unterhaltenen und erzogenen Stiefkindern.[793] Die ursprünglich singuläre Regelung des Kindesunterhalts durch den Stiefelternteil ist damit zu einem Unterhaltsverhältnis mit umfassenden gegenseitigen Rechten und Pflichten von Stiefelternteil und Stiefkind ausgestaltet worden.

Das Unterhaltsverhältnis und die damit verbundenen gegenseitigen Rechte und Pflichten von Stiefelternteil und Stiefkind dürften sich regelmäßig positiv auf die Integration der neu gebildeten Familie auswirken. Darüber hinaus trägt das Unterhaltsverhältnis auch der Daseinsvorsorge der älteren Generation Rechnung, indem das zunächst vom Stiefelternteil unterhaltene Stiefkind seinerseits zum Unterhalt des bedürftigen Stiefelternteiles verpflichtet ist.

Andererseits ist das Unterhaltsverhältnis gerade auch aus der Perspektive des Stiefkindes mit einer Vermehrung gegenseitiger Rechte und Pflichten verbunden. Es unterscheidet sich mit anderen Worten im Wesentlichen dadurch vom Adoptionsverhältnis, dass die Rechte und Pflichten im Verhältnis zu beiden leiblichen Elternteilen erhalten bleiben.

Abhilfe kann in diesem Zusammenhang – wie auch betreffend die übrigen vorgenannten Kritikpunkte – zwar grundsätzlich im Wege der Adoption des Stiefkindes durch den Stiefelternteil geschaffen werden, wobei eine solche Adoption auch unter erleichterten Bedingungen möglich ist, vgl. insbesondere § 14 AdoptG. Unverzichtbar ist allerdings ebenfalls gemäß § 14 AdoptG die Zustimmung beider leiblicher Elternteile. Sollte eine Adoption also – insbesondere mangels der Zustimmung eines Elternteiles – nicht zustande kommen, stellt das Unterhaltsverhältnis zwischen Stiefelternteil und Stiefkind eine Möglichkeit dar, das faktische Eltern-Kind-Verhältnis zwischen den Vorgenannten im Interesse beider Beteiligter dennoch mit den entsprechenden Rechtsfolgen auszustatten.

Insoweit besteht jedoch im Interesse der Rechtssicherheit bezüglich der Begründung, Aufhebung und den jeweiligen Rechtsfolgen im bereits dargelegten Umfang das Bedürfnis nach gesetzlichen Regelungen.

---

[793] 巫昌祯 (Wu Changzhen), a.a.O., S. 234;

Literaturverzeichnis

Teil 1: Publikationen in chinesischer Sprache

北京外国语学院德语系 编写组编 — 新汉德词典，北京，1988
Beijing Waiguoyu Xueyuan Deyuxi (Hrsg.) — Das neue chinesisch-deutsche Wörterbuch, Beijing, 1988

曹诗权 主编 — 婚姻家庭继承法学(修订本)，北京:中国法制出版社，2002
Cao Shiquan (Hrsg.) — Studium des Ehe-, Familien- und Erbrechts (überarbeitete Auflage), Beijing, Zhongguo Fazhi Chubanshe, 2002

陈智慧 / 李学兰 编著 — 婚姻，收养，监护与继承，上海:复旦大学出版社，1997
Chen Zhihui / Li Xuelan — Ehe, Adoption, Vormundschaft und Erbschaft, Shanghai, Fudan Daxue Chubanshe, 1997

郭明瑞 / 房绍坤 著 — 继承法(第二版)，北京:法律出版社，2003
Guo Mingrui / Fang Shaokun — Erbrecht (2. Aufl.), Beijing, Falü Chubanshe, 2003

梁花生 主编 — 汉德经济和经济法词典，北京：中国对外翻译出版公司，1997
Liang Huasheng (Hrsg,) — Chinesisch-deutsches Wörterbuch für Wirtschaft und Wirtschaftsrecht, Beijing, Zhongguo Duiwai Fanyi Chuban Gongsi, 1997

梁书文 / 黄赤东 主编 — 婚姻收养继承法及配套规定新释新解，北京：中国民主法制出版社，1999
Liang Shuwen / Huang Chidong (Hrsg.) — Neue Erläuterungen und Interpretationen des Ehe-, Adoptions- sowie Erbrechts und der Zusatzbestimmungen, Beijing, Zhongguo Minzhu Fazhi Chubanshe, 1999

马小红	礼与法, 北京：经济管理出版社，1997
Ma Xiaohong	Riten und Recht Beijing, Jingji Guanli Chubanshe, 1997
沈东平 / 张杰 主编	最新中国民用法律全书，广州：广东旅游出版社，1996
Shen Dongping / Zhang Jie (Hrsg.)	Neuestes vollständiges Buch über das chinesische Zivilrecht, Guangzhou, Guangdong Lüyou Chubanshe, 1996
宋凯楚 著	违法婚姻论，北京:人民法院出版社，1990
Song Kaichu	Abhandlung über gesetzwidrige Ehen, Beijing, Renmin Fayuan Chubanshe, 1990
王歌雅 著	抚养与监护纠纷的法律救济，北京：法律出版社，2001
Wang Geya	Rechtliche Unterstützung bei Unterhalts- und Vormundschaftsstreitigkeiten, Beijing, Falü Chubanshe, 2001
王洪 著	婚姻家庭法，北京:法律出版社，2003
Wang Hong	Ehe- und Familienrecht, Beijing, Falü Chubanshe, 2003
王丽萍 著	婚姻家庭法律制度研究，济南:山东人民出版社，2004
Wang Liping	Studium des Ehe- und Familienrechtssystems, Jinan, Shandong Renmin Chubanshe, 2004
王丽萍 主编	婚姻家庭继承法学，北京：北京大学出版社，2004
Wang Liping (Hrsg.)	Studium des Ehe-, Familien- und Erbrechts, Beijing, Beijing Daxue Chubanshe, 2004

巫昌祯 主编 婚姻与继承法学, 北京：中国政法大学出版社，1998

Wu Changzhen (Hrsg.) Studium des Ehe- und Erbrechts, Beijing, Zhongguo Zhengfa Daxue Chubanshe 1998

夏吟兰 / 何俊萍 主编 婚姻家庭法教程，北京：中国政法大学出版社，1999

Xia Yinlan / He Junping (Hrsg.) Lehrbuch des Ehe- und Familienrechts, Beijing, Zhongguo Zhengfa Daxue Chubanshe 1999

杨大文 主编 婚姻法学(第二版)，北京:法律出版社，1997

Yang Dawen (Hrsg.) Studium des Eherechts (2. Aufl.), Beijing, Falü Chubanshe, 1997

杨大文 主编 亲属法，北京：法律出版社，1997

Yang Dawen (Hrsg.) Recht der Verwandten, Beijing, Falü Chubanshe, 1997

杨一凡 / 陈寒枫 主编 中华人民共和国法制史，呵尔滨：黑龙江人民出版社，1997

Yang Yifan / Chen Hanfeng (Hrsg.) Geschichte des Rechtssystems der Volksrepublik China, Harbin, Heilongjiang Chubanshe, 1997

叶英萍 著 婚姻法学新探，北京：法律出版社，2004

Ye Yingping Neue Untersuchungen zum Studium des Eherechts, Beijing, Falü Chubanshe, 2004

于静 著 家庭法新论，广州：广东人民出版社，1998

Yu Jing Neue Abhandlung über das Familienrecht, Guangzhou, Guangdong Renmin Chubanshe, 1998

曾庆敏 主编	法学大辞典，上海： 上海辞书出版社，1998
Zeng Qingmin (Hrsg.)	Großes Wörterbuch der Rechtswissenschaft, Shanghai, Shanghai Qunshu Chubanshe, 1998
张海尚 编著	婚姻法实用读本，北京： 中国法制出版社，1999
Zhang Haishang	Praktisches Lesebuch des Eherechts, Beijing, Zhongguo Fazhi Chubanshe, 1999
张晋藩 主编	中国法制史，北京： 群众出版社，1998
Zhang Jinfan (Hrsg.)	Geschichte des Rechtssystems Chinas, Beijing, Qunzhong Chubanshe, 1998
张晋藩 著	清代民法综论, 中国政法大学 出版社
Zhang Jinfan	Zusammenfassende Abhandlung über das Zivilrecht der Qing-Dynastie, Zhongguo Zhengfa Daxue Chubanshe (ohne Angabe von Erscheinungsort u. -jahr)
张希坡 著	中国婚姻立法史，北京： 人民出版社，2004
Zhang Xipo	Geschichte der Ehegesetzgebung Chinas, Beijing, Renmin Chubanshe, 2004
张贤钰 主编	婚姻家庭继承法，北京： 法律出版社，1999
Zhang Xianyu (Hrsg.)	Ehe-, Familien- und Erbrecht, Beijing, Falü Chubanshe, 1999
周利民 / 罗水平 / 贺小电 编著	新婚姻法学，北京： 北京大学出版社, 2004
Zhou Limin / Luo Shuiping / He Xiaodian	Studium des neuen Eherechts, Beijing, Beijing Daxue Chubanshe 2004

Teil 2: Publikationen in anderen Sprachen

Bartke, Wolfgang,	Die großen Chinesen der Gegenwart, Frankfurt a.M., 1985
Blaustein (Hrsg.)	Fundamental Legal Documents of Communist China, 1962
Borchard, Dagmar	VR China: Die neuen Verfahrensvorschriften für die Eheregistrierung v. 15.3.1986, Das Standesamt 1987, S. 86 ff.
Boulais, Guy	Manuel du Code Chinois, Taibei, 1966
Bünger, Karl	Zivil- und Handelsgesetzbuch sowie Wechsel- und Scheckgesetz von China, Marburg, 1934
ders.	China, Das Ehegesetz der Volksrepublik von 1950, RabelsZ 16 (1951), S. 112 ff.
Chen Hwei-Syin,	Das chinesische Nichtehelichenrecht und das deutsche Nichtehelichengesetz v. 19.8.1969 in rechtsvergleichender Darstellung
Chow, Ju-Chin	Verlobung und Eheschließung in China, Frankfurt, 1992
Commission of Extra Territoriality (Hrsg.)	The Chinese Supreme Court Decisions, Peking, 1923
Gernet, Jacques,	Die chinesische Welt, Frankfurt, 1999
Engelmann, Herbert	Das chinesische Eherecht, Zeitschrift für vergleichende Rechtswissenschaft (Zfvgl Rw) Bd. 43 (1928), S. 161 ff., 321 ff.
Englert, Siegfried	Materialien zur Stellung der Frau und zur Sexualität im vormodernen und modernen China, Frankfurt a.M, 1980

Escarra, Jean, | Das chinesische Familienrecht in der alten Gesetzgebung und in der neuen Kodifikation, Sinica Bd. 8 (1933), S. 97 ff.

ders. | Recueil des Sommaires de la Jurisprudence de la Cour Suprême de la République de Chine en matière civile et commerciale (1912–1918), Chang-Hai (Shanghai), 1925

Hoang, Pierre | Le marriage chinois au point de vue légal, Variétés sinologiques No 14, Chang-Hai, 1898

Jarre, Cyrillo Rudolfo (Hrsg.) | Codex Juris Civilis Reipublicae Sinicae, Tsinanfu, 1934

Jones, William C. | The Great Qing Code, Oxford, 1994

Keßler, Wolfgang | Neue Registrierungsvorschriften zum Ehegesetz der Volksrepublik China vom 10. September 1980, Das Standesamt 1982, S. 195 ff.

Manthe, Ulrich | Erbrechtsgesetz der Volksrepublik China, WGO-Monatshefte für osteuropäisches Recht 26 / 27 (1984 / 1985), S. 378 ff.

ders. | Das Erbrechtsgesetz der VR China, Osteuroparecht 31 (1985), S. 200 ff.

ders. | Bürgerliches Recht und Bürgerliches Gesetzbuch in der Volksrepublik China, Jahrbuch für Ostrecht 28 (1987), S. 11 ff.

ders. | Die Rechtsentwicklung Chinas im 20. Jahrhundert, Berliner China-Hefte, Nr. 22, 2002, S. 3 ff.

Mäding, Klaus | Chinesisches traditionelles Erbrecht unter besonderer Berücksichtigung südostchinesischen Gewohnheitsrechts vom Ende des 19. Jahrhunderts, Berlin, 1966

Meijer, M.J., — Marriage Law and Policy in the Chinese People`s Republic, Hong Kong, 1971

Mi Jian, — Die chinesische traditionelle Kultur und das gegenwärtige Rechtssystem, ZfRV (30), Heft 1, S. 24 ff.

Münzel, Frank — Chinas Recht, (Loseblattsammlung), Hamburg, 1983 ff.

Palandt — Bürgerliches Gesetzbuch, verschiedene Bearbeiter, 65. Aufl., München, 2006

Stadtmann, Dunja — Die neuen Eheregistrierungsbestimmungen der Volksrepublik China – Übersetzung und Einführung, FamRZ 2004, S. 1775 ff.

van der Valk, Marc — An outline of modern Chinese family law, Beijing, 1939

von Möllendorff, P.G. — Das chinesische Familienrecht, Schanghai 1895

von Senger, Harro — in: Bergmann / Ferid / Henrich, (Loseblattsammlung), Internationales Ehe- und Kindschaftsrecht, Länderteil China, Frankfurt a.M., 1990

Wang Hai-nan — Das chinesische Adoptionsrecht (Dissertation), Bonn, 1987

Wang Chenguang / Zhang Xianchu (Hrsg.) — Introduction to Chinese Law, Hong Kong, 1997

Weggel, Oskar — Chinesische Rechtsgeschichte, Handbuch der Orientalistik, 4. Abtlg., Bd. 6, China, H. Franke (Hrsg.), Leiden / Köln, 1980

Weigelin-Schwiedrzik, S. — Vorlesung *Einführung in die chinesische Geschichte* im Sommersemester 2000, <http://www.sino.uni-heidelberg.de/staff/sws/ws0102/histovor5.doc>

Wilhelm, Richard	Li Gi, Das Buch der Riten, Sitten und Bräuche, München, 1981
Wohlgemuth, Arno	Vom Ahnenkult zum Kindeswohl: Die Adoption im Familien- und Kollisionsrecht der Volksrepublik China, ROW 1988, S. 352 ff.
ders.	Volksrepublik China: Adoptionsgesetz, StAZ 1992, S. 253 ff.

Anhang

Rechtsquellenübersicht (Auswahl in chronologischer Reihenfolge)

Recueil des Sommaires de la Jurisprudence de la Cour Suprême de la République de Chine en matière civile et commerciale (1912–1918), vgl. Literaturverzeichnis, Escarra, Jean

The Chinese Supreme Court Decisions, vgl. Literaturverzeichnis Commission of Extra Territoriality (Hrsg.)

Codex Juris Civilis Reipublicae Sinicae, vgl. Literaturverzeichnis Jarre, Cyrillo Rudolfo (Hrsg.)

中华苏维埃共和国婚姻条例
(Ehebestimmungen der chinesischen Sowjetrepublik) v. 1.12.1931, 中央革命根据地史料收集，第二册，江西人民出版社，1982 (Sammlung von historischem Material der zentralen revolutionären Stützpunktgebiete, Bd. 2, Jiangxi Volksverlag, 1982) S. 194 ff.; für die engl. Übersetzung vgl. Literaturverzeichnis M.J. Meijer, a.a.O., S. 281 f.

中华苏维埃共和国土地法
(Bodengesetz der chinesischen Sowjetrepublik) v. 1.12.1931, für eine inhaltliche Zusammenfassung vgl. 法学大辞典 (Großes Wörterbuch der Rechtswissenschaft), S. 172

中华苏维埃共和国婚姻法
(Ehegesetz der chinesischen Sowjetrepublik) v. 8.4.1934, für die engl. Übersetzung vgl. Literaturverzeichnis M.J. Meijer, a.a.O., S. 283 f.

陕甘宁边区婚姻条例
(Ehebestimmungen des Shan-Gan-Ning-Grenzgebietes) v. 4.4.1939, 陕甘宁边区政府文件收集，第一册，档案出版社，1986 (Sammlung von Regierungsdokumenten des Grenzgebietes Shan-Gan-Ning, Heft 1, Dangan-Verlag, 1986), S. 221 ff.; für die engl. Übersetzung vgl. Literaturverzeichnis M.J. Meijer, a.a.O., S. 285 ff.

中华人民共和国婚姻法
(Ehegesetz der VR China) v. 1950 a.F., für die dt. Übersetzung vgl. Literaturverzeichnis Bünger, Karl, a.a.O.

中华人民共和国婚姻法
(Ehegesetz der VR China) v. 1980 a.F., für die dt. Übersetzung vgl. Literaturverzeichnis von Senger in Bergmann / Ferid / Henrich, a.a.O., S. 120 ff.

中华人民共和国民法通则
(Allgemeine Grundsätze des Zivilrechts der VR China) v. 12.4.1986, vgl. für den chin. Text 中华人民共和国国务院公报 (Amtsblatt des Staatsrates der VR China) 1986, S. 288 ff. sowie die dt. Übersetzung von Münzel, Chinas Recht, 12.4.86/1

中华人民共和国收养法
(Adoptionsgesetz der VR China) v. 4.11.1998, vgl. für den chin. Text 常用婚姻家庭法律法规 (Gebräuchliche Gesetze und Bestimmungen des Ehe- und Familienrechts), S. 359 ff. sowie für die dt. Übersetzung Münzel, Chinas Recht, 4.11.98/1

中华人民共和国婚姻法
(Ehegesetz der VR China) v. 28.4.2001, vgl. für den chin. Text 人民日报 (Volkstageszeitung) v. 1.5.2001 sowie für die dt. Übersetzung Münzel, Chinas Recht, 10.9.80/1

中华人民共和国婚姻登记条例
(Eheregistrierungsbestimmungen der VR China) in Kraft seit dem 1.10.2003, vgl. für den chin. Text http://www.chinalaw114.com/chinafa/shownews.asp?id=7728 sowie für die dt. Übersetzung Stadtmann, FamRZ 2004, S. 1775 ff.

最高人民法院对于婚姻法第二十五条规定生活费问题的意见
(Ansichten des Obersten Volksgerichts betreffend Fragen des Beitrags zum Lebensunterhalt gemäß § 25 Ehegesetz) v. 25.6.1951, 中华人民共和国最高人民法院司法解释全集 (Gesamtausgabe der justiziellen Erläuterungen des Obersten Volksgerichts der Volksrepublik China), S. 1137 f.

最高人民法院华东分院关于父母子女间的法律关系可否声请脱离问题的批复
(Schriftliche Antwort der Außenstelle Huadong des Obersten Volksge-richts betreffend die Frage, ob die Aufhebung der rechtlichen Beziehungen zwischen Eltern und Kindern beantragt werden kann) v. 2.11.1951, 中华人民共和国最高人民法院司法解释全集 (Gesamtausgabe der justiziellen Erläuterungen des Obersten Volksgerichts der VR China), S. 1138 f.

最高人民法院关于郭修已与王曹氏争儿子案应如何处理的批复
(Schriftliche Antwort des Obersten Volksgerichts betreffend die Frage der Behandlung des Falles von Guo Xiuyi und Wang geb. Cao, die um den Sohn streiten) v. 20.7.1953, 中华人民共和国最高人民法院司法解释全集 (Gesamtausgabe der justiziellen Erläuterungen des Obersten Volksgerichts der Volksrepublik China), S. 1139

最高人民法院对小孩抚养问题的解答
(Antwort des Obersten Volksgerichts betreffend die Frage des Kindesunterhalts) v. 22.9.1955, 中华人民共和国最高人民法院司法解释全集 (Gesamtausgabe der justiziellen Erläuterungen des Obersten Volksgerichts der Volksrepublik China), S. 1139

最高人民法院关于徐秀梅所生的小孩应如何断定生父问题的复函
(Antwort des Obersten Volksgerichts betreffend die Frage, wie der leibliche Vater des von Xu Xiumei geborenen Kindes bestimmt werden soll) v. 25.9.1956, 中华人民共和国最高人民法院司法解释全集 (Gesamtausgabe der justiziellen Erläuterungen des Obersten Volksgerichts der Volksrepublik China), S. 1140

最高人民法院关于对非婚生子女解释的复函
(Antwort des Obersten Volksgerichts betreffend die Erläuterung nichtehelicher Kinder) v. 17.5.1974, 中华人民共和国最高人民法院司法解释全集 (Gesamtausgabe der justiziellen Erläuterungen des Obersten Volksgerichts der Volksrepublik China), S. 1142

天津市高级人民法院关于子女对继母有无赡养义务的请示
(Anweisungsforderung des Höheren Volksgerichts der Stadt Tianjin betreffend das Bestehen oder Nichtbestehen einer Unterhaltspflicht der Kinder gegenüber der Stiefmutter) v. 11.7.1977, 常用婚姻家庭法律法规 (Gebräuchliche Gesetze und Bestimmungen des Ehe- und Familienrechts), S. 378 ff.

天津市高级人民法院关于子女对继母有无赡养义务的请示的补充报告
(Ergänzender Bericht zur Anweisungsforderung des Höheren Volksgerichts der Stadt Tianjin betreffend das Bestehen oder Nichtbestehen einer Unterhaltspflicht der Kinder gegenüber der Stiefmutter) v. 1.11.1978, 常用婚姻家庭法律法规 (Gebräuchliche Gesetze und Bestimmungen des Ehe- und Familienrechts), S. 382

天津市高级人民法院关于赵淑珍诉候国文等三人赡养案的补充意见
(Ergänzende Ansicht des Höheren Volksgerichts der Stadt Tianjin zum Fall betreffend die Forderung von Unterhalt der Zhao Shuzhen von Hou Guowen und weiteren drei Personen) v. 4.10.1979, 常用婚姻家庭法律法规 (Gebräuchliche Gesetze und Bestimmungen des Ehe- und Familienrechts), S. 384 f.

最高人民法院关于子女对继母有无赡养义务的请示的批复
(Schriftliche Antwort des Obersten Volksgerichts auf die Anweisungsforderung betreffend das Bestehen oder Nichtbestehen einer Unterhaltspflicht der Kinder gegenüber der Stiefmutter) v. 2.11.1979, 常用婚姻家庭法律法规 (Gebräuchliche Gesetze und Bestimmungen des Ehe- und Familienrechts), S. 377 f.

最高人民法院关于贯彻执行民事政策法律若干问题的意见
(Ansichten des Obersten Volksgerichts betreffend einige Fragen des Vollzugs ziviler Politik und Gesetze) *v. 30.8.1984*, vgl. für den chin. Text: http://www.chinalaw114.com/chinafa/shownews.asp?id=151.

最高人民法院关于贯彻执行 „中华人民共和国继承法" 若干问题的意见
(Ansichten des Obersten Volksgerichts betreffend einige Fragen der Durchführung und Vollstreckung des Erbrechtsgesetzes der VR China) v. 11.9.1985, 常用婚姻家庭法律法规 (Gebräuchliche Gesetze und Bestimmungen des Ehe- und Familienrechts), S. 514 ff., vgl. hierzu ferner Amtsblatt des Obersten Volksgerichts der VR China 1985/4 v. 20.12.1985, S. 9 ff.

最高人民法院关于继母与生父离婚后仍有权要求已与其形成抚养关系的继子女履行赡养义务的批复
(Schriftliche Antwort des Obersten Volksgerichts betreffend das auch nach der Scheidung von Stiefmutter und leiblichem Vater fortbestehende Recht der Stiefmutter, von dem Stiefkind, mit dem bereits eine Unterhaltsbeziehung begründet worden ist, die Erfüllung der Unterhaltspflicht zu verlangen) v. 21.3.1986, 常用婚姻家庭法律法规 (Gebräuchliche Gesetze und Bestimmungen des Ehe- und Familienrechts), S. 398 ff.

最高人民法院关于继父母与继子女形成的权利义务关系不能自然终止的批复
(Schriftliche Antwort des Obersten Volksgerichts betreffend die Frage, dass die zwischen den Stiefeltern und den Stiefkindern entstandenen Rechte und Pflichten nicht auf natürliche Weise aufgelöst werden können) v. 22.1.1988, 常用婚姻家庭法律法规 (Gebräuchliche Gesetze und Bestimmungen des Ehe- und Familienrechts), S. 403 ff.

最高人民法院关于贯彻执行 „中华人民共和国民法通则" 若干问题的意见
(Ansichten des Obersten Volksgerichts betreffend einige Fragen der Durchführung der Allgemeinen Grundsätze des Zivilrechts der VR China) v. 2.4.1988, 常用婚姻家庭法律法规 (Gebräuchliche Gesetze und Bestimmungen des Ehe- und Familienrechts), S. 21 f.

最高人民法院关于人民法院审理未办结婚登记而以夫妻名义同居生活案件的若干意见
(Ansichten des Obersten Volksgerichts betreffend die Behandlung von Fällen, in denen die Beteiligten ohne Registrierung der Ehe als Ehegatten zusammenleben) v. 21.11.1989, 常用婚姻家庭法律法规 (Gebräuchliche Gesetze und Bestimmungen des Ehe- und Familienrechts), S. 202 ff.

最高人民法院关于夫妻关系存续期间以人工授精所生子女的法律地位的复函
(Antwort des Obersten Volksgerichts betreffend die rechtliche Stellung der Kinder, die während des Bestehens der Ehe durch künstliche Besamung geboren worden sind) v. 8.7.1991, 常用婚姻家庭法律法规 (Gebräuchliche Gesetze und Bestimmungen des Ehe- und Familienrechts), S. 213 f.

最高人民法院关于人民法院审理离婚案件处理子女抚养问题的若干具体意见
(Einige konkrete Ansichten des Obersten Volksgerichts über die Behandlung von Fragen des Kindesunterhalts bei der gerichtlichen Verhandlung von Scheidungsfällen durch die Volksgerichte) v. 3.11.1993, 常用婚姻家庭法律法规 (Gebräuchliche Gesetze und Bestimmungen des Ehe- und Familienrechts), S. 227 ff.

最高人民法院关于适用 "中华人民共和国婚姻法"若干问题的解释 (一)
(Erster Teil der Erläuterungen des Obersten Volksgerichts betreffend einige Fragen der Anwendung des „Ehegesetzes der VR China") v. 24.12.2001, vgl. für den chin. Text http://www.sfsk.net/sf/cyfgk/msfg/29.htm;

Ehebestimmungen der chinesischen Sowjetrepublik v. 1.12.1931
aus: 中央革命根据地史料收集，第二册，江西人民出版社，1982 (Sammlung von historischem Material der zentralen revolutionären Stützpunktgebiete, Bd. 2, Jiangxi Volksverlag, 1982) S. 194 ff.;

中华苏维埃共和国婚姻条例

——中华苏维埃共和国中央执行委员会
第一次会议关于暂行婚姻条例的决议

一九三一年十一月二十八日

在封建统治之下，男女婚姻，野蛮到无人性，女子所受的压迫与痛苦，比男子更甚。只有工农革命胜利，男女从经济上得到第一步解放，男女婚姻关系才随着变更而得到自由。目前在苏区男女婚姻，已取得自由的基础，应确定婚姻以自由为原则，而废除一切封建的包办、强迫与买卖的婚姻制度。

但是女子刚从封建压迫之下解放出来，她们的身体许多受了很大的损害（如缠足）尚未恢复，她们的经济尚未能完全独立，所以关于离婚问题，应偏于保护女子，而把因离婚而起的义务和责任，多交给男子担负。

小孩是新社会的主人，尤其在过去社会习惯上，不注意看护小孩，因此关于小孩的看护有特别的规定。

此条例在一九三一年十二月一日公布实行

中央执行委员会主席　毛泽东
副主席　项　英
张国焘

婚　姻　条　例

第一章　原　　则

第一条：确定男女婚姻，以自由为原则，废除一切封建的包办强迫和买卖的婚姻制度，禁止童养媳。

第二条：实行一夫一妻，禁止一夫多妻。

第二章　结　　婚

第三条：结婚的年龄，男子须满二十岁，女子须满十八岁。

第四条：男女结婚须双方同意，不许任何一方或第三者加以强迫。

第五条：禁止男女在五代以内亲族血统的结婚。

第六条：禁止花柳病，麻疯，肺病等危险性的传染病症人的结婚，如上述症病经医生验明许可者，则仍可以结婚。

第七条：禁止神经病及疯人的结婚。

第八条：男女结婚须同到乡苏维埃或城市苏维埃举行登记，领取结婚证，废除聘金、聘礼及嫁装〔妆〕。

第三章　离　　婚

第九条：确定离婚自由，凡男女双方同意离婚的，即行离婚，男女一方坚决要求离婚的，亦即行离婚。

第十条：男女离婚须向乡苏维埃或城市苏维埃登记。

第四章　离婚后小孩的抚养

第十一条：离婚前所生子女归男子负责抚养，如男女都愿抚养，则归女子抚养。

第十二条：哺乳期内小儿归女子抚养。

第十三条：小孩分得的田地，田地随小孩同走。

第十四条：所有归女子抚养的小孩，由男子担负小孩必需的生活费的三分之二，直到十六岁为止；其支付的办法，或付现金，或代小孩耕种分得的田地。

第十五条：女子再行结婚，其新夫愿养小孩的，小孩的父亲才不负小孩的生活费之责。

第十六条：愿养小孩的新夫，必须向乡苏维埃或城市苏维埃登记，一经登记后，须负抚养成人之责，不得中途停止或虐待。

第五章　离婚后男女财产的处理

第十七条：男女各得田地，财产债务各自处理，在结婚满一年，男女共同经管所增加的财产，男女平分，如有小孩则按人口平分。

第十八条：男女同居所负的公共债务，归男子负责结偿。

第十九条：离婚后男女均不愿意离开房屋时，男子须将他的一部分房子，赁给女子居住。

第二十条：离婚后，女子如未再行结婚，男子须维持其生活，或代种田地，直至再行结婚为止。

第六章　未经结婚登记所生小孩的抚养

第二十一条：未经登记所生的小孩，经证明后，由男子负担小孩生活费三分之二，即第四章之第十一条至十五条均适用。

第七章　附　　则

第二十二条：违反本条例的，按照刑法处以应得之罪。

第二十三条：本条例自公布之日起施行。

中华苏维埃中央执行委员会主席　毛泽东
副主席　项　英
张国焘

Ehebestimmungen des Shan-Gan-Ning-Grenzgebietes v. 4.4.1939
aus: 陕甘宁边区政府文件收集，第一册，档案出版社，1986
(Sammlung von Regierungsdokumenten des Grenzgebietes Shan-Gan-Ning, Heft 1, Dangan-Verlag, 1986), S. 221 ff.;

陕甘宁边区婚姻条例

（一九三九年四月四日公布）

第一章　总　　则

第一条　本条例根据民权主义之根本精神与陕甘宁边区之实际情况而制定之。

第二条　男女婚姻照本人之自由意志为原则。

第三条　实行一夫一妻制，禁止纳妾。

第四条　禁止包办强迫及买卖婚姻，禁止童养媳及童养婚（俗名站年汉）。

第二章　结　　婚

第五条　男女结婚须双方自愿，及有二人之证婚。

第六条　婚姻年龄，男子以满二十岁，女子以满十八岁为原则。

第七条　结婚之双方得向当地乡政府或市政府请求结婚登记，发给结婚证。

第八条　有下列情形之一者，禁止结婚：

(一)直接血统关系者；

(二)患花柳病、麻风病、神经病、瘋癱病等不治之恶疾，经医生证明者。

第九条　有配偶者，未经离婚，不得重为结婚。

第三章　离　　婚

第十条　男女双方愿意离婚者，得向当地乡政府或市政府请求离婚登记。发给离婚证。

第十一条　男女之一方有下列情形之一者，他方得向政府请求离婚。

(一)有重婚之行为者；

(二)感情意志根本不合，无法继续同居者；

(三)与他人通奸者；

(四)虐待他方者；

(五)以恶意遗弃他方者；

(六)图谋陷害他方者；

(七)不能人道者；

(八)患不治之恶疾者；

(九)生死不明过一年者，但在不能通信之地方以二年为期；

(十)有其他重大事由者。

第十二条　凡男女之一方，根据第十一条之理由请求离婚，经乡或市政府考查属实准予离婚者，应通知他方，他方接到通知后无异议表示，方得发给离婚证，他方有异议表示时，则由法院审查其异议，判定准予离婚与否。

第四章　婚姻与子女及财产关系

第十三条　男女离婚前所生之子女未满五岁者，由女方抚养。已满五岁者，随父或随母须尊重子女之意见，父母不得强迫。

第十四条　女方未再结婚，无力维持生活时，归女方抚养之子女生活费，由男方继续负担，至满十六岁为止。

第十五条　女方再婚时带去之子女，由新夫负责抚养教育。

第十六条　非结婚所生之子女，经生母提出证据，证实其生父者，得强制其生父认领，与结婚所生之子女同。

第十七条　非结婚所生之子女，得享受本条例所规定之一切权利，不得抛弃。

第十八条　结婚前男女双方原有之财产及债务得各自处理，结婚后男女双方共同经营，所得财产及所负债务得共同处理之。

第十九条　离婚后，女方未再结婚，因无职业、财产或缺乏劳动力，不能维持生活者，男方须给以帮助，至再婚时为止，但最多以三年为限。

第二十条　凡违犯本条例者，得由当事人向法院控告。或由检察机关提起公诉给以应得之制裁。

第五章　附　　则

第二十一条　本条例解释之权属于边区政府，修改之权属于边区参议会。

第二十二条　本条例经边区参议会通过后，由边区政府公布施行。

Bernhard Metz

Rechtsethische Prinzipien des nachehelichen Unterhalts

Eine Kritik an der nachwirkenden ehelichen Solidarität

Frankfurt am Main, Berlin, Bern, Bruxelles, New York, Oxford, Wien, 2005.
258 S.
ISBN 3-631-53512-0 · br. € 45.50*

Seit der Einführung eines verschuldensunabhängigen Scheidungs- und Scheidungsfolgenrechts durch das Erste Gesetz zur Reform des Ehe- und Familienrechts vom 14. Juni 1976 (1. EheRG) ist das nacheheliche Unterhaltsrecht massiven Angriffen aus dem wissenschaftlichen Schrifttum ausgesetzt. Zentraler Kritikpunkt ist der Vorwurf, dem Gesetz fehle eine rechtsethische Legitimation. Der Gesetzgeber habe durch das 1. EheRG eine sozialpolitisch motivierte „Lebensstandardgarantie" für den Unterhaltsberechtigten geschaffen. Der wirtschaftlich stärkere Ehegatte werde regelmäßig zu lebenslangen Unterhaltsleistungen verpflichtet – ohne Rechtfertigung. Ziel des Autors ist es, den seit drei Jahrzehnten andauernden wissenschaftlichen Streit einer überzeugenden Lösung zuzuführen. Gedanklicher Ausgangspunkt ist die Existenz allgemeingültiger rechtsethischer Prinzipien, die aufgrund ihrer eigenen Überzeugungskraft geeignet sind, rechtliche Entscheidungen zu rechtfertigen. Die Bewertung „richtigen Rechts" ergibt sich indes nur aus dem zeitlichen und gesellschaftlichen Zusammenhang. Vor diesem Hintergrund wird die Unterhaltsproblematik nicht allein in rechtlicher Hinsicht behandelt, sondern auch historisch, sozialwissenschaftlich und rechtsvergleichend untersucht.

Aus dem Inhalt: Rechtshistorische Betrachtung des nachehelichen Unterhaltsrechts · Die Entwicklung des nachehelichen Unterhaltsrechts seit dem Ersten Gesetz zur Reform des Ehe- und Familienrechts vom 14. Juni 1976 · Nacheheliche Unterhaltsansprüche im europäischen Ausland, Kanada und den USA · Die sozialtatsächliche Situtation im Unterhaltsrecht · Rechtsethische Rechtfertigung des nachehelichen Unterhalts